intervozes
coletivo brasil de comunicação social

QUEM CONTROLA A MÍDIA?

dos velhos oligopólios
aos monopólios digitais

Este trabalho está licenciado com uma Licença Creative Commons Attribution-ShareAlike 4.0 International (CC BY-SA 4.0) https://creativecommons.org/licenses/by-sa/4.0/

ORGANIZAÇÃO Olívia Bandeira, André Pasti e Gyssele Mendes
EDIÇÃO E PREPARAÇÃO Ben Hur Demeneck
REVISÃO Ricardo Liberal e Henrique Torres
DIAGRAMAÇÃO Natalia Bae
PROJETO GRÁFICO INTERNO Gustavo Piqueira
ILUSTRAÇÃO DA CAPA André Dahmer
DIREÇÃO EDITORIAL Rogério de Campos e Leticia de Castro
CAPA E ASSISTÊNCIA EDITORIAL Rômulo Luis
APOIO Fundação Ford e Luminate

Dados Internacionais de Catalogação na Publicação – CIP

B214 Bandeira, Olívia, Org.; Mendes, Gyssele, org.; Pasti, André, Org.

Quem controla a mídia? Dos velhos oligopólios aos monopólios digitais / Organização de Olívia Bandeira e André Pasti. Edição de Ben-Hur Demeneck. – São Paulo: Veneta; Coletivo Intervozes, 2023.
320 p.

ISBN 978-85-9571-132-7

1. Comunicação. 2. Estratégias de Comunicação. 3. Comunicação de Massa. 4. Oligopólio Midiático. 5. Monopólio Midiático. 6. Mídias Sociais. 7. Poder da Mídia. 8. Controle da Mídia. I. Título. II. Muitos mundos, poucas vozes: concentração do poder midiático no Brasil. III. Poder concentrado e a mídia. IV. Novos problemas da concentração de poder midiático no mundo digital e as formas de regulação. V. Desafios e respostas para amplificar as vozes. VI. Bandeira, Olívia, Organizadora. VII. Pasti, André, Organizador. VIII. Demeneck, Ben-Hur, Editor. IX. Mendes, Gyssele. X. Pinto, Pâmela Araujo. XII. Cunha, Christina Vital da. XIII. Nobrega, Camila. XIV. Valente, Jonas. XV. Evangelista, Rafael. XVI. Guimarães, Flávia Lefèvre. XVII. Terso, Tâmara. XVIII. Mielke, Ana Claudia. XIX. Gallas, Luciano. XX. Vernek, Iago. XXI. Coletivo Intervozes.

CDU 001.9 **CDD 302.2**

Catalogação elaborada por Regina Simão Paulino – CRB 6/1154

Editora Veneta
Rua Araújo, 124   1º andar   01220-020   São Paulo   SP
www.veneta.com.br | contato@veneta.com.br

PRENSA

Da mesma coleção:
O Monopólio da Mídia,
de **Ben Bagdikian**

Desinformação: crise política e saídas democráticas para as fake news,
do **Coletivo Intervozes**

SUMÁRIO

Introdução. Muitos mundos, poucas vozes: concentração do poder midiático no Brasil 9
Olívia Bandeira, Gyssele Mendes e André Pasti

PARTE 1
Poder concentrado e a mídia

Capítulo 1. Vozes concentradas: propriedade e consumo de mídia no território brasileiro 31
André Pasti

Capítulo 2. Políticos donos de mídias: problema histórico permanece no Brasil 49
Pâmela Araujo Pinto

Capítulo 3. Religião e formas de dominação na mídia brasileira 79
Christina Vital da Cunha

Capítulo 4. No rastro do avanço de três monoculturas: mídia, tecnologia e agricultura em perspectiva 103
Camila Nobrega e Olívia Bandeira

PARTE 2
Novos problemas da concentração de poder midiático no mundo digital e as formas de regulação

Capítulo 5. A emergência dos monopólios digitais: concentração e diversidade na internet no Brasil 145
Jonas Valente

Capítulo 6. Nascidas para lucrar: como as grandes plataformas controlam o debate on-line e ameaçam a democracia........... 171
Rafael Evangelista

Capítulo 7. Os Mercados de dados pessoais.................199
Flávia Lefèvre Guimarães

PARTE 3
Desafios e respostas para amplificar as vozes

Capítulo 8. Visibilizar, mobilizar e reinventar: as disputas travadas em torno do racismo na internet 227
Gyssele Mendes e Tâmara Terso

Capítulo 9. Desafios à pluralidade e à diversidade no atual cenário da mídia brasileira 267
Ana Claudia Mielke e Luciano Gallas

Capítulo 10. Mídia alternativa: da concentração às contranarrativas 295
Iago Vernek

Sobre os autores 315

INTRODUÇÃO
MUITOS MUNDOS, POUCAS VOZES: CONCENTRAÇÃO DO PODER MIDIÁTICO NO BRASIL

Olívia Bandeira, Gyssele Mendes e André Pasti

No marco de quase duas décadas de trabalho pela democratização das comunicações, o Intervozes – Coletivo Brasil de Comunicação Social tem a satisfação de reunir neste volume – parte da coleção **Prensa**, inaugurada com o clássico *O monopólio da mídia*, de Ben. H. Bagdikian – reflexões sobre as causas e as consequências da concentração da propriedade dos meios de comunicação e das plataformas digitais produzidas por autoras e autores de diferentes áreas – como Antropologia, Comunicação Social, Direito, Geografia e Sociologia. Aliando o rigor analítico ao papel da ciência na transformação do mundo, o conjunto dos textos aponta também a necessidade e possibilidades de mudança no cenário de concentração que foi diagnosticado em duas pesquisas realizadas pelo coletivo: o Monitoramento da Propriedade da Mídia e o estudo "Monopólios digitais: concentração e diversidade na internet", ambos no ar desde 2017.

Debater a concentração da mídia – entendida como o conjunto das antigas e novas tecnologias utilizadas no processo de comunicação massiva[1] – é central nas análises sobre a desigualdade de poder e suas consequências na organização social e na vida de diferentes grupos sociais. São cada vez mais evidentes os efeitos perversos da concentração, e aqui destacamos alguns exemplos que têm se tornado recorrentes no Brasil e em outros países: as interferências dos meios de comunicação tradicionais (sinônimo em alguns textos deste livro para os meios de comunicação corporativos, nas mãos de grandes grupos empresariais) e de seus interesses econômicos, políticos e, no caso do Brasil, religiosos, nos rumos da democracia; os impactos da desinformação que circula pelas redes sociais e serviços de mensageria em eleições; o aumento do discurso de ódio e da violência de gênero no ambiente on-line; ataques e ameaças a jornalistas, comunicadoras e comunicadores populares, defensoras e defensores de direitos humanos que denunciam injustiças e desigualdades e reivindicam direitos; e o silenciamento de temas e de vozes que impacta o cotidiano de grupos subalternizados.

A pandemia de Covid-19 que tomou o mundo em 2020 trouxe ainda novas questões, ao aumentar a centralidade que os meios de comunicação e, sobretudo, as

---

[1] Em alguns textos desta coletânea, o termo mídia também é utilizado como sinônimo de meio de comunicação.

plataformas digitais já vinham exercendo em áreas como educação, saúde, assistência social, trabalho, formas de sociabilidade, acesso à cultura, ao lazer e ao exercício da participação política. Essa centralidade vem acompanhada de um paradoxo: enquanto o poder público se utiliza cada vez mais dos serviços privados das gigantes de tecnologia, aumentando seus já bilionários lucros e seu poder de agendamento ao oferecer os dados pessoais das cidadãs e dos cidadãos ao mercado global, uma parcela significativa da população segue sem acesso ou com acesso precário à internet, contribuindo para o aumento das desigualdades baseadas em classe, raça/etnia, gênero/sexualidade, faixa etária e território.

Esta publicação busca, assim, chamar a atenção para o fato de que o cenário de intensa concentração midiática e tecnológica tem consequências distintas para cada grupo social, em diferentes territórios. As consequências diferem em cada país e nos distintos modos de funcionamento das democracias. No interior dos países os fluxos de comunicação também são desiguais. Essa concentração do poder comunicacional significa que menos universos, culturas, perspectivas e cotidianos são representados e têm voz, efetivamente, nos discursos em circulação no território nacional.

A diferença de ter ou não ter voz e acesso para produzir comunicação com grande alcance territorial pode significar o próprio direito à vida, sobretudo para populações pobres e subalternizadas, vítimas de violências estruturais que são reproduzidas no cotidiano dessa mídia concentrada. Se a arquitetura dos primórdios da internet possibilitaria outras conexões, mais horizontais, fato é que essa concentração também se perpetua na rede mundial de computadores, com consequências sociais graves e complexas que merecem nossa atenção.

Tendo suas pautas interditadas no debate público, movimentos sociais do campo e da cidade são costumeiramente criminalizados por essa mídia concentrada, que atua em defesa do agronegócio e da especulação imobiliária – com quem possui grandes laços, como este livro procura mostrar. O genocídio de jovens negros nas periferias é aclamado por programas policialescos em horário nobre, descumprindo a legislação e violando direitos. Religiões minoritárias, como as religiões de matriz africana, são invisibilizadas diante de um sistema de mídia dominado por grupos cristãos, enquanto, marcados por estigmas, crescem os episódios de intolerância religiosa contra elas. A violência de gênero é reproduzida cotidianamente no entretenimento, enquanto mulheres negras, indígenas, trans e a população LGBTQIA+ não têm representação com voz equilibrada nos poucos espaços abertos. As lutas sociais, com consequências diretas para a existência de povos originários, quilombolas e atingidos por barragens, têm sua perspectiva embargada em detrimento dos interesses de negócio das grandes corporações midiáticas e seus patrocinadores. Redes e lógicas de comunicação alternativas, populares e comunitárias, que se valem menos do sensacionalismo caça-cliques, tendem a ter dificuldades de circulação nas plataformas digitais, reproduzindo esse ciclo de silenciamento a partir do cenário de concentração.

Nesse contexto, não basta falar em uma concentração de forma genérica e esvaziada, nem de uma internet livre e aberta sem considerar como esses debates repercutem em diferentes territórios, com diferentes sujeitos e sujeitas corporificados/as[2] e em suas distintas experiências no território. Partindo dessa pluralidade e diversidade efetivamente existente em nosso quadro de vida social, o território[3] é fundamental para avançar em agendas propositivas pela democratização da comunicação com todos e todas.

O debate sobre a democratização da comunicação tem como um de seus principais marcos a formulação do princípio da comunicação como um direito humano. Foi em 28 de outubro de 1980 que a Organização das Nações Unidas para a Educação, a Ciência e a Cultura (Unesco) aprovou aquele que seria um dos documentos mais importantes para a história da comunicação e para o desenvolvimento do conceito, um passo a mais na ampliação do escopo do direito à liberdade de expressão definido no artigo 19 da Declaração Universal dos Direitos Humanos de 1948. Relembrar esse marco é importante para medirmos os desafios que permanecem quarenta anos depois, além de refletir sobre como essa agenda precisa ser atualizada diante de novos desafios e das reivindicações e do protagonismo de diferentes sujeitas/os sociais.

Intitulado "Many voices, one world: towards a new more just and more efficient world information and

---

[2] Aqui dialogamos com Ana Clara Torres Ribeiro no capítulo "Território usado e humanismo concreto: o mercado socialmente necessário", publicado no livro **Por uma sociologia do presente**: ação técnica e espaço. Rio de Janeiro: Letra Capital, 2013, v. 2.

[3] Aqui utilizamos território de acordo com Milton Santos. Ver: O retorno do território. In: SANTOS, Milton (ed.). **Território**: globalização e fragmentação. São Paulo: Hucitec, 1994.

communication order"[4], o documento levou mais de uma década para ser construído e ficou conhecido como Relatório MacBride, em homenagem ao presidente da Comissão Internacional para o Estudo dos Problemas da Comunicação, Sean MacBride. A instauração da comissão responsável pela elaboração do texto foi um processo de disputa que se deu após a forte pressão dos países não alinhados pela reforma do sistema de comunicação internacional. Oficialmente instaurada em 1977 pela Unesco, a comissão contava com 16 notáveis, entre eles, dois latino-americanos: o escritor e jornalista colombiano Gabriel García Márquez e o advogado e diplomata chileno Juan Somavia. O principal objetivo era compreender as desigualdades nos processos comunicacionais, que promoviam a exclusão midiática de comunidades, povos, regiões e culturas, além de propor mudanças.

Naquela época, os fluxos de comunicação eram dominados por grandes agências de notícias situadas no Norte global, como a Reuters, a Associated Press e a Agence France-Presse[5]. No livro *Pueblos subinformados: las agencias de noticias y América Latina*, o pesquisador venezuelano Eleázar Díaz Rangel apontou que entre 66% e 90% das notícias lidas nos países do Sul global eram fornecidas por essas agências. Assim, fica evidente que

---

[4] O documento foi traduzido para as seis línguas oficiais das organizações internacionais. Em português, o relatório ganhou o título "Um mundo e muitas vozes: comunicação e informação na nossa época", publicado pela Editora da Fundação Getúlio Vargas.

[5] Sobre as agências de notícias e o relatório, ver: AGUIAR, Pedro. O império das agências: territórios, cartel e circulação da informação internacional (1859-1934). **Revista Eletrônica Internacional de Economia Política da Informação, da Comunicação e da Cultura**, v. 17, n. 2, p. 18-38, 2015.

as desigualdades sociais e econômicas entre os países influenciavam sobremaneira a comunicação.

Nos anos 1980, o mundo passava por um processo de arrefecimento da Guerra Fria. Pouco tempo depois, a União das Repúblicas Socialistas Soviéticas (URSS) se dissolveria e os Estados Unidos seriam alçados à categoria de principal player global, expandindo por meio da força econômica, militar e cultural o neoliberalismo enquanto forma primordial de organização das sociedades. Não por acaso, o presidente estadunidense à época, Ronald Reagan, se retirou da Unesco em 1985 por considerar que o relatório endossava "teses consideradas antidemocráticas, prejudiciais tanto à livre expressão quanto ao livre-comércio"[6].

O Relatório MacBride trouxe inovações importantes e foi premonitório em relação às novas dinâmicas sociais que emergiriam, anos depois, com a ampliação da presença das tecnologias de informação e comunicação[7]. Ao reconhecer logo no prefácio as desigualdades inerentes à comunicação no mundo e a centralidade da comunicação na sociedade contemporânea, definida como "o coração de todas as relações sociais", o relatório reconhece, por tabela, o papel da comunicação no processo colonial de dominação. Promover mudanças estruturais

---

[6] Sobre o relatório MacBride, ver: MELO, José Marques de. MacBride, a NOMIC e a participação latino-americana na concepção de teses sobre a democratização da comunicação. **Logos**: Comunicação e Universidade, v. 15, n. 1, 2008.

[7] Nos anos que se seguiram, diversas disputas fizeram com que o tema fosse sufocado no âmbito da Unesco. O tema ressurgiu com nova força em 2001, com os preparativos para realização da Cúpula Mundial sobre a Sociedade da Informação realizada no âmbito da Organização das Nações Unidas (ONU) em dezembro de 2003, culminando com o surgimento de uma campanha internacional intitulada "Communications Rights in the Information Society (CRIS)".

na comunicação torna-se primordial para nos libertarmos do "espelho eurocêntrico onde nossa imagem é sempre, necessariamente, distorcida", como destacou Aníbal Quijano[8]. Vários dos problemas ali apontados foram atualizados em suas dinâmicas, mas seguem existindo – como a centralização do comando da circulação de notícias nas agências transnacionais[9].

Reconhecendo o papel essencial do relatório no debate do direito humano à comunicação, podemos, no entanto, fazer também alguns questionamentos em relação às dinâmicas globais da efetivação desse direito. Ao cravar no título "Muitas vozes, um mundo", o relatório deixava de apontar que, na verdade, foram muitos os mundos forjados no colonialismo. As desigualdades estruturais que nos assolam ainda hoje têm origem nos processos de hierarquização do mundo colonial, mecanismo utilizado para legitimar a dominação em curso e que tem na ideia de raça uma categoria central, permitindo assim que uns fossem considerados inferiores a outros.

Quase quarenta anos depois da aprovação do Relatório MacBride, o Internet Governance Forum (IGF), principal fórum global sobre governança da internet,

---

[8] Ver: QUIJANO, Aníbal. Colonialidade do poder, eurocentrismo e América Latina. *In*: LANDER, Edgardo (org.). **A colonialidade do saber**: eurocentrismo e ciências sociais. Perspectivas latino-americanas. Buenos Aires: CLACSO, 2005. p. 27.

[9] PASTI, André; AGUIAR, Pedro. Geografia das agências de notícias: apontamentos para uma análise espacial da circulação da `informação. *In*: MOREIRA, Sonia Virginia *et al.* (org.). **10 anos**: o percurso do grupo de pesquisa Geografias da Comunicação no Brasil. São Paulo: Intercom, 2019.

adotou como lema "One World. One Net. One Vision"[10], em sua edição de 2019, chamando a atenção para a necessidade de se chegar a consensos sobre o funcionamento da internet abarcando, em tese, todo o mundo. Mais uma vez, no entanto, a perspectiva universalista e hierárquica do Norte global impõe-se ao Sul. A quem interessa reduzir à unidade, a um sistema indivisível, tamanha diversidade e pluralidade de vozes, territórios, culturas e visões de mundo? E quem são as pessoas que podem definir o caminho do desenvolvimento das tecnologias de informação e comunicação e que são feitas presentes nos espaços de tomada de decisão sobre as tecnologias?

A situação da comunicação no período de publicação deste livro aponta para um cenário de concentração midiática ainda mais acentuado, especialmente na internet. O que antes se avizinhava enquanto promessa de democratização da comunicação e da informação, em parte cumprida, transformou-se em um espaço opaco, hipervigiado, em que as desigualdades estruturais são reproduzidas em velocidade ainda maior. A internet foi loteada por monopólios digitais, sediados nos mesmos países que desde o século XIX controlam o fluxo de comunicação global.

Muitas vozes e muitos mundos seguem alijados dos sistemas de comunicação – seja na radiodifusão, seja nas esferas públicas criadas pelas novas tecnologias. Nesse sentido, abrir espaços para a pluralidade e a diversidade

---

[10] Em tradução livre, "Um mundo. Uma internet. Uma visão". O evento também foi problematizado em artigo de Vândria Borari e Camila Nobrega (2020), disponível em: https://branch.climateaction.tech/issues/issue-1/one-vision-one-world-whose-world-then/. Acesso em: 22 abr. 2022.

de vozes é tarefa primeira no enfrentamento às desigualdades da comunicação e na garantia do direito à comunicação. Isso significa quebrar o espelho eurocêntrico que tem nos guiado até aqui e assumir as diferenças constitutivas de mundos, em vez de reduzi-las a lemas universalizantes.

Quanto a isso, um paradigma importante é que a luta por políticas públicas seja construída com os sujeitos e as sujeitas dos lugares, para promover as condições de uma comunicação efetivamente baseada na troca e em seus cotidianos, que dê condições para a promoção de vozes a partir dos diferentes territórios e seus grupos, sobretudo os subalternizados. Três eixos fundamentais de ação são o combate à concentração midiática, a proteção de direitos na comunicação e a potencialização da diversidade e da pluralidade de vozes e modos de vida, considerando todas as camadas já apontadas.

Essas agendas valem para a radiodifusão e para a internet, com diferentes complexidades – que este livro busca apresentar às pessoas leitoras. Na radiodifusão, há um acúmulo de propostas, algumas muito potentes, a partir da experiência latino-americana e das lutas sociais pela democratização da comunicação. No âmbito da internet, essas lutas também têm se ampliado e se conectado – e as agendas contemplam a quebra dos monopólios digitais, a proteção de dados pessoais das cidadãs e dos cidadãos, a punição ao uso artificial e industrial de plataformas de mensageria instantânea, o estabelecimento de mecanismo para direitos de resposta rápidos e proporcionais, a vedação ao impulsionamento pago de campanhas eleitorais on-line, a exigência de transparência das plataformas digitais em relação ao funcionamento de seus algoritmos e a autonomia das pessoas usuárias para sua utilização[11] – tudo isso considerando nossa inserção no mundo, como Sul global e América Latina.

* * *

Este livro está dividido em três partes. A primeira parte, "Poder concentrado e a mídia", tem como base resultados do Monitoramento da Propriedade da Mídia (MOM, na sigla em inglês para Media Ownership Monitor), um projeto global criado pela seção alemã da organização Repórteres Sem Fronteiras[12] que tem o objetivo de mapear os veículos de maior audiência em cada país estudado e as pessoas e grupos que os controlam. O recorte nos veículos de maior audiência se justifica pelo fato de terem grande poder de influenciar a opinião pública. A pesquisa busca também produzir indicadores do risco ao pluralismo e à independência da mídia, partindo do paradigma apresentado acima da comunicação como direito humano, ou seja, a existência de uma mídia independente, plural e também diversa é condição indispensável para um sistema político democrático e para que outros direitos humanos sejam garantidos.

No primeiro capítulo, "Vozes concentradas: propriedade e o consumo de mídia no território brasileiro", André Pasti mostra que os indicadores de risco no Brasil

---

[11] MENDES, Gyssele *et al*. Caminhos para efetivar o direito humano à comunicação. **Le Monde Diplomatique Brasil** [on-line], 26 maio 2020. Disponível em: https://diplomatique.org.br/caminhos-para-efetivar-o-direito-humano-a-comunicacao/. Acesso em: 28 abr. 2022.

[12] Em 2022, a coordenação global do projeto está a cargo da organização alemã Global Media Registry, em parceria com as entidades de cada país mapeado.

demonstram alerta vermelho, o que põe o país como um dos mais concentrados e com menor nível de pluralidade e de independência entre os pesquisados. Nosso sistema de mídia mostra alta concentração de audiência em um número reduzido de veículos que são de propriedade de poucos grupos econômicos, alta concentração geográfica da produção da informação de maior audiência, sobretudo no Sudeste, falta de transparência em relação à propriedade e a lucros, além de interferências econômicas, políticas e religiosas. Analisar essas interferências é o objetivo dos três capítulos seguintes.

No texto "Políticos donos de mídias: problema histórico permanece no Brasil", Pâmela Pinto mostra como políticos com cargos eletivos, incluindo deputados federais e senadores que presidiram as casas legislativas, controlam outorgas públicas de veículos de radiodifusão para benefício privado. Mostra também a existência de radialistas e apresentadores de programas de televisão que têm sido eleitos nas bancadas municipais, estaduais e federais nas últimas décadas. Articulando dados do MOM-Brasil com o estudo de trajetórias de senadores e de governadores eleitos em 2014 e 2018 que expõem o sincronismo na ascensão eleitoral e no controle de veículos, a autora discute também os impactos do controle político sobre a propriedade dos meios de comunicação.

O texto seguinte, "Religião e formas de dominação na mídia brasileira", de Christina Vital da Cunha, situa historicamente um fenômeno que ganhou maiores dimensões no início do século XXI: a propriedade religiosa da mídia no Brasil. Como mostra o MOM-Brasil, nove dos cinquenta veículos de maior audiência no país, considerando impressos, rádio, TV e mídia digital, pertencem a igrejas ou lideranças religiosas, evangélicas e católicas. A autora também analisa as relações entre mídia, religião e política, com base em entrevistas com parlamentares integrantes da Comissão de Ciência, Tecnologia, Comunicação e Informática (CCTCI) da Câmara dos Deputados em Brasília, espaço em que as concessões e outros assuntos relativos à mídia são debatidos. Vital da Cunha aponta como a participação tanto política quanto midiática de religiosos cristãos (os de maior visibilidade, considerando que o mundo religioso no Brasil não é homogêneo) ancora-se no que a autora chama de "retórica da perda", objetivando, assim, a "preservação ou resgate da moral e da salvação de populações inteiras que se encontrariam em situação de degradação social".

Fechando a primeira parte, Camila Nobrega e Olívia Bandeira, no texto "No rastro do avanço de três monoculturas: mídia, tecnologia e agricultura em perspectiva", abordam a terceira forma de interferência de interesses externos à mídia identificadas no MOM-Brasil, o interesse de grupos econômicos. Para isso, focam nas relações históricas entre mídia e agronegócio no Brasil e, mais recentemente, nas relações entre esse setor econômico e as empresas de tecnologias de informação e comunicação, o que as autoras classificaram como três modelos de monoculturas que geram concentração econômica e de poder, invisibilizando outros modelos de produção que poderiam promover a pluralidade e a diversidade. Mas as autoras também chamam a atenção para as disputas de sentidos e para as iniciativas que fomentam modelos de produção agrícola que respeitam as pessoas, os territórios e o meio ambiente e modelos de comunicação e de desenvolvimento tecnológico que buscam a promoção da justiça tanto social quanto socioambiental.

A segunda parte do livro traz três capítulos que debatem os novos problemas da concentração de poder midiático no mundo digital e agendas regulatórias que vêm sendo discutidas para enfrentá-los. No texto "A emergência dos monopólios digitais: concentração e diversidade na internet no Brasil", Jonas Valente apresenta os resultados da pesquisa do Intervozes que dá título, ao capítulo e que mostrou o caráter contraditório da internet ou o que o autor chama de "paradoxo da diversidade". Se, no lado da produção, a internet possibilitou a multiplicação de produtores de conteúdos por meio de sites, blogs e perfis em redes sociais, o que a torna um ambiente bem diferente do sistema de mídia apresentado na primeira parte do livro, por outro, na esfera da circulação, a internet está cada vez mais concentrada em poucas plataformas digitais. Esse cenário é caracterizado como "monopólios digitais", termo que chama a atenção para algumas das características do modelo, como o forte domínio de um nicho de mercado, a operação em escala global, a concentração de uma grande base de usuários/as e o uso intensivo de seus dados pessoais.

A concentração da internet, criada inicialmente visando à diversidade e à pluralidade, também é tema do texto "Nascidas para lucrar: como as grandes plataformas controlam o debate on-line e ameaçam a democracia", de Rafael Evangelista. O autor relaciona esse processo às contradições da democracia em um sistema capitalista. Como o texto mostra, após as Grandes Guerras, a regulação da mídia surgiu de um consenso mundial sobre a importância do pluralismo para evitar o retorno do totalitarismo. Foi seguindo essa lógica que também surgiu a internet com seu ideal de tecnologia livre e aberta. No entanto, a posterior concentração da internet em modelos de plataformas que capturam, além da atenção dos/as usuários/as, como no modelo da mídia tradicional, também a produção feita por eles/as, seus dados pessoais e que utiliza algoritmos de predição e de manipulação de comportamentos, ajuda, segundo Evangelista, "a explicar como partimos [...] de promessas de liberdade e apropriação de meios no início da internet para o momento atual, em que essa tecnologia [...] aparece associada com a volta do autoritarismo". Usando o exemplo das eleições de Donald Trump nos Estado Unidos, em 2016, e de Jair Bolsonaro no Brasil, em 2018, o autor mostra a relação dos modelos de negócios lucrativos das plataformas de redes sociais e mensagerias, a disseminação de notícias falsas e o aumento do conservadorismo que ameaça a democracia.

Partindo dessas ameaças à democracia causadas pelo modelo de negócios predominante na internet, no capítulo "O mercado de dados pessoais", Flávia Lefèvre defende a necessidade de regulação por parte do Estado. A base do argumento são os princípios de privacidade e de intimidade estabelecidos na Declaração Universal de Direitos Humanos de 1948 e incluídos na Constituição Federal brasileira de 1988. Como parte desses direitos de personalidade, os dados pessoais – como números de registros oficiais, nome, profissão, estado civil, condição social e de saúde, orientações sexuais, religiosas e opiniões políticas – precisam ser protegidos contra uso indevido tanto de plataformas que visam ao lucro quanto do vigilantismo que pode ser exercido pelo Estado ou por iniciativas privadas. A autora mostra, no entanto, como as leis existentes têm sido pouco utilizadas pelas autoridades competentes para a proteção dos direitos individuais, coletivos e difusos (de grupos) e para a proteção da própria democracia.

A terceira parte do livro, "Desafios e respostas para amplificar vozes", mostra como os problemas de concentração da mídia tradicional e da internet, apresentados nas partes anteriores, atingem de forma diferente cada grupo social, o que é reflexo das estruturas economicamente desiguais, racistas, machistas e LGBTfóbicas da sociedade. É sempre importante frisar que as tecnologias não são boas, nem ruins, nem neutras, como escreveu Andrew Feenberg[13]. Os capítulos dessa seção buscam também mostrar as resistências que têm sido apresentadas pelos/as próprios/as sujeitos/as em suas práticas políticas e comunicativas.

No texto "Desafios à pluralidade e à diversidade no atual cenário da mídia brasileira", Ana Cláudia Mielke e Luciano Gallas aprofundam o argumento já trabalhado na primeira parte do livro de como a concentração midiática coloca em risco a democracia "ao impor obstáculos à pluralidade de vozes em circulação na sociedade e à divulgação de informações de interesse público". A concentração da propriedade, assim, reflete-se na "fabricação de consensos pouco refletidos", em que a quantidade de fontes citadas na mídia exclui a diversidade cultural e social existente no Brasil e, sobretudo, as "fontes populares que possam interpretar os diversos acontecimentos a partir das consequências enfrentadas e das suas próprias vivências". A diversidade étnico-racial e de gênero está sub-representada também na propriedade e na direção dos veículos de mídia

---

[13] FEENBERG, Andrew. **O que é filosofia da tecnologia?** Simon Fraser University, [2003]. Tradução para o português de 2015. Disponível em: https://www.sfu.ca/~andrewf/Feenberg_OQueEFilosofiaDaTecnologia.pdf. Acesso em: 28 abr. 2022.

de maior audiência, controlados sobretudo por homens brancos. O capítulo mostra como essa estrutura se reflete na sub-representação e na produção de estereótipos e preconceitos que acionam marcadores de classe, raça/etnia, gênero e sexualidade, situação que se repete no ambiente da internet, apesar do crescimento de influenciadores digitais negros com grande engajamento nas redes sociais.

No capítulo "Visibilizar, mobilizar e reinventar: as disputas travadas em torno do racismo na internet", Gyssele Mendes e Tâmara Terso aprofundam como a invisibilização do racismo estrutural na mídia tradicional brasileira, com o subterfúgio do "mito da democracia racial", citado no texto anterior, ganha novos aspectos na internet. Os algoritmos das grandes plataformas digitais, mostram as autoras, "cerceiam o debate público em torno do racismo e, ao mesmo tempo, mobilizam discursos racistas, seja por omissão ou pelo racismo algorítmico". Observa-se, por exemplo, como o discurso de ódio é lucrativo para essas plataformas. Além disso, a concentração da circulação da informação e as desigualdades de acesso à internet facilitam a proliferação de vozes e discursos hegemônicos em detrimento de vozes e discursos de grupos minorizados. Mas as autoras argumentam também que o desenvolvimento tecnológico e os usos das tecnologias seguem em disputa. É assim que apresentam exemplos de como sujeitos/as e coletividades se mobilizam nas redes digitais "na tentativa de amplificar suas vozes no combate aos discursos racistas" e na reinvenção de tecnologias antirracistas.

O livro termina com a apresentação de outras vozes que se põem em resistência pelos meios de comunicação, no texto "Mídia alternativa: da concentração às contranarrativas", de Iago Vernek, em que o autor apresenta a experiência de coletivos de mídia em diferentes regiões do país. Entre eles, o Nós, mulheres da periferia, situado em São Paulo (SP), que busca resgatar "o protagonismo de mulheres periféricas como sujeitas de suas próprias histórias, a partir da intersecção entre raça, classe, gênero e território", e o Carrapicho Virtual, que atua na área rural de Juazeiro (BA), por meio da interface entre comunicação e educação, tratando de temas como feminicídio, homofobia, racismo, além dos próprios problemas vivenciados pela comunidade. Essas experiências, como as desenvolvidas por indígenas e quilombolas, apontam para modelos em que a forma coletiva de organização busca furar os bloqueios dos modelos de concentração que vimos ao longo do livro e que podemos também encontrar nos textos de Nobrega e Bandeira e de Mendes e Terso.

Os textos que integram este livro foram escritos e atualizados entre 2019 e 2021 e podemos observar alguns pontos comuns que perpassam grande parte deles. Em primeiro lugar, as relações históricas no Brasil entre mídia, poder político e interesses de grupos econômicos e religiosos que inserem a mídia dentro de uma estrutura de poder que sustenta uma sociedade desigual, patriarcal e racista. Em segundo lugar, como a internet, em vez de contribuir para um mundo com muitas vozes, tem reforçado "um mundo, uma internet, uma visão", em que o modelo lucrativo das plataformas digitais ameaça a diversidade de visões e de modos de vida e o desenvolvimento de tecnologias que possam contribuir para a democracia e a justiça social e socioambiental. Nesse sentido, no Brasil, as eleições de 2018 aparecem em vários textos como um ponto de culminância de um processo que vinha se desenvolvendo pelo menos desde 2013 de questionamento das instituições democráticas que contou tanto com a conivência da mídia tradicional quanto com as ferramentas oferecidas pelas redes sociais e serviços de mensageria. Apresentando esse diagnóstico cheio de desafios, mas também de resistências, este livro pretende contribuir para a imaginação de caminhos em que a comunicação possa ser efetivada como direito humano, a serviço da efetivação de outros direitos e de uma sociedade mais justa.

Este livro não seria possível sem o esforço das pessoas que trabalharam para que as pesquisas "MOM-Brasil" e "Monopólios Digitais" acontecessem. Agradecemos ao conselho de especialistas do MOM-Brasil: Adriana Bernardes, Aline Lucena Gomes, Ana Maria da Conceição Veloso, César Bolaño, Cristiane Barbieri, Elizabeth Saad, Fabio Malini, Fernando Oliveira Paulino, Joel Zito Araújo, Laura Capriglioni, Laurindo Leal, Maurício Kischinhevsky, Murilo Cesar Ramos, Octavio Penna Pieranti, Pablo Ortellado, Renata Mielli, Richard Santos, Rogério Christofoletti, Rosane Borges, Sônia Virginia Moreira, Sonia Aguiar e Suzy Santos. Aos integrantes da equipe de pesquisa André Pasti, Olívia Bandeira, Luciano Gallas, Daniel Fonsêca, Jonas Valente, Marcos Urupá, Patrícia Cornils e Olaf Stenfaadt. A Marina Pita e Jonas Valente, autores da pesquisa "Monopólios Digitais". E ao rico diálogo estabelecido com os editores da Veneta, Ben Hur Demeneck, Letícia de Castro e Rogério de Campos.

Convidamos as leitoras e os leitores ao diálogo sobre os temas aqui propostos, em um movimento que busca refletir sobre as estruturas históricas de concentração e de opressão, pensar sobre o presente do país e a construir coletivamente formas de disputar o futuro.

PARTE 1
PODER CONCENTRADO E A MÍDIA

CAPÍTULO 1.
VOZES CONCENTRADAS: PROPRIEDADE E CONSUMO DE MÍDIA NO TERRITÓRIO BRASILEIRO

André Pasti

Em seu livro *O monopólio da mídia*, Ben H. Bagdikian (2018) demonstra o cenário de aprofundamento da concentração midiática nos Estados Unidos nas últimas décadas do século XX. O autor utiliza uma metáfora ao dizer que, se em 1983 os duzentos donos da mídia de grande alcance do país caberiam em um hall de hotel, por volta de 2003, os apenas cinco homens que controlavam esses meios caberiam em uma grande cabine telefônica. Aqui no Brasil, o fenômeno é parecido – talvez diríamos, em uma expressão local, que caberiam em uma Kombi, embora, provavelmente, não se dignariam a isso, ricos que são. Talvez nem lotassem um jatinho.

O problema da concentração do poder midiático é histórico na América Latina (Becerra; Mastrini, 2009).

Na segunda metade do século XX, esse poder concentrado acompanhou a ascensão das ditaduras em diversos países do continente, assim como no Brasil. Em nosso país, o sistema de comunicação se estabeleceu, em sua face política, como parte do aparato institucional para o controle do território e, em sua face econômica, como elo fundamental na articulação e agilização de mercados (Ribeiro, 1991). Esse vínculo estreito entre os regimes autoritários e o poder concentrado da mídia está, inclusive, no imaginário das lutas sociais – em frases de efeito de gritos dos movimentos populares, como "a verdade é dura, a Rede Globo apoiou a ditadura".

Neste capítulo, analisaremos dados da pesquisa "Monitoramento da Propriedade da Mídia" (Media Ownership Monitor, ou MOM), realizada no Brasil pelo Intervozes em parceria com a Repórteres Sem Fronteiras, para desvelar o problema da concentração de propriedade e de consumo de mídia no território brasileiro, buscando desenhar um cenário mais atual desse grave problema político e social de nosso país.

CONVERGINDO A CONCENTRAÇÃO: MUITAS TELAS, AS MESMAS VOZES

Para o leitor mais distante do debate da concentração de mídia, vale a pena reforçar que o surgimento de novas tecnologias não transforma, sozinho, a estrutura do poder comunicacional. As dimensões econômicas, regulatórias e culturais do consumo de informações permanecem favorecendo a concentração desse poder em poucas mãos. Para uma pessoa atenta – telespectadora, leitora, ouvinte ou internauta –, fica evidente a presença dos mesmos discursos, das mesmas notícias e mesmos pontos de vista em diversos acessos à mídia. Diversas pesquisas demonstram como a internet acompanhou uma centralização do comando da circulação de notícias (Paterson, 2006), também no território brasileiro (Pasti, 2018).

Um dos elementos que nos ajuda a evidenciar esse fenômeno em sua atualidade é buscar compreender o alcance efetivo dos grupos de comunicação, considerando sua audiência e o consumo de informações no território brasileiro. A pesquisa "MOM-Brasil" utilizou diversas fontes medidoras de audiência, considerando quatro tipos de mídia – televisiva, por rádio, impressa e on-line –, buscando compreender o alcance efetivo dessas redes de comunicação. Por meio da análise da audiência, chegamos aos cinquenta veículos de comunicação de maior alcance no Brasil para então investigar seus donos mais a fundo. A concentração de audiência é um dos principais problemas identificados no país para o alcance do pluralismo midiático – apesar de toda a diversidade regional e das dimensões continentais do território brasileiro, como veremos.

Os quatro tipos de mídia abordados pela pesquisa respondem ao cenário de convergência tecnológica – entre técnicas do audiovisual, da informática e das telecomunicações –, fenômeno que transforma profundamente as dinâmicas de produção, circulação e consumo de informações no território. Os limites entre as tecnologias da informação e as redes de comunicação ficam tecnologicamente "borrados" e há uma semelhança e usos múltiplos de consumo de informações em diferentes suportes – televisão, computadores pessoais, tablets e celulares, por exemplo (Van Cuilenburg; Mcquail, 2003). Nesse cenário, o MOM-Brasil conclui que o ambiente on-line é fortemente dominado, em especial no segmento noticioso, pelos agentes que já controlavam o poder comunicacional antes da popularização da internet.

As estratégias de adaptação de alguns dos principais grupos brasileiros ao cenário de múltiplos dispositivos de comunicação permitiram que eles ampliassem sua fatia no mercado. Muitos desses grupos estão reorganizando suas estruturas de produção de informações, reduzindo a quantidade de profissionais contratados e ampliando as responsabilidades de seus jornalistas para atuarem em múltiplos meios.

A chamada propriedade cruzada de meios de comunicação, quando um mesmo grupo controla diferentes tipos de mídia, como televisão, impresso, rádio e on-line, é uma dimensão central da concentração na mídia brasileira. Considerando os veículos e redes de comunicação de maior alcance no território brasileiro, esse cruzamento ocorre, por exemplo, com o Grupo Record.

O grupo (Figura 1) possui canais importantes na TV aberta (Record TV e Record News), veículos na mídia impressa (jornal *Correio do Povo*) e na internet (portal R7) que figuram entre os de maior tiragem e alcance no país. Além disso, é da mesma família controladora da Igreja Universal do Reino de Deus, que possui a Rede Aleluia de rádio e produz o jornal impresso de maior tiragem no Brasil, a *Folha Universal*, de distribuição gratuita[14]. Outro exemplo é o grupo regional RBS, que conta com uma afiliada da Globo

---

[14] Em 2018, a *Folha Universal* mantinha uma tiragem de 1,8 milhão de exemplares, muito acima dos jornais diários de grande circulação, como a *Folha de S.Paulo* (cerca de 300 mil exemplares por dia), e das revistas semanais, como a *Veja* (cerca de 1,1 milhão de exemplares). Disponível em: https://diplomatique.org.br/igrejas-cristas-no-topo-da-audiencia/. Acesso em: 28 abr. 2022.

na TV aberta, o portal de notícias ClicRBS, dois jornais entre os de maior circulação – *Zero Hora* e *Diário Gaúcho* –, além de outros títulos impressos e duas importantes redes de rádio, a nacional Gaúcha Sat e a regional Atlântida.

Figura 1: A propriedade cruzada do Grupo Record

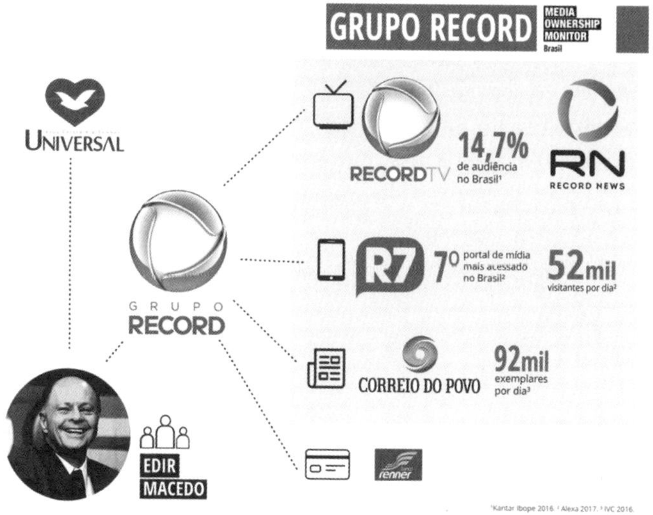

Fonte: MOM-Brasil. Disponível em: http://brazil.mom-gmr.org/br/. Acesso em: 28 abr. 2022.

Mas quem ganha maior destaque na propriedade cruzada é o conglomerado de mídia dominante no país: o Grupo Globo. A empresa possui veículos ou redes centrais em todos os mercados de mídia. Na TV aberta, comanda a Rede Globo, líder disparada de audiência; na TV paga, o grupo é proprietário de dezenas de canais – que, até 2020, constavam como produtos da programadora Globosat e então foram reunidos também na mesma empresa da Rede Globo, que batizou a linha de Canais Globo. Constam, entre eles, o canal de notícias 24 horas

GloboNews e mais de trinta outros – além de parcerias internacionais com importantes estúdios.

Na internet, o conglomerado possui o maior portal de notícias brasileiro, Globo.com; no rádio, tem duas de suas redes figurando entre as dez principais do país: Globo AM/FM e CBN; na mídia impressa, possui jornais de grande relevância, como *O Globo*, *Extra*, *Valor Econômico* e *Expresso da Informação* e revistas como *Época*, *Crescer*, *Galileu*, *Marie Claire* e tantas outras. Possui, ainda, uma das principais agências de notícias do país, a Agência O Globo (AOG). Além disso, o grupo atua em mercados como o fonográfico, o cinematográfico e o editorial.

Figura 2: A propriedade cruzada do Grupo Globo

Fonte: MOM-Brasil. Disponível em: http://brazil.mom-gmr.org/br/. Acesso em: 28 abr. 2022.

Com o domínio de tantos mercados midiáticos, o Grupo Globo alcança sozinho uma audiência maior que a soma dos quatro grupos brasileiros que disputam público e mercado com ela. Esse fato é tão significativo que o grupo chegou a criar uma campanha afirmando que atingia 100 milhões de brasileiros todos os dias, cerca de metade da população nacional (Globo.com, 2019). O que para o conglomerado é propaganda de seu alcance, para a pluralidade na mídia pode ser visto como um cenário muito preocupante.

INDICADORES: RISCOS À PLURALIDADE MIDIÁTICA SÃO AMEAÇAS À DEMOCRACIA

Buscando aferir de que forma o cenário midiático pode afetar a democracia, o Monitoramento da Propriedade da Mídia construiu indicadores sobre riscos à pluralidade na mídia. Os indicadores têm uma metodologia padronizada e são aplicados em todos os países onde é realizada a pesquisa. Alguns desses indicadores verificam, por exemplo, a existência ou não de controle político dos meios de comunicação, de controle político sobre o financiamento da mídia, de proteções regulatórias à diversidade e à pluralidade na mídia, de instrumentos que impeçam a concentração no setor e de concentração da audiência.

A Figura 3 apresenta os dez indicadores utilizados na pesquisa desde 2019. A versão de 2017 ainda continha um parâmetro adicional que aferia o risco ligado ao controle político de agências de notícias – que também apresentava situação de risco alto, como o quadro geral dos indicadores a seguir. No Brasil, em nenhum cenário avaliado há baixo risco à pluralidade da mídia.

Figura 3: Indicadores de riscos à pluralidade na mídia no Brasil (2019)

Fonte: MOM-Brasil. Disponível em: http://brazil.mom-gmr.org/br/. Acesso em: 28 abr. 2022.

O indicador sobre concentração de audiência verifica leitores nas diferentes plataformas de mídia, baseado no percentual de espectadores (rádio e TV), tiragem (mídia impressa) e acesso (mídia on-line). A metodologia do MOM analisa, nesse caso, a concentração de audiência dos quatro maiores proprietários de cada tipo de mídia. O indicador de propriedade cruzada engloba a soma da participação de cada uma das principais empresas ou grupos de mídia nesses diferentes setores. Como já antecipado, a elevadíssima concentração de audiência e a propriedade cruzada de meios de comunicação são os temas mais destacados dos riscos ao pluralismo midiático no país, de modo que os quatro principais grupos de mídia concentram uma audiência nacional exorbitante em cada segmento analisado, ultrapassando 70% no caso da televisão aberta, que é o meio de comunicação mais consumido no país.

Outro tema que merece destaque é o controle político sobre o financiamento da mídia. Seu indicador verifica a influência política na discriminação da distribuição da publicidade estatal ou de outras fontes de financiamento estatal da mídia. Essa discriminação pode ser refletida em "favoritismos" para determinadas afiliações políticas ou interesses empresariais afins ou pela penalização da mídia crítica ao governo. As verbas públicas poderiam ser desconcentradas para promover a pluralidade e diversidade de vozes, em linhas de financiamento público e com critérios bem estabelecidos para a publicidade estatal. No entanto, os dados aferidos nesse indicador apontam, também, para uma situação de risco grave à democracia, com o uso seletivo de verbas públicas.

Como ilustração, levantamento do site O Cafezinho (2018) baseado em dados da Secretaria Especial de Comunicação (Secom) do governo federal mostrou que houve, em 2016, um aumento da destinação de verbas para veículos que apoiaram o impeachment de Dilma Rousseff naquele ano e a gestão de seu sucessor, Michel Temer. O jornal *Folha de S.Paulo* teve aumento de 121%, o jornal *O Estado de S. Paulo*, de 229%, a revista *Época*, de 252%, a revista *Veja*, de 489%, a TV Record, de 510%, e a revista *IstoÉ*, de 1.384%. Na comparação com a audiência, a revista *Veja* recebeu, naquele ano, proporcionalmente 50% mais verba publicitária do que a proporção de sua audiência; o jornal *O Globo*, 66% a mais; a revista *Época*, 83% acima da audiência proporcional; e a rede de TV Band, 95% a mais (Intervozes, 2019). Em 2017, apenas a campanha e aprovação da reforma da previdência consumiu do governo R$ 100 milhões, 55% do total previsto para campanhas publicitárias no ano, que era de R$ 180 milhões, ainda segundo dados da Secom levantados pelo portal UOL (2020). Em 2019, durante o governo Bolsonaro, desenhou-se uma política de aprofundamento da discriminação dessas verbas a aliados, segundo a sistematização do site Poder360 (2021), além de apoio a redes de desinformação, como mostrou a Rede Brasil Atual (2021), com base nos mesmos dados.

Outro indicador de risco à qualidade do sistema midiático é a transparência sobre quem controla a mídia no país. O indicador desse tema busca analisar a existência de dispositivos na legislação que obriguem práticas de transparência e a disponibilização de informações sobre a propriedade e o controle da mídia, assim como a efetiva implementação desses dispositivos. Mais uma vez, o resultado da análise aponta um risco grave à democracia. A própria dificuldade que a pesquisa encontrou para acessar dados que deveriam ser públicos e de fácil acesso é indício da falta de transparência.

Há quatro indicadores sobre a existência de proteções legais à pluralidade e à diversidade – que avaliam proteções sobre concentração da mídia, concentração de propriedade cruzada, a transparência no controle da mídia e a neutralidade de rede. Esses indicadores buscam analisar a existência de dispositivos na legislação (tanto específica da área de comunicações quanto na legislação em geral), bem como a efetiva implementação desses dispositivos. Os indicadores apontam para riscos altos à pluralidade na mídia no caso da transparência e da concentração; configuram um quadro de risco médio no caso das proteções contra propriedade cruzada, em que há salvaguardas legais, mas insuficientes; e no caso da neutralidade de rede, em que há salvaguardas legais – graças ao Marco Civil da Internet, de 2014 –, mas a implementação é quase inexistente (Intervozes, 2019).

Ao comparar nossos indicadores de riscos à pluralidade na mídia com os de outros dez países analisados pelo

Media Ownership Monitor, o Brasil apresenta o cenário mais grave. A ausência de um marco legal eficiente e de uma política de comunicação que combata a monopolização e a oligopolização midiática e promova a pluralidade de vozes na comunicação brasileira são lacunas que trazem graves consequências à circulação de ideias, à diversidade e à democracia.

A democracia pressupõe que a diversidade de projetos, discursos, vozes e perspectivas existentes na sociedade possam estar em circulação livremente. O cenário de concentração midiática e ausência de políticas que garantam o direito à comunicação de todas as pessoas acompanha uma interdição de debates que não são de interesse dos grupos concentrados de mídia. Esse cenário de ausência de pluralidade e diversidade de ideias corresponde, também, à inexistência de diversidade regional entre as perspectivas presentes.

POUCOS LUGARES COM VOZ: CONCENTRAÇÃO GEOGRÁFICA DA PRODUÇÃO DE SENTIDOS

De onde parte o comando das redes de informação e mídia brasileiras? Para ajudar a responder essa questão, a pesquisa "MOM-Brasil" também analisou a dimensão territorial da produção e circulação de sentidos pela mídia nacional. Esse é um dado bastante relevante, pois em um país com tamanha diversidade regional e cultural, a concentração ou desconcentração geográfica da produção de sentidos pode significar a vocalização ou o silenciamento de projetos, valores, interesses, problemas, formas de vida e culturas regionais. O cenário encontrado é ilustrado na Figura 4.

Figura 4: Concentração geográfica das matrizes dos grupos dominantes de comunicação no Brasil

O levantamento permitiu verificar uma concentração geográfica significativa da localização das matrizes dos grupos de comunicação: 19 dos 26 grupos analisados (73%) têm suas sedes na Região Metropolitana de São Paulo, a maioria deles na cidade de São Paulo. Em seguida, nessa hierarquia de comando da mídia brasileira, viria a cidade do Rio de Janeiro, que, embora só abrigue um dos grupos, é o maior de todos: o Grupo Globo. Brasília, capital política do país, aparece logo após São Paulo no número de matrizes de empresas, com três. Esses 26 grupos são os proprietários dos cinquenta veículos ou redes que compõem o universo investigado pelo MOM-Brasil. Ao analisar a localização das matrizes desses cinquenta veículos ou redes, o dado é similar: são 62% na cidade de São Paulo e 12% no Rio de Janeiro. Em seguida, há 10% em Porto Alegre, 6% em Belo Horizonte e 4% em Brasília. A chamada "Região Concentrada" (Santos; Silveira, 2001) do país (correspondente ao Sul e Sudeste, na divisão regional do IBGE) acumula 80% dos escritórios de comando dos grupos que controlam os cinquenta maiores veículos de mídia nacionais.

A situação de grande concentração geográfica acompanha uma dimensão territorial do poder desses grupos: a capacidade de imposição aos diferentes lugares de sentidos alinhados com o interesse de quem pode realizar filtros e escolhas sobre a distribuição dessas informações com base na visão dominante nos poucos centros que comandam as redes. As decisões editoriais, as prioridades de pauta e as representações de imagem e de cotidiano presentes na mídia são majoritariamente marcadas pela concentração em São Paulo e no Rio de Janeiro, graças ao papel central do Grupo Globo na mídia nacional.

As redes nacionais da Região Concentrada acabam pautando também as mídias regionais e isso pode gerar um efeito de silenciamento de temas, como mostra a pesquisa "Vozes silenciadas: a cobertura do derramamento de petróleo na costa brasileira" (Intervozes, 2020). Como mostra o estudo, apesar de o Brasil ter vivenciado o maior derramamento de óleo cru do oceano Atlântico Sul em agosto de 2019, somente após um mês do aparecimento das manchas no litoral nordestino e das denúncias de pescadoras/es, marisqueiras/os e ativistas, a mídia de alcance regional noticiou o tema, provocando a ação das autoridades municipais, estaduais e federais e a posterior cobertura por parte da mídia de alcance nacional. Mesmo que tenha pautado tardiamente a mídia de alcance nacional, ambas (mídia regional e mídia nacional) deram ênfase ao chamado "jornalismo declaratório", privilegiando fontes oficiais e silenciando os povos e comunidades tradicionais do Nordeste afetados pelo desastre.

Os dados da pesquisa "MOM-Brasil" reforçam um entendimento histórico sobre as desigualdades e hierarquias no território brasileiro. Um dos elementos novos é o papel central do comando das redes de informação para hierarquizar o espaço. Com a ascensão da importância das diversas atividades baseadas em informação – mídia, finanças, consultorias e tantas empresas de informação estratégica –, a cidade de São Paulo se reorganizou para atuar como um centro de comando do restante do território brasileiro. São Paulo hoje abriga os principais centros decisórios das grandes empresas, os principais agentes do mercado financeiro, as atividades de consultoria estratégica e o comando da mídia. É um dos três principais "centros de gestão do território brasileiro", termo criado por Roberto Lobato Corrêa e adotado pelo IBGE (2014). Os três maiores centros de comando das redes de informações do território brasileiro, distribuindo ordens a todo o território, são justamente São Paulo, Rio de Janeiro e Brasília.

Ainda que esses grandes grupos se articulem com os grupos de mídia regionais – de grande importância e com vínculos políticos destacados nos lugares –, a maior parte do conteúdo, da agenda e das decisões de maior impacto ao trabalho midiático parte dos grupos baseados na Região Concentrada. Há, portanto, uma hierarquia no território brasileiro entre lugares que comandam a mídia, a produção e circulação das informações e o restante do território. Isso significa que temos no território uma diferenciação entre lugares vocalizados e lugares silenciados, com grande ou pequena capacidade de produzir e colocar sentidos em circulação. Essa concentração geográfica da capacidade de comunicar impossibilita que as pessoas possam enunciar seus próprios lugares, seu território vivido, a partir dos cotidianos compartilhados e das culturas enraizadas nesse espaço da vida comum. Essa é uma dimensão grave do cenário de concentração midiática que deve ser prioritária no debate público sobre o aprimoramento do sistema de mídia do país.

VOZES CONCENTRADAS E CAPTURA DA MÍDIA: QUESTÕES QUE SE ABREM

O cenário identificado pela pesquisa "MOM-Brasil" e seus indicadores, ao olhar para a propriedade e o consumo de informações no território brasileiro, aponta para uma situação de grave risco à democracia pela ausência de pluralidade e diversidade da mídia e pela concentração geográfica e de propriedade do poder comunicacional. Trata-se de uma expressão, no Brasil, do que Milton Santos (2000) chama de situação de "violência da informação" como uma característica da nossa vida atual. A ascensão da importância da informação, cada vez mais presente e relevante em nossa vida, acompanha esse cenário de concentração de poder comunicacional em poucos agentes.

Desse entendimento, desdobra-se nosso interesse em compreender a mobilização desse poder ou a captura da mídia por interesses políticos, religiosos e empresariais – agendas fundamentais que este livro pretende abrir para a discussão em seus próximos capítulos. Um dos aspectos metodológicos mais valiosos da pesquisa "MOM-Brasil" é justamente identificar as relações de interesse dos donos da mídia, evidenciando, para além da propriedade cruzada de diversos meios de comunicação, seus interesses de negócio, políticos e de outras dimensões relevantes e que devem estar expostas de forma transparente no debate público.

Cabe notar, no entanto, que essa crítica à concentração midiática não corresponde a um entendimento fatalista sobre a imposição da visão dos grupos hegemônicos. A comunicação não é marcada apenas pela violência da informação, mas envolve inúmeras disputas, no território, por outras vozes em circulação, no envolvimento de tantos sujeitos e organizações tanto diretamente na produção de uma comunicação contra-hegemônica quanto na disputa por políticas de comunicação que transformem esse cenário. As lutas sociais pela democratização da comunicação e a apropriação das possibilidades tecnológicas do período pelos e pelas "de baixo" (Santos, 2000) possibilita vislumbrar as potências de produzir outro cenário para a comunicação em nosso país.

REFERÊNCIAS

BAGDIKIAN, Ben. **O monopólio da mídia**. São Paulo: Veneta, 2018.

BECERRA, Martín; MASTRINI, Guillermo. **Los dueños de la palabra**: acceso, estructura y concentración de los medios en la América Latina del Siglo XXI. Buenos Aires: Prometeo Libros, 2009.

CAFEZINHO. Liberais e viciados em dinheiro público: publicidade federal na *Veja* cresce 490%. 2018. [on-line]. Disponível em: https://ocafezinho.com/2017/05/21/exclusivo-liberais-e-viciados-em-dinheiro-publico-publicidade-federal-na-veja-cresce-490/. Acesso em: 28 abr. 2022.

GLOBO.COM. Globo celebra alcance de mais de 100 milhões de pessoas por dia. 2019. Disponível em: https://redeglobo.globo.com/novidades/

noticia/globo-celebra-alcance-de-mais-de-100-milhoes-de-pessoas-por-dia.ghtml. Acesso em: 28 abr. 2022.

IBGE (org.). **Gestão do território, 2014**: redes e fluxos do território. Rio de Janeiro: IBGE, 2014.

INTERVOZES. **Monitoramento da Propriedade da Mídia (MOM-Brasil)**. São Paulo, 2019. [on-line]. Disponível em: https://quemcontrolaamidia.org.br. Acesso em: 28 abr. 2022.

_____. **Vozes silenciadas**: o derramamento de petróleo na costa brasileira. São Paulo: Intervozes, 2020.

PASTI, André. Notícias, psicosfera e violência da informação: as agências transnacionais de notícias e a alienação do território brasileiro. **Revista Sociedade & Natureza**, v. 30, n. 1, p. 80-109, 2018.

PATERSON, Chris. News agency dominance in international news on the internet. **Papers in International and Global Communication**, n. 1/6, 2006.

PODER360. Governo Bolsonaro reduz publicidade na Globo e prioriza SBT e Record. 2021. [on-line]. Disponível em: https://www.poder360.com.br/midia/governo-bolsonaro-reduz-publicidade-na-globo-e-prioriza-sbt-e-record/. Acesso em: 28 abr. 2022.

REDE BRASIL ATUAL. Intervozes: impedir monetização de canais de desinformação ainda é pouco. 2021. [on-line]. Disponível em: https://www.redebrasilatual.com.br/politica/2021/08/monetizacao-canais-fake-news-intervozes/. Acesso em: 28 abr. 2022.

RIBEIRO, Ana Clara Torres. Matéria e espírito: o poder (des)organizador dos meios de comunicação. *In*: PIQUET, Rosélia; RIBEIRO, Ana Clara Torres (ed.). **Brasil, território da desigualdade**: descaminhos da modernização. Rio de Janeiro: Jorge Zahar; Fundação Universitária José Bonifácio, 1991.

SANTOS, Milton. **Por uma outra globalização**: do pensamento único à consciência universal. Rio de Janeiro: Record, 2000.

SANTOS, Milton; SILVEIRA, María Laura. **O Brasil**: território e sociedade no início do século XXI. Rio de Janeiro: Record, 2001.

UOL. Temer gasta R$ 100 milhões em campanha pela reforma da previdência. 2020. [on-line]. Disponível em: https://noticias.uol.com.br/politica/ultimas-noticias/2017/07/11/temer-gasta-r-100-milhoes-em-campanha-pela-reforma-da-previdencia.htm. Acesso em: 28 abr. 2022.

VAN CUILENBURG, Jan; MCQUAIL, Denis. Media policy paradigm shifts: towards a new communications policy paradigm. **European Journal of Communication**, v. 18, n. 2, p. 181-207, 2003.

CAPÍTULO 2.
POLÍTICOS DONOS DE MÍDIAS: PROBLEMA HISTÓRICO PERMANECE NO BRASIL

Pâmela Araujo Pinto

Desde a redemocratização do Brasil, em 1985, até 2020, o Senado e a Câmara dos Deputados do país foram presididos, majoritariamente, por políticos donos de mídia e/ou profissionais de comunicação. Nesse intervalo de 35 anos, o Senado teve 75% dos presidentes donos de mídia e/ou com parentesco com donos de empresas de comunicação. A Câmara dos Deputados teve 56,2% dos presidentes na mesma situação. Esse dado sinaliza um fenômeno recorrente da cena política no Brasil, na qual políticos controlam outorgas públicas de veículos de radiodifusão para benefício privado (Brasil, 2019c; Intervozes, 2019). Os números mostram a atualidade do debate e apontam para a necessidade de discutir as características e os impactos do controle de veículos de comunicação no cenário político. Entre eles, a criação e manutenção de palanques midiáticos; a hereditariedade dos grupos político-midiáticos regionais; e a interferência de políticos donos de mídia (e de seus interesses privados) na política.

O estudo de trajetórias de senadores e de governadores eleitos em 2014 e 2018, oriundos de grupos com esses vínculos, expõe o sincronismo na ascensão eleitoral e no controle de veículos. O pleito de 2018 demandou ainda mais refinamento no debate sobre esse tema. A derrota de líderes políticos tradicionais donos de mídia contrastou com a ascensão de herdeiros em cargos eletivos. Nessa paisagem, não podemos esquecer também da reeleição dos radialistas e apresentadores de programas de televisão, que têm firmado presença nas bancadas municipais, estaduais e federais nas últimas décadas. Essa configuração dinâmica torna relevante o questionamento sobre o motivo de as outorgas de radiodifusão ainda serem itens de desejos da classe política, mesmo diante do avanço da internet no Brasil.

POR QUE SENADORES E DEPUTADOS NÃO PODEM SER DONOS DE MÍDIA?

Em vinte mandatos (1985-2019), o Senado teve 12 presidentes, dentre os quais nove[15] são vinculados a conglomerados regionais de mídia, o que corresponde a 75% dos presidentes. Destacam-se José Sarney, com quatro mandatos na casa (1995-1997; 2003-2005; 2009-2011 e 2011-2013) pelo Amapá e controlador de veículos no Maranhão;

---

[15] Além de ACM, os demais políticos citados nesse parágrafo pertenciam ao Partido do Movimento Democrático Brasileiro (PMDB) durante a presidência.

Antônio Carlos Magalhães (ACM) (PFL[16]/BA) (1997-1999), com dois mandatos e dono de mídias na Bahia; Jader Barbalho (2001-2001), com empresas no Pará, e Garibaldi Alves (2007-2009), no Rio Grande do Norte. Além do controle de mídia, eles têm em comum a eleição de herdeiros em cargos expressivos nas suas bases eleitorais: Roseana Sarney, filha de José Sarney, foi deputada federal (1991-1994), governadora do Maranhão por três mandatos (1995-2002 e 2009-2014) e senadora (2003-2009); ACM Neto foi deputado federal (2003-2013) e prefeito de Salvador (2013--2020); Helder Barbalho, filho de Jader, foi eleito governador do Pará em 2018, e terá trajetória detalhada a seguir; Walter Alves é a segunda geração de herdeiros políticos na família e aos 40 anos, em 2014, ingressou no seu segundo mandato de deputado federal e já exerceu dois mandatos no legislativo potiguar. Outros presidentes do Senado têm formas menos diretas de controle da mídia: Eunício Oliveira (2017-2019), ministro das Comunicações entre 2004 e 2005, tem outorgas relacionadas à esposa. Mauro Benevides (1991-1993) tem outorgas relacionadas ao filho. O político Nelson Carneiro (1989-1991) era jornalista.

Levantamentos do Intervozes – Coletivo Brasil de Comunicação Social[17] e dados de pesquisas acadêmicas apontam a existência de oito senadores que figuram como sócios de outorgas de radiodifusão nas legislaturas 55 (2015-2019) e 56 (2019-2023). Além disso, cinco têm familiares como sócios das outorgas e nove são senadores

---

[16] O PFL mudou para o nome Democratas (DEM) em 2007. Em 2021, o DEM se fundiu com o PSL (Partido Social Liberal) para formar o União Brasil (UNIÃO) (N. do E.).

[17] Para mais informações, acesse: http://brazil.mom-rsf.org/br/destaques/afiliacoes-politicas/. Acesso em: 28 abr. 2022.

comunicadores. Somam-se 22 senadores atuantes na casa, em 2019, com vínculos (diretos e indiretos) com a mídia. A Tabela 1 lista os senadores vinculados a outorgas:

TABELA 1: SENADORES VINCULADOS À PROPRIEDADE DE MÍDIAS EM 2019

ESTADO	POLÍTICO	PARTIDO[18]	VEÍCULOS
Alagoas	Fernando Collor	PROS	TV Gazeta de Alagoas (afiliada TV Globo)
Ceará	Tasso Jereissati	PSDB	Sistema Jangadeiro de Comunicação (afiliada Band)
Maranhão	Roberto Rocha	PSB	TV Cidade (afiliada Record)
Maranhão	Weverton Rocha	PDT	Sistema Difusora[19] (afiliada SBT)
Pará	Jader Barbalho	MDB	Rede Brasil Amazônia de Comunicação (afiliada Band)
Rondônia	Acir Gurgacz	PDT	Sistema Gurgacz de Comunicação (afiliada Rede TV!)
Rio de Janeiro	Arolde de Oliveira	PSD	93 FM Rio de Janeiro
Santa Catarina	Jorginho de Mello	PR	Rádio Santa Catarina LTDA.

Fontes: Intervozes (2019) e Aires (2017).

---

[18] Nome de partidos presentes no capítulo: MDB (Movimento Democrático Brasileiro), PDT (Partido Democrático Trabalhista), PMN (Partido da Mobilização Nacional), PODE (Podemos), PP (Progressistas), PROS (Partido Republicano da Ordem Social), PSB (Partido Socialista Brasileiro), PSC (Partido Social Cristão), PSD (Partido Social Democrático), PSDB (Partido da Social Democracia Brasileira), PT (Partido dos Trabalhadores). Informações presentes no portal do Tribunal Superior Eleitoral, acessado em junho de 2022. Mudaram de nome PPS, PR, PRB e DEM para, respectivamente, Cidadania, PL, Republicanos e União Brasil (N. do E.)

[19] Arrendou da família do político e ex-senador Edson Lobão em 2016.

Dos parlamentares com vínculos indiretos destacam-se: o presidente do Senado entre 2019 e 2020, Davi Alcolumbre (DEM/AP), sobrinho do dono do grupo Alcolumbre no Amapá; Renan Calheiros (MDB/AL), pai de José Renan Calheiros Filho, governador de Alagoas e apontado como sócio da rádio JR Rádio Difusora; a família do senador Jayme Campos (DEM/MT) é relacionada como concessionária da TV Brasil Oeste e de outras mídias; a senadora Zenaide Maia (PROS/RN) é irmã do deputado federal João Maia, apontado como sócio de outorgas; Ângelo Coronel (PSD/BA) tem um assessor como sócio de outorga de rádio comunitária na sua base eleitoral, na Bahia, segundo reportagem da *Folha de S.Paulo*[20].

Em 2020 havia nove comunicadores em exercício: Carlos Viana (PSD/MG), apresentador do programa *Balanço Geral* da TV Record Minas; Jorge Kajuru (PSB/GO), jornalista esportivo de projeção nacional; a bancada do Amazonas tem o radialista Valério (PSDB/AM) e Omar Aziz (PSD/AM), criador do programa *Exija Seus Direitos*[21]. Lasier Martins (PODE/RS), senador do Rio Grande do Sul, foi jornalista da RBS (afiliada da Rede Globo) por três décadas. Marcos Rogério da Silva Brito (DEM/RO), de Rondônia, é jornalista e está no primeiro mandato. Trabalhou nas afiliadas da TV Globo e do Sistema Gurgacz. Há quatro senadores que não usam

---

[20] Ver: https://www1.folha.uol.com.br/poder/2018/06/entidades-ligadas-a-chefe-do-legislativo-da-ba-lucram-com-contratos-publicos.shtml. Acesso em: 28 abr. 2022.

[21] Com a atração criada em 1996, obteve grande projeção e ocupou cargos de vice-prefeito de Manaus, vice-governador (2003 e 2010) e governador (2010-2014) (Aires, 2017).

a profissão como plataforma direta: a jornalista maranhense Eliziane Gama (Cidadania/MA); Reguffe, jornalista e senador do Distrito Federal (Podemos/DF); Rose de Freitas (Podemos/ES), senadora do Espírito Santo, também é jornalista e política desde a década de 1980; Humberto Costa (PT/PE), senador por Pernambuco, é médico e jornalista (Brasil, 2019b).

Na Câmara dos Deputados a situação não é diferente. Dos seus 16 presidentes, em vinte mandatos desde 1985, nove[22] têm vínculos com veículos de radiodifusão. Somam 56,2% dos presidentes da casa. Três são parentes de presidentes do Senado. Luis Eduardo (1995-1997), filho de ACM – ambos falecidos –, era herdeiro da Rede Bahia. Henrique Eduardo Alves (2013-2014) é primo do ex-senador Garibaldi Alves e apontado como acionista do Sistema Cabugi de Comunicação. Esses dois grupos são afiliados à TV Globo. Paes de Andrade (1989-1991) é sogro do Eunício Oliveira. Sua filha é vinculada como sócia das outorgas da Tempo FM, de Juazeiro do Norte (CE).

Inocêncio Oliveira (PFL/PE) (1993-1995) é citado como fundador e sócio majoritário da concessão da TV Asa Branca, da Rede Nordeste de Comunicação, afiliada à Globo em Caruaru (Vasconcelos, 2010). O presidente Efraim Morais (DEM/PB) (2002-2003) e o seu herdeiro, o deputado federal há quatro legislaturas Efraim Morais Filho (DEM/PB), são relacionados à outorga da rádio Vale do Sabugi. O pai aparece como sócio fundador, em 1987, e o filho ingressou na sociedade em 2004 (Brasil, 2018). Na lista há dois jornalistas, Aldo Rebelo (PCdoB/SP)

---

[22] Todos os citados pertenciam ao Partido do Movimento Democrático Brasileiro (PMDB) durante a presidência.

(2005-2007) e Ibsen Pinheiro (PMDB/RS) (1991-1993). Eduardo Cunha (PMDB/RJ) (2015-2016), cassado em 2016, atuou como radialista.

O número total de congressistas sócios de concessões de radiodifusão no Brasil é incerto[23]. A prática do uso de laranjas, ou seja, atribuição das ações das concessões a terceiros, ocorre sem fiscalização. A transparência nos dados da radiodifusão também é problemática. Um dos marcos dessa questão ocorreu em 2011, quando o ministro das comunicações do governo de Dilma Rousseff, Paulo Bernardo, divulgou a lista de sócios de concessões de radiodifusão no Brasil. A lista permaneceu no site do Ministério das Comunicações (MC) até 2016 (Pieranti, 2017), mas com a extinção do órgão – por meio da Medida Provisória nº 726, convertida na Lei nº 13.341, de 29 de setembro de 2016 após o impeachment da presidente Dilma – o documento não foi localizado no site da nova pasta, o Ministério da Ciência, Tecnologia, Inovações e Comunicações (MCTIC).

---

[23] A cada nova legislatura do Congresso surgem matérias retomando a questão do controle de mídias por políticos. Em 2008, o projeto que originou o site Donos da Mídia identificou 271 políticos sócios de empresas de radiodifusão no Brasil. Foram mapeados 147 prefeitos, 55 deputados estaduais, um governador, 48 deputados federais e vinte senadores com vínculo direto e oficial com os meios de comunicação. O projeto foi descontinuado, mas serviu de referência para estudos que mapearam essa relação. Esses dados puderam ser ampliados com a lista de 2011, que permitiu uma profunda investigação sobre o tema, por parte da academia e de jornalistas. A matéria "Lista revela políticos donos de Rádio e TVs", publicada pela *Folha de S.Paulo*, citava 56 congressistas como donos ou com parentes donos de emissoras da radiodifusão. O texto chamou de caixa-preta o cadastro de donos de rádios e emissoras de TV no país, que, a partir de 2011, passaria a ser divulgada "em definitivo" pelo Ministério das Comunicações (Cruz; Wiziack, 2011).

Com o título "Bancada da mídia perde espaço no Congresso, mas elege três governadores", de 10 de dezembro de 2018, a *Folha de S.Paulo* mapeou o trânsito dos políticos donos de mídias no último pleito. Esse mapeamento coincidiu com a lista de quarenta parlamentares feita pelo Intervozes[24] e enviada ao Supremo Tribunal Federal (STF), em 2015, com questionamentos sobre a posse de mídias por políticos. Desse grupo, quatro não disputaram, 11 foram derrotados e 25 seguiram no Congresso – cinco senadores e vinte deputados. Na legislatura de 2018, foram eleitos e reeleitos ao menos 26 parlamentares apontados como sócios de outorgas de radiodifusão[25]. Há parlamentares que estão no quinto mandato, a exemplo de Átila Lira (PSB/PI) e de José Alves Rocha (PR[26]/BA).

Além dos proprietários de canais de rádio e TV, profissionais de comunicação[27] estão em crescente ocupação dos cargos eletivos. Apesar de não ser ilegal, como no caso dos senadores e deputados donos de mídia, apresentadores

---

[24] Em 2015, o Partido Socialismo e Liberdade (Psol) e o Intervozes protocolaram uma Arguição por Descumprimento de Preceito Fundamental (ADPF 379) no STF questionando a posse de mídia por políticos baseados na ligação de 32 deputados federais e oito senadores a concessões de radiodifusão – a ação ainda está em tramitação. Essa ação é baseada no artigo 54 da Constituição Federal que diz que deputados e senadores não podem "firmar ou manter contrato" nem "aceitar ou exercer cargo, função ou emprego remunerado" em empresa concessionária de serviço público quando são diplomados. O Ministério Público Federal pediu a suspensão das outorgas de políticos como Jader Barbalho e Aécio Neves.

[25] Disponível em: https://congressoemfoco.uol.com.br/opiniao/colunas/donos-de-radio-e-tv-formarao-bancada-de-pelo-menos-26-parlamentares-no-novo-congresso/. Acesso em: 28 abr. 2022.

[26] O PR (Partido da República) mudou de nome para PL (Partido Liberal) em 2019 (N. do E.).

[27] Para aprofundar esse tema, ver Aires (2017).

ocuparem cargos eletivos também podem ser vistos como um uso da mídia para fins privados e políticos. A chamada bancada do microfone também é composta de profissionais de mídia, sobretudo apresentadores de programas regionais, de emissoras afiliadas às redes de TV. Na legislatura 56 temos 28 deputados[28] que declaram na sua biografia serem comunicadores (Brasil, 2019c). São provenientes das cinco regiões brasileiras, com predomínio de parlamentares do Nordeste (em cinco estados) e Sudeste (em três). Destacam-se Damião Feliciano (PDT/PB), deputado há cinco mandatos pela Paraíba, apresentador em rádio local; Celso Russomanno (PRB[29]/SP), que soma seis mandatos como deputado de São Paulo – os dois últimos consecutivos – e atua na Rede Record; Clarissa Garotinho (PR/RJ), herdeira dos radialistas Rosinha e Anthony Garotinho, reeleita para o segundo mandato pelo Rio de Janeiro; e Paulo Martins (PSC/PR), que, também reeleito pelo Paraná por duas legislaturas, é comentarista da Rede Massa.

Essa abordagem quantitativa foi um preâmbulo para chamar a atenção para o ciclo do controle da mídia no Brasil, que é histórico e teve uma aliança relevante ao longo dos anos com os políticos. A Nova República, iniciada em 1985 com o fim da Ditadura Militar, renovou a expectativa de retomada da liberdade de expressão. A Constituição Federal de 1988, no Capítulo 5º – Da Comunicação Social trouxe diretrizes para a democratização da mídia alicerçada no interesse público, mas os

---

[28] Esse número foi informado pela Câmara, por e-mail, e pode ser maior, pois considera apenas os que informam o dado espontaneamente.

[29] O PRB (Partido Republicano Brasileiro) mudou de nome para Republicanos em 2019 (N. do E.).

artigos ainda não foram regulamentados (Brasil, 1988). Ela incluiu o Congresso Nacional como competente para a apreciação dos atos de outorga e renovação de outorga de radiodifusão. Desde as primeiras legislações sobre o setor, na década de 1930, essa prerrogativa era exclusiva do presidente da República. Para que seja efetivada, uma outorga comercial precisa ser encaminhada à apreciação das duas casas legislativas, que emitirão parecer com um decreto legislativo encaminhado para a Casa Civil. Porém esse avanço foi usado em causa própria, pois os constituintes, em vez de promover avanços na democratização das telecomunicações, fizeram um novo "loteamento" das mídias entre si.

Deputados e senadores passaram a participar da distribuição de concessões em benefício próprio para garantir prestígio regionalmente. Lima (2006) considera o auge das outorgas para políticos o período do Congresso Constituinte (1987-1988), gerido pelo então ministro das comunicações Antônio Carlos Magalhães (PFL/BA), em pleno jogo para permanência do presidencialismo como forma de governo e a não redução do mandato de José Sarney. Entre 1985 e 1988 foram assinadas 1.028 outorgas, 91 delas dadas aos constituintes. Desse total, 92,3% votaram a favor do presidencialismo e 90,1% votaram a favor do mandato de cinco anos para o presidente. Muitos grupos regionais iniciaram a partir desse marco.

O Congresso Nacional seria um espaço estratégico para alavancar mudanças na legislação da radiodifusão, que tem como base o Código Brasileiro de Telecomunicações, de 1962 (Lei nº 4.117/62). A apropriação dos canais por políticos dificulta as tentativas de modificação do cenário legal existente. Na Câmara há a Comissão de Ciência e Tecnologia, Comunicação e Informática (CCTCI), um órgão técnico para assuntos desse tema na casa, composta de 42 parlamentares. Foi criada em 1936 e, ao longo dos anos, teve a inclusão de novos temas. Debate os meios de comunicação social e a liberdade de imprensa, a produção e a programação das emissoras de rádio e televisão, assuntos relativos a comunicações, telecomunicações, informática, telemática, robótica e o desenvolvimento científico e tecnológico. Ou seja, seria uma instância fiscalizadora. Na prática é frequentada também por parlamentares concessionários de mídias, que podem legislar em causa própria[30]. Em 2019, sua presidência estava nas mãos do deputado Félix de Almeida Mendonça (PDT/BA), deputado por três mandatos consecutivos e apontado pelo Intervozes como proprietário de mídia. Eram membros em 2018 os políticos sócios de outorgas de radiodifusão: Domingos Neto (PSD/CE), Fábio Faria (PMN/RN) e Arolde de Oliveira (PSD/RJ) – vice-presidente da comissão; os apresentadores Cesar Souza (PSD/SC) e Sandro Alex (PPS[31]/PR); Silas Câmara (AM), com familiares donos de mídia. Em 2020, o deputado Fábio Faria foi empossado como Ministro das

---

[30] O Fórum Nacional pela Democratização da Comunicação (FNDC) citou em matéria a aprovação do Projeto de Lei (PL) nº 2.088/2015, que permite a transferência de 50% das cotas ou ações representativas do capital de radiodifusão já no primeiro ano de vigência da outorga e a transferência integral das cotas ou ações após esse período, alterando a regra atual do Decreto nº 52.795/1963, que só permite a transferência de outorgas cinco anos após a expedição do certificado de licença para funcionamento (art. 90) (Moura, 2016).

[31] Em 2019, o PPS (Partido Popular Socialista) mudou o nome para Cidadania (CDN) (N. do E.).

Comunicações. Ele também é genro de Silvio Santos, proprietário do Sistema Brasileiro de Televisão (SBT).

O controle de veículos de radiodifusão por políticos parece ser uma constante no parlamento brasileiro, vínculo presente na trajetória daqueles que ocuparam cargos como a presidência da Câmara e do Senado. Esse denominador comum está presente em grupos políticos de todo o país, como será detalhado nos próximos tópicos, e tem contribuído para a construção de verdadeiras árvores genealógicas de poder. A posse de mídias por esses atores dificulta uma mudança nesse cenário e torna um desafio crescente a aproximação da comunicação como um direito pleno dos cidadãos.

O CONTROLE POLÍTICO E SEUS IMPACTOS NAS REGIÕES DO BRASIL

A pesquisa "Mídia Dados do Brasil" de 2018 apontou a existência de 10.708 rádios, 2.723 emissoras de televisão aberta e 13.576 portais provedores de conteúdo e outros serviços de informação na internet. O projeto Atlas da Notícia (2019), realizado pelo Instituto para o Desenvolvimento do Jornalismo (Projor), mapeou veículos jornalísticos no país. Foram identificados 12.467 veículos em 2.710 cidades. A amostra apontou que 49% dos municípios têm pelo menos um veículo. O estudo cunhou o conceito de desertos de notícia para identificar cidades sem nenhum veículo, sem cobertura da imprensa. Eles ocorrem predominantemente nas regiões Norte, Nordeste e Centro-Oeste. Em municípios menores não há uma cobertura satisfatória, e a população acaba se informando por mídias de outras cidades (Atlas da Notícia, 2019).

Predomina uma concentração midiática na região Sudeste e uma lógica de distribuição reticular, por meio de conglomerados nacionais sustentados em redes de televisão (Globo, Record, SBT, Band e Rede TV!). Essas empresas buscam o apoio de grupos regionais (muitos pertencem a políticos), que controlam mídias nos estados e municípios, para reproduzir conteúdo, deixando brechas na grade para a programação local. Nessa relação vertical as informações da principal mídia no país, a televisão – presente em 97,8% das casas – chega à população. O rádio e a internet disputam o segundo lugar de mídia mais usada no país. Cerca de 60% dos brasileiros estão conectados à rede mundial (IBGE, 2016). As desigualdades socioeconômicas permitem variações significativas no acesso entre as diferentes partes do país. O conteúdo gratuito ofertado na televisão aberta ainda garante o seu domínio como primeira opção para entretenimento e informação.

Em estudo anterior constatou-se que a estrutura de conglomerado predomina também nos cenários locais (Pinto, 2017). Grupos regionais somam mídias e reproduzem a lógica de controle praticada pela chamada grande mídia – em uma escala menor. Nas regiões Norte e Sul observou-se a forte presença do controle político e, ao longo de quatro anos de monitoramento, identificou-se que esse vínculo prejudicou o acesso de cidadãos a uma comunicação democrática.

A estrutura reticular das redes de TV fortaleceu grupos regionais e contribuiu para a concentração da mídia em poucos conglomerados em todo o país. A possibilidade concreta de controle dessas plataformas de comunicação por políticos, como exposto aqui por meio da posse de mídias por parlamentares do Congresso Nacional, sinaliza que a mídia comercial não garantirá uma pluralidade e uma diversidade que possibilitem o exercício do direito à comunicação, sobretudo na radiodifusão (Bolaño; Brittos, 2007). Esse direito é ainda mais prejudicado quando essas concessões públicas são exploradas para interesses privados e eleitorais.

A visibilidade privilegiada das emissoras nesse cenário permite um palanque contínuo e pode alavancar a imagem dos candidatos e dos seus aliados. A manutenção dos mandatos por seguidas legislaturas é um indicativo dessa vantagem. Falar desse controle é falar da democracia e do presente, portanto, é um movimento necessário para pensar a comunicação como um direito no Brasil.

HERDEIROS DO PODER E DAS MÍDIAS

Os herdeiros políticos e midiáticos listados a seguir usaram mídias nas bases eleitorais para exposição constante, contudo mostram percursos particulares de acesso ao poder. São eles:

a) Hélder Barbalho (MDB) – Governador do Pará (2019-2023)

Filho de Jader e Elcione Barbalho. Jader foi senador do Pará por dois mandatos, sendo presidente do Senado, deputado federal por quatro legislaturas, governador duas vezes e ministro da Previdência Social e do Desenvolvimento Agrário. Iniciou a vida pública com 23 anos como vereador de Belém e deputado estadual. Apoiou a ex-mulher, Elcione Barbalho (MDB), deputada federal por seis legislaturas (1995-1999, 1999-2003, 2007-2011, 2011-2015, 2015-2019, 2019-2023) e ex-vereadora de Belém (2005-2007).

Hélder levou 18 anos entre o primeiro cargo, como vereador de Ananindeua em 2000 (segundo município mais populoso do estado e localizado na região metropolitana da capital), e o posto de governador. Aos 39 anos obteve 2.068.319 votos no 2º turno para governar o Pará (UOL, 2018). Com essa mesma idade o pai foi eleito governador do mesmo estado, pela primeira vez, em 1983. Seguiu os passos de Jader ocupando uma vaga como deputado estadual, em 2002; foi eleito prefeito de Ananindeua por dois mandatos, de 2005 a 2013. Em 2014 disputou o governo estadual, mas não se elegeu. Em 2015, sem mandato, foi nomeado ministro da Pesca, por Dilma Rousseff, e, em 2016, foi nomeado ministro da Integração Nacional, por Michel Temer, cargo no qual permaneceu até 2018. O político concentrou suas ações no estado de origem e teve cada atividade repercutida com ampla divulgação pelos veículos de comunicação da família.

A família é proprietária da Rede Brasil Amazônia de Comunicação (RBA), com jornais, TVs afiliadas à rede Bandeirantes, rádios e portais. A RBA TV tem emissoras em Belém, Marabá e Santarém e possui seis retransmissoras de TV no interior; o jornal *Diário do Pará*[32]; e quatro rádios. Em 1990 o grupo comprou a RBA TV. Todos esses veículos estão divulgados no portal Diário Online, com sites individuais apenas para os veículos sediados em Belém. Esse controle de um aparato de veículos promove uma divulgação constante dos seus proprietários, o que reforça as votações e agrega significativo poder de barganha junto aos grupos políticos (Pinto, 2017).

---

[32] O *Diário do Pará* foi criado por Laércio Barbalho e Jader Barbalho em 1982, mesmo ano em que Jader pleiteou o governo do Pará.

b) Ratinho Junior (PSD) – Governador do Paraná (2019-2023)

Herdeiro político de Carlos Massa, Ratinho Júnior foi eleito governador do Paraná, no primeiro turno, com 3.210.712 votos. Aos 37 anos, é o governador mais jovem do estado no período democrático e o segundo do país em exercício (UOL, 2018). O pai, o apresentador Ratinho, iniciou suas atividades na TV em 1992 e, desde a década de 1990, está à frente do programa de alcance nacional que leva seu nome, atualmente exibido no SBT e com passagem pela Record. Antes, foi vereador de Jandaia do Sul (PR) entre 1977 e 1988, vereador de Curitiba de 1989 a 1991, e deputado federal do Paraná entre 1991 e 1995.

Aos 22 anos, Ratinho Júnior iniciou a carreira como deputado estadual do Paraná em 2003 e, em seguida, foi eleito deputado federal por dois mandatos, entre 2007 e 2014. Pleiteou a prefeitura de Curitiba, em 2012, mas não se elegeu. Em 2014, foi eleito para a Assembleia Legislativa estadual. No período foi convidado para ser secretário de Desenvolvimento Urbano do Paraná – cargo ocupado até 2017. Fez uso dos programas das emissoras do pai e apresentou até 2018 um programa de rádio em Curitiba, o *Microfone Aberto*, retransmitido pela rede (Quadros; Lopez; Bespalhok, 2010).

Em 2008 sua carreira foi alavancada com a formação do Grupo Massa, uma rede de emissoras de TV afiliadas ao SBT. Seu pai, em sociedade com Silvio Santos, o proprietário dessa rede nacional, comprou cinco emissoras regionais e passou a ter uma rede de cobertura estadual. Cabe destacar que as outorgas do grupo não estão todas no nome dos proprietários, pois localizamos apenas algumas delas no nome de Carlos Massa, da sua esposa e dos seus filhos. O grupo formou uma rede de rádios, a Rede Massa, composta pela Rádio FM Massa de Curitiba e de Maringá, no ar desde 2006, pela Massa FM de Londrina e de Foz do Iguaçu, operando desde 2007; e de Paranaguá, desde 2009, e pelas mais recentes em Ponta Grossa (PR), de 2012, e em Campinas (SP), a partir de 2013. No site da Rede Massa informa-se que esses veículos atingem 12 milhões de pessoas. O grupo Massa tem negócios nos ramos alimentício, hoteleiro, do agronegócio, um cartão de crédito e um site de compras coletivas (Pinto, 2017).

Ao longo de pesquisa realizada entre 2011 e 2015 foram observadas matérias positivas sobre a agenda de atividades de Ratinho Júnior nas mídias da rede. A expansão do grupo pelas regiões do estado foi forte aliada do crescimento de visibilidade do político.

c) Iadson Cameli (PP) - Governador do Acre (2019-2023)

Eleito o senador mais jovem do Brasil em 2015, aos 37 anos, Gladson Cameli foi eleito governador do Acre em 2018 com 223.993 votos (UOL, 2018). Iniciou a carreira em 2007 como deputado federal do Acre e manteve-se na Câmara por dois mandatos. O engenheiro é sobrinho do ex-governador Orleir Cameli – com mandato entre 1995 e 1999. Sua trajetória nos permite observar um sincronismo entre a ascensão política e a posse de mídias.

A empresa da família é o grupo Juruá, localizado na cidade de Cruzeiro do Sul – a segunda maior do estado. É composto pela TV Juruá, afiliada ao SBT, a Juruá FM e o portal Juruá Online. Criada em 2002, a rádio foi o primeiro veículo do grupo, e, em 2009, a TV foi ao ar. Em seguida, o portal foi inaugurado. O grupo é controlado por James Castro Cameli, filho de Oleir (Pinto, 2017).

A Juruá FM foi adquirida após a gestão de governo do tio e já operava fazia cinco anos na primeira campanha de Gladson a deputado federal. A TV veio em 2009, quando Gladson já era parlamentar. Nos oito anos de carreira que antecederam a ida ao Senado, o político pôde contar com essas plataformas para divulgar sua atuação. Cabe destacar que ele integrou a Comissão de Ciência e Tecnologia, Comunicação e Informática, na Câmara dos Deputados.

d) Wilson Lima (PSC) – Governador do Amazonas (2019-2023)

Eleito governador[33] do Amazonas aos 42 anos, com 1.033.954 votos (UOL, 2018), venceu no segundo turno o tradicional político Amazonino Mendes, três vezes governador. Wilson é jornalista e apresentou, entre 2010 e 2018, o programa policial *Alô Amazonas* na TV A Crítica, afiliada da Record. Iniciou a carreira no rádio aos 15 anos e começou a incursão na política aos 36, quando se filiou ao Partido Verde. Trocou de legenda em 2016, para o Partido da República (PR). Em 2018 filiou-se ao Partido Social Cristão (Wikipedia, 2019).

e) Davi Alcolumbre (DEM) – Senador do Amapá (2015-2023)

No dia 2 de fevereiro de 2019 o senador amapaense Davi Alcolumbre foi eleito presidente da casa – com

---

[33] No pleito de 2018, outro comunicador tornou-se governador no país, o empresário e apresentador João Dória foi eleito no 2º turno com 10.990.350 votos, em São Paulo.

apoio do governo federal – aos 41 anos e sem uma vida pública expressiva no cenário nacional. Desbancou a candidatura do tradicional político Renan Calheiros em uma conturbada votação que refletiu ainda a tensão do período eleitoral de 2018 – marcada pela polarização entre a nova e a antiga política. No próprio estado Davi foi eleito para casa no período de 2015 a 2023, com 131.695 votos (UOL, 2014). Começou a carreira em 2001, aos 24 anos, como vereador de Macapá. Em 2003 tornou-se deputado federal por três mandatos consecutivos – permaneceu até 2015 e, nesse intervalo, integrou a CCTCI. Em 2018 tentou o cargo de governador, mas ficou em terceiro lugar, com 94.278 votos (UOL, 2018). A família conta também com outro político, o deputado estadual Isaac Alcolumbre (DEM), primo de Davi, eleito por dois mandatos consecutivos, de 2007 a 2015.

Todos os seus passos são registrados nas mídias da Organização José Alcolumbre de Comunicação, de propriedade do seu tio, responsável por transmitir o conteúdo de três das principais redes de TV: SBT, Band e Record. O empresário José Alcolumbre tem a concessão de 16 outorgas de radiodifusão, distribuídas em todo o estado. As quatro outorgas de Macapá somam 20% das concessões na cidade.

A primeira emissora do grupo foi fundada em 1988, com a TV Marco Zero, afiliada ao SBT. A segunda emissora, a TV Amazônia, foi criada em 1997 e vinculada à Rede Record. Não há dados disponíveis sobre a fundação das emissoras de rádio do grupo. Em 2000, a TV Marco Zero passou a transmitir a Record, e a TV Amazônia passou a ser afiliada ao SBT. Em 2012, a TV Marco Zero passou a denominar-se TV Equinócio e manteve o sinal da emissora Record (Pinto, 2017). A família criou o jornal gratuito *Aqui Amapá*, em 2009.

Considerando as mídias tradicionais como fonte primária de informação preferencial, esse controle de três emissoras é potencializado. No Amapá a internet ainda não é acessível, o que reforça o protagonismo da TV. Em 2013 o IBGE apontou que apenas 14% dos domicílios do estado tinham internet fixa em casa e, em 2015, informou que cerca de 53% dos amapaenses não tiveram nenhum tipo de acesso à internet. O acesso ocorre predominantemente por celular (IBGE, 2013, 2016).

A trajetória dos políticos apresentados acima mostra uma ascensão gradual na qual foram de cargos menores a mandatos de maior representatividade. Observou-se um sincronismo entre a ascensão política e a posse de mídias e/ou o aumento de visibilidade nelas. Não é objetivo deste texto simplificar as discussões sobre esses cenários afirmando que o controle das mídias de massa elege políticos, mas expor o caminho percorrido por esses casos específicos e apontar a sintonia do crescimento das carreiras com a expansão de mídias controladas.

Três casos de famílias políticas com herdeiros políticos/midiáticos sem sucesso nas eleições de 2018 podem nos fazer refletir sobre essa simplificação. O caso da disputa pelo governo do Paraná entre Ratinho Júnior e Cida Borghetti (PP) e a não eleição de Romero Jucá (MDB), em Roraima, e de Garibaldi Alves, no Rio Grande do Norte, exemplificam essas tensões.

A ex-governadora Cida obteve o segundo lugar na disputa do governo (UOL, 2018). É casada com Ricardo Barros (PP), deputado federal por seis mandatos. O casal é apontado como concessionário de outorgas na região.

São pais da deputada estadual Maria Victoria, com dois mandatos. Em Roraima, o ex-senador Romero Jucá ficou em terceiro lugar na disputa para o Senado. Alavancou a carreira da ex-mulher, Teresa Jucá, que foi deputada federal e prefeita da capital, e do filho, que foi deputado estadual. Em Roraima eles controlam afiliadas das redes Band e Record, com cerca de 14 concessões de radiodifusão. No Rio Grande do Norte, o jornalista e senador por três legislaturas Garibaldi Alves ficou em quarto lugar na disputa para o Senado (UOL, 2018). É apontado como acionista do Sistema Cabugi de Comunicação.

DESAFIOS PARA PENSAR A DEMOCRATIZAÇÃO DAS MÍDIAS

O impeachment da presidente Dilma Rousseff, ocorrido em 2016, ajuda a retomar as três frentes inter-relacionadas no texto: (1) a busca presente por ampliação dos palanques regionais com o uso de concessões de rádio e televisão vinculadas a redes nacionais; (2) a ocorrência de hereditariedade dos grupos político-midiáticos; e (3) a interferência desses políticos (e de seus interesses privados) na democracia. Segundo denúncia feita pelo *El País*[34], um dos recursos de barganha de Temer na busca de apoio à votação do impeachment foram as outorgas de radiodifusão. Ele acelerou a tramitação de propostas de outorgas feitas por parlamentares da base governista. Como resposta, deputados e senadores concessionários de radiodifusão votaram em sua maioria pelo impeachment no Congresso Nacional. No Senado destacamos três

---

[34] Disponível em: https://brasil.elpais.com/brasil/2017/06/03/politica/1496447041_527306.html. Acesso em: 28 abr. 2022.

personagens citados no artigo: Jader Barbalho, Gladson Cameli e Davi Alcolumbre, que votaram[35] pelo "sim".

A soma desse episódio à tradição de posse de mídia no Congresso Nacional aponta que essa apropriação é um problema histórico e persistente no Brasil. Cabe destacar que a influência de atores políticos e de partidos nas mídias não é uma exclusividade do país e ocorre em democracias de todo o mundo – a exemplo da Rússia e Itália – no período eleitoral e fora dele (Örnebring, 2012; Roudakova, 2008, 2011). Aqui o questionamento desse cenário exige esforços contínuos da sociedade civil, destacando-se a academia e os movimentos sociais. Cabe problematizar a configuração midiática do país, marcada por um mosaico heterogêneo dominado por elos entre conglomerados nacionais e regionais atuando para fins mercadológicos – em detrimento da Constituição que preconiza o interesse público como referência da produção da comunicação.

O primeiro obstáculo para a busca por uma mudança dessa realidade é o comprometimento do Congresso Nacional na questão. Há, no momento da escrita deste texto, 22 senadores em exercício vinculados a mídias – dos quais oito são citados em outorgas e nove são comunicadores. Na Câmara são 28 deputados em exercício que se declaram comunicadores em sua biografia. O número de concessionários é uma incógnita vultosa. Esses

---

[35] Acompanharam o pedido de impeachment os senadores concessionários de mídia (na ocasião): Edson Lobão (MA), Eunício Oliveira (CE), Garibaldi Alves (RN), Renan Calheiros (AL), Romero Jucá (RR), Aécio Neves (MG), Paulo Bauer (SC), Tasso Jereissati (CE), Ivo Cassol (RO), Roberto Rocha (MA), Acir Gurgacz (RO), Fernando Collor (AL) e o apresentador de TV Omar Aziz (AM).

parlamentares garantem o engessamento da legislação referente à comunicação. As leis continuam aquém das possibilidades das plataformas de comunicação. Não fiscalizam o cumprimento das normas existentes. Não discutem sobre o fim da posse de mídia por políticos.

Esse contexto favorece o uso excessivo das concessões para fins mercadológicos e políticos. A concentração da mídia em poucos grupos nacionais determina uma produção de conteúdo verticalizada, com espaços limitados aos programas regionais na TV. Esses conglomerados não são questionados – haja vista os grandes grupos como Globo, Record, SBT, Band, entre outros. Suas parcerias regionais não são fiscalizadas. Isso permite o surgimento de grupos como o Alcolumbre, no Amapá. Assim os donos de veículos com interesses políticos – presentes em todas as regiões, incluindo cidades de médio, pequeno e grande porte – ganham holofotes em suas bases eleitorais e asseguram uma campanha permanente em torno da própria imagem pública. Garantem uma permanência nos cargos eletivos, transferindo hereditariamente essa visibilidade e prestígio. Isso limita as disputas internas e forma um ciclo vicioso em prejuízo à democracia.

O segundo obstáculo seria equilibrar as disparidades existentes entre os mercados midiáticos diversos (Pinto, 2017) deste país continental. No Brasil convivem centros urbanos hiperconectados e cidades médias e pequenas com vazios midiáticos (Atlas da Notícia, 2019). Esse contraste precisa ser levado em consideração para pensarmos estratégias alternativas ao isolamento e políticas de comunicação que contemplem as variações geográficas, culturais, econômicas e tecnológicas. O reconhecimento dessa diversidade deve ser incluído também nas pesquisas acadêmicas, que precisam enfocar o Brasil para além das capitais Rio de Janeiro, São Paulo e Brasília e seus veículos pretendidos nacionais.

Voltmer (2011) aponta a internet como uma alternativa ao discurso predominante das mídias massivas, apesar dos baixos índices de letramento de grande parte da população de países em desenvolvimento. Segundo a autora, a rede pode ser uma opção em médio e longo prazo à instrumentalização dos veículos e das opiniões. Contudo, o acesso à internet ainda é precário para boa parte dos brasileiros. Esse fator valoriza o lugar ocupado pelas mídias tradicionais e garante, por alguns anos ainda, o protagonismo das outorgas, bem como sua disputa pela classe política.

O Comitê Gestor da Internet no Brasil (2018) traçou um panorama da rede no país em 2018. O estudo mapeou 42,1 milhões de domicílios com acesso à internet. Isso implica a conexão de cerca de 64% da população. Porém, há variações profundas quanto a regiões geográficas, classe social e centros urbanos e rurais. Na região Sul, 70% das conexões ocorrem no espaço urbano, enquanto na área rural há apenas 30%. No Norte essa diferença se inverte, com 40% da população urbana conectada e 51% da rural conectada – a maior área em extensão da região. No Nordeste cerca de 56% das populações de cidades estão conectadas, e apenas 27% da rural têm conexão. Na amostra do estudo, cerca de 96% das pessoas acessam a rede pelo celular e 51% por computadores. Na classe social A o acesso é quase total – 99% das pessoas –, e nas classes D-E o acesso só alcança 30% dos cidadãos. As desigualdades são também étnico-raciais. Como mostra a TIC Domicílios 2019, 75% dos indígenas, 65%

dos pretos e 61% dos pardos que têm acesso à internet o fazem apenas pelo celular, enquanto a proporção de pessoas brancas é de 51%.

O terceiro obstáculo, e o mais complexo, é a ignorância quanto a esse quadro de controle das mídias por políticos pela maioria dos brasileiros, que desconhecem o direito à comunicação como fundamental à cidadania (Lima, 2011). Muitos acreditam que os meios pertencem à iniciativa privada e não são concessões de radiodifusão públicas, portanto destinadas a atender demandas do interesse público. Em 2013, a Fundação Perseu Abramo realizou a pesquisa de opinião "Democratização da mídia" e questionou os entrevistados sobre diversos aspectos da temática. Perguntados sobre a propriedade dos veículos de comunicação, sete em cada dez brasileiros/as não sabiam que as emissoras de TV aberta são concessões públicas. Para 60% eram "empresas de propriedade privada, como qualquer outro negócio" (Fundação Perseu Abramo, 2013).

Esse cenário permanece quase inalterado do ponto de vista da informação para o cidadão. Ainda há muito trabalho por fazer para superar as questões apresentadas aqui. Refletir sobre elas é um começo, mas é necessário pensar em novas estratégias de mobilização e sensibilização das pessoas para fomentar mudanças.

REFERÊNCIAS

AIRES, Janaine Sibelle Freire. **Comunicadores-políticos no Brasil**: um elo de conexão entre os sistemas midiático e político. 2017. Tese (Doutorado em Comunicação e Cultura) – Escola de Comunicação, Universidade Federal do Rio de Janeiro, Rio de Janeiro, 2017.

ATLAS DA NOTÍCIA: mapeando o jornalismo local no Brasil. Brasil: PROJOR, [2019]. Disponível em: https://www.atlas.jor.br/. Acesso em: 28 abr. 2022.

BOLAÑO, César Ricardo Siqueira; BRITTOS, Valério Cruz. **A televisão brasileira na era digital**: exclusão, esfera pública e movimentos estruturantes. São Paulo: Paulus, 2007.

BRASIL. **Constituição da República Federativa do Brasil**. Brasília, DF: Senado Federal, 1988.

_____. Câmara dos Deputados. **Comissão de Ciência e Tecnologia, Comunicação e Informática**. 2019a. Disponível em: https://www2.camara.leg.br/atividade-legislativa/comissoes/comissoes-permanentes/cctci. Acesso em: 15 abr. 2019.

_____. Câmara dos Deputados. **Deputados em exercício**. 2019b. Disponível em: https://www2.camara.leg.br/deputados/pesquisa. Acesso em: 15 abr. 2019.

_____. Câmara dos Deputados. **Lei de acesso à informação**. Enviado por e-mail lista de deputados comunicadores. 2019c.

_____. Ministério Público Federal. **MPF/PB pede que Justiça cancele concessão da rádio Vale do Sabugi**. Paraíba: Ministério Público Federal, 4 jun. 2018. Disponível em: http://www.mpf.mp.br/pb/sala-de-imprensa/noticias-pb/mpf-pb-pede-que-justica-cancele-concessao-da-radio-vale-do-sabugi. Acesso em: 28 jun. 2022.

_____. Senado Federal. **Senadores da Nova República**. Brasília, DF: Senado Federal, [2019]. Disponível em: https://www25.senado.leg.br/web/senadores/nova-republica. Acesso em: 28 jun. 2022.

_____. Senado Federal. **Senadores em exercício**. Brasília, DF: Senado Federal, [2019]. Disponível em: https://www25.senado.leg.br/web/senadores/em-exercicio. Acesso em: 28 jun. 2022.

COMITÊ GESTOR DA INTERNET NO BRASIL. **TIC Domicílios**. Cetic.br, 2018. Disponível em: https://www.cetic.br/pesquisa/domicilios/. Acesso em: 28 abr. 2022.

CRUZ, Valdo; WIZIACK, Julio. Lista revela políticos donos de rádios e TVs. **Folha de S.Paulo**, São Paulo, 29 maio 2011. Disponível em: https://www1.folha.uol.com.br/fsp/poder/po2905201106.htm. Acesso em: 28 abr. 2022.

FOLHA DE S.PAULO. Herança Carlista: eleitor da Bahia elogia ACM, mas o acusa de violar painel. **Folha de S.Paulo**, São Paulo, 3 jun. 2001. Disponível em: http://www1.folha.uol.com.br/fsp/brasil/fc0306200102.htm. Acesso em: 28 abr. 2012.

FUNDAÇÃO PERSEU ABRAMO. **Pesquisa de opinião pública "Democratização da mídia"**. São Paulo: Fundação Perseu Abramo, 2013.

GRUPO DE MÍDIA SÃO PAULO. **Mídia Dados Brasil 2018**. São Paulo: Grupo de Mídia São Paulo, 2018. *E-book*. Disponível em: http://midiadados.org.br/2018/Midia%20Dados%202018%20%28Interativo%29.pdf. Acesso em: 10 abr. 2019.

IBGE. **PNAD** – Pesquisa Nacional por Amostra de Domicílios. IBGE, 2013. Disponível em: https://www.ibge.gov.br/estatisticas/sociais/populacao/9127-pesquisa-nacional-por-amostra-de-domicilios.html?edicao=18329&t=destaques. Acesso em: 28 abr. 2022.

_____. **PNAD Contínua** – Pesquisa Nacional por Amostra de Domicílios Contínua. IBGE, 2016. Disponível em: https://www.ibge.gov.br/estatisticas-novoportal/sociais/trabalho/17270-pnad-continua.html?edicao=19937&t=sobre. Acesso em: 28 abr. 2022.

INTERVOZES. Procuradora-Geral da República defende que políticos não podem ter participação na radiodifusão. **Observatório do Direito à Comunicação**, São Paulo, 30 ago. 2016. Disponível em: http://www.intervozes.org.br/direitoacomunicacao/?p=29698. Acesso em: 5 maio 2019.

_____. **Monitoramento da Propriedade da Mídia (MOM-Brasil)**. São Paulo, 2019. [on-line]. Disponível em: https://quemcontrolaamidia.org.br. Acesso em: 28 abr. 2022.

LIMA, Venício Artur de. **Mídia, crise política e poder no Brasil**. São Paulo: Fundação Perseu Abramo, 2006.

_____. **Regulação das comunicações**: história, poder e direitos. São Paulo: Paulus, 2011.

MAISONNAVE, Fabiano; PITOMBO, João Pedro. Bancada da mídia perde espaço no Congresso, mas elege três governadores. **Folha de S.Paulo**, São Paulo, 10 dez. 2018. Disponível em: https://www1.folha.uol.com.br/poder/2018/12/bancada-da-midia-perde-espaco-no-congresso-mas-elege-tres-governadores.shtml. Acesso em: 28 abr. 2022.

MOURA, Iara *et al*. Raio X da Ilegalidade: políticos donos da mídia no Brasil. **Fórum Nacional pela Democratização da Comunicação (FNDC)**, São Paulo, 29 set. 2016. Disponível em: http://www.fndc.org.br/noticias/raio-x-da-ilegalidade-politicos-donos-da-midia-no-brasil-924753/. Acesso em: 28 abr. 2022.

ÖRNEBRING, Henrik. Clientelism, Elites, and the media in Central and Eastern Europe. **International Journal of Press/Politics**, v. 17, n. 4, p. 497-515, 2012.

PIERANTI, Octavio Penna. **Políticas públicas de radiodifusão no governo Dilma**. Brasília, DF: FAC-UnB, 2017.

PINTO, Pâmela Araújo. **Brasil e as suas mídias regionais**: estudo dos mercados das regiões Norte e Sul. Rio de Janeiro: Luminária Acadêmica, 2017.

QUADROS, Claudia; LOPEZ, Débora Cristina; BESPALHOK, Flávia. Panorama do rádio em Curitiba. *In*: CONGRESSO BRASILEIRO DE CIÊNCIAS DA COMUNICAÇÃO, 33., Caxias do Sul. **Anais** [...]. São Paulo: Intercom, 2010. 2 CD-ROM.

ROUDAKOVA, Natalia. Comparing processes: media, 'transitions', and historical change. *In*: HALLIN, Daniel C.; MANCINI, Paolo. **Comparing Media Systems Beyond Western World**. Cambridge: Cambridge University Press, 2011. p. 246-277.

_____. Media political clientelism: lessons from anthropology. **Media, Culture & Society**, v. 30, n. 1, p. 41-59, 2008.

UOL. Apuração de votos e resultado das eleições 2014: presidente e candidatos eleitos. **UOL Eleições 2014**. 2014. Disponível em: https://placar.eleicoes.uol.com.br/2014/1turno/. Acesso em: 28 abr. 2022.

_____. Apuração – Roraima. **UOL Eleições 2018**. 2018. Disponível em: https://placar.eleicoes.uol.com.br/2018/1turno/rr/apuracao-no-estado/. Acesso em: 28 abr. 2022.

VASCONCELOS, Fabíola Mendonça. TV Asa Branca: um núcleo das indústrias culturais no interior de Pernambuco. *In*: CONGRESSO BRASILEIRO DE CIÊNCIAS DA COMUNICAÇÃO, 33., 2010, Caxias do Sul. **Anais** [...]. São Paulo: Intercom, 2010. 2 CD-ROM.

VOLTMER, Katrin. How Far Can Media Systems Travel?: Applying Hallin and Mancini's Comparative Framework Outside the Western World. *In*: HALLIN, Daniel C.; MANCINI, Paolo. **Comparing Media Systems Beyond Western World**. Cambridge: Cambridge University Press, 2011. p. 224-245.

WIKIPEDIA. Cida Borghetti. *In*: **WIKIPEDIA**: the free encyclopedia. [San Francisco, CA: Wikimedia Foundation, 2019]. Disponível em: https://pt.wikipedia.org/wiki/Cida_Borghetti. Acesso em: 28 abr. 2022.

_____. Wilson Miranda Lima. *In*: **WIKIPEDIA**: the free encyclopedia. [San Francisco, CA: Wikimedia Foundation, 2019]. Disponível em: https://pt.wikipedia.org/wiki/Wilson_Miranda_Lima. Acesso em: 28 abr. 2022.

CAPÍTULO 3.
RELIGIÃO E FORMAS DE DOMINAÇÃO NA MÍDIA BRASILEIRA

Christina Vital da Cunha

Desde o início das missões protestantes no Brasil (a partir da década de 1830), era difundida a importância da leitura naquela que ficou conhecida como a "religião da palavra" (Mafra, 2001). Eram populares no meio protestante máximas como "a ignorância é a mãe da heresia" e "o saber e o conhecimento vêm de Deus" (Mafra, 2001). Essa percepção fez gerar um sem número de iniciativas protestantes de difusão cultural e em prol da alfabetização da população. Tratados em formato de pequenas brochuras eram editados por missionários e distribuídos no universo protestante. O conteúdo deles era composto de respostas a questões religiosas, autoajuda e orientações comportamentais. O primeiro jornal evangélico no Brasil e na América Latina data de 1864 e foi chamado *Imprensa Evangélica*. Essa publicação surgiu por iniciativa de Simonton, missionário fundador da Igreja Presbiteriana do Rio de Janeiro.

No século XX, mais precisamente na década de 1940, surgem os primeiros programas de rádio evangélicos. As igrejas pioneiras foram a Adventista e a Assembleia de Deus – que já possuía um jornal distribuído desde 1930 chamado o *Mensageiro da Paz*. Em 1950, o bispo Roberto McAlister, fundador da Igreja Nova Vida, iniciou o programa de rádio denominado *A Voz da Nova Vida*. Em 1960, surgem os primeiros programas evangélicos na TV brasileira. No entanto, eram veiculados em rede local e tinham curta duração. Assim como na programação radiofônica, na televisiva os adventistas também foram os pioneiros. O primeiro programa pentecostal na televisão foi veiculado na TV Tupi sob a direção de McAlister. Até os anos 1980, a programação televisiva evangélica no Brasil era predominantemente norte-americana. A presença desses pastores e missionários na TV nacional deu origem ao termo Igreja Eletrônica (Assmann, 1986). Dentre os programas norte-americanos mais veiculados na época, estavam o do evangelista e fundador da igreja pentecostal Cathedral of Tomorrow, em Ohio/EUA, Rex Humbard, *Alguém Ama Você*, e o do pastor pentecostal, criador da Rede de TV TBN e ex-candidato à presidência da república norte-americana, Pat Robertson, com o *Clube 700*. Mas, sem dúvida, eram os cultos televisionados do pastor Jimmy Swaggart os mais populares no Brasil.

A partir de meados dos anos 1980, a produção brasileira evangélica para a TV se tornou independente e passou a ocupar espaços em redes nacionais. Os programas de TV evangélicos de então mostravam predominantemente cultos lotados de pessoas em estádios e grandes auditórios. Além da ministração da palavra por pastores e bispos, eram muitos os momentos de louvores que animavam o público presente e os telespectadores. As doações de valores para a manutenção dos programas eram solicitadas durante os cultos e as arrecadações eram mostradas e agradecidas vivamente por pastores e bispos. Com o passar das décadas observa-se uma sofisticação nos conteúdos e na estética dos programas. Assim, a grade evangélica na TV hoje conta com programas de entrevistas, orações diretas feitas por pastores, venda de produtos, realização de campanhas direcionadas a um público específico, reportagens seguidas de leituras bíblicas e ministração da palavra, novelas, além de cultos. Segundo informações sistematizadas por Janaína Aires e Suzy dos Santos (Bandeira, 2018), na última década o número de concessões de geradoras e de retransmissoras de televisão ligadas a entidades religiosas saltou de 1.687 para 2.841, um crescimento de 69% no período. A Igreja Católica, especialmente por meio da corrente da Renovação Carismática, detém 40% das emissoras religiosas de TV[36].

Na investigação "MOM-Brasil" (Media Ownership Monitor – Monitoramento da Propriedade de Mídia no Brasil) foram mapeados cinquenta veículos ou redes de comunicação no Brasil, em quatro segmentos: 11 redes de TV (aberta e por assinatura), 12 redes de rádio, 17 veículos de mídia impressa (jornais pagos de circulação diária e revistas pagas de circulação semanal) e dez

---

[36] Para saber mais informações, ver: https://diplomatique.org.br/midia-religiao-e-politica-igrejas-cristas-intensificam-presenca-na-esfera-publica/. Acesso em: 28 abr. 2022.

veículos on-line (portais de notícias de interesse geral). Esses veículos foram selecionados com base na audiência. Também foi considerada sua capacidade de agendamento, ou seja, seu potencial de influenciar a opinião pública. Entre os veículos de maior audiência identificados na pesquisa "MOM-Brasil", nove são controlados por religiosos, ou seja, quase 20% do total. Desses nove meios de comunicação, cinco estão ligados à Igreja Universal do Reino de Deus (IURD), correspondendo a 10% do total de veículos religiosos investigados na pesquisa. Quatro fazem parte do Grupo Record, e o outro, a rádio Aleluia, pertence a bispos da IURD. Os demais são de propriedade da Igreja Apostólica Renascer em Cristo (a Rede Gospel de Televisão, 11ª em audiência), da Igreja Adventista do Sétimo Dia (a rádio Novo Tempo, 12ª rede nacional em audiência) e da Igreja Católica (Rede Vida, 8ª em audiência na TV brasileira e a RCR – Rede Católica de Rádio).

Além desses veículos presentes no relatório MOM-Brasil, existem ainda outros, como é o caso da Rede Boas Novas (ligada à igreja pentecostal Assembleia de Deus), da Rede Internacional de Televisão – RIT TV (vinculada à Igreja Internacional da Graça de Deus), da Rede Gênesis de Televisão (pertencente à Igreja Sara Nossa Terra) e da Rede Super de Televisão (vinculada à Igreja Batista da Lagoinha)[37].

A propriedade religiosa no ciberespaço e em veículos impressos também foi identificada na pesquisa do Intervozes em parceria com a Repórteres Sem Fronteiras.

---

[37] Para saber mais informações sobre esses veículos, ver: http://www.revistas.uff.br/index.php/antropolitica/article/view/557. Acesso em: 16 jul. 2020.

Como podemos ler em Bandeira (2018)[38], entre os dez sites de maior audiência e os 17 jornais impressos pagos de maior tiragem, aparecem dois de propriedade de lideranças religiosas: o portal R7 e o jornal diário *Correio do Povo*, ambos do bispo Edir Macedo, líder da IURD. Esse número seria maior se considerássemos jornais impressos de distribuição gratuita, que não entraram na pesquisa. A *Folha Universal*, da IURD, por exemplo, tem tiragem de 1,8 milhão de exemplares, muito acima dos jornais diários de grande circulação, como a *Folha de S.Paulo* (cerca de 300 mil exemplares por dia), e das revistas semanais, como a *Veja* (cerca de 1,1 milhão de exemplares por semana).

Segundo dados da Agência Nacional de Cinema (Ancine) divulgados em 2016, a programação religiosa é o principal gênero transmitido pelas redes de TV abertas no país. Em 2009, por exemplo, na grade de programação semanal das emissoras abertas era possível notar o número significativamente maior de programas de igrejas evangélicas em relação às demais expressões religiosas existentes no Brasil. A média de programas evangélicos era de 28 por dia. Nas segundas e quartas-feiras havia uma presença ainda maior de programação evangélica no ar. Eram 29 inserções. Nesses dias não havia manifestação de outra expressão religiosa na grade[39].

---

[38] Para saber mais informações ver: https://diplomatique.org.br/igrejas-cristas-no-topo-da-audiencia/. Acesso em: 28 abr. 2022.

[39] Dados da pesquisa "Evangélicos e doutrina no ar: uma investigação sobre os evangélicos nas Comissões e Conselhos do Legislativo Nacional", realizada pelo ISER entre 2007 e 2009 com apoio da Fundação Ford, sob coordenação de Christina Vital da Cunha (ISER, 2009).

Tabela 1: Quantitativo de horas de programação religiosa na TV aberta

ANO/ PROGRAMAÇÃO RELIGIOSA	EVANGÉLICA	CATÓLICA	ISRAELITA	UMBANDISTA	SEICHO-NO-IE	TOTAL SEMANAL
2009	185 horas e 30 minutos	2 horas	1 hora	30 minutos	–	189 horas
2013	228 horas e 10 minutos	7 horas	–	–	30 minutos	235 horas e 40 minutos

Fonte: Pesquisa "Evangélicos e doutrina no ar: uma investigação sobre os evangélicos nas Comissões e Conselhos do Legislativo Nacional" (ISER, 2009).

Em 2013, na programação da TV aberta, havia 235 horas e quarenta minutos semanais de programação produzida por instituições religiosas[40] (em um total de 1.176 horas de programação possível). A CNT era a emissora que mais transmitia conteúdo religioso, com quase 14 horas diárias produzidas por igrejas evangélicas, das quais a IURD detinha a maioria. Conforme podemos constatar nos dados apresentados anteriormente em relação ao ano de 2009, houve crescimento da programação religiosa na TV aberta. Eram 189 horas de programação (com um programa de umbanda, outro da comunidade israelita, missas católicas, além dos programas evangélicos). Em 2013, temos maior conteúdo produzido por instituições religiosas com menor diversidade, visto que só existiam programas católicos (sete horas), um programa da Igreja Seicho-No-Ie (trinta minutos) e o restante de programação evangélica (228 horas e dez minutos). Além da programação produzida por instituições religiosas, há também uma farta produção de conteúdo religioso pela mídia secular, que emerge em telejornais, novelas, seriados e nos demais produtos das TVs no Brasil.

Segundo dados da Ancine apresentados na pesquisa "MOM-Brasil", a campeã de transmissão de programação religiosa é a Rede TV!, que destinou 43,41% do seu tempo a esses programas em 2016. Em seguida vieram a TV Record, com 21,75%, a Band, com 16,4%, a TV Brasil, com 1,66%, e a Globo, com 0,58%. Em 2018

---

[40] Dados coletados da programação semanal de sete emissoras de TV aberta disponíveis em seus sites. As emissoras são: TV Brasil (duas horas), Rede Globo (uma hora), Rede TV! (75 horas), CNT (94 horas e cinco minutos), Rede Bandeirantes (28 horas e 35 minutos), SBT (nenhuma programação religiosa) e Rede Record (35 horas). Acesso em: 1 ago. 2013.

era possível identificar quatro programas religiosos na Rede TV! durante a semana, sete aos sábados e quatro aos domingos. Treze são de igrejas evangélicas (IURD, Igreja Internacional da Graça de Deus, diferentes segmentações da Assembleia de Deus, Comunidade Evangélica Internacional da Zona Sul, Igreja Bíblica da Paz e Igreja Bola de Neve) e dois da Igreja Católica (missas).

Na Band, há dois programas durante a semana, oito aos sábados e dois aos domingos. Onze são de igrejas evangélicas (IURD, Igreja Internacional da Graça de Deus, Igreja Presbiteriana do Brasil, Assembleia de Deus Vitória em Cristo, Assembleia de Deus do Brás e Ministério Mudança de Vida, único programa religioso da TV aberta apresentado por uma mulher) e um da Seicho-No-Ie. A Record TV exibe apenas programação da IURD, durante as madrugadas, além de três programas religiosos produzidos pela própria emissora e apresentados por bispos da Universal. A TV Brasil não disponibiliza nenhum conteúdo religioso sob a forma de arrendamento. No entanto, abre espaço na grade para a missa católica veiculada aos domingos e os programas *Palavra de Vida* (da igreja pentecostal Assembleia de Deus) e *Reencontro* (da igreja Batista), que não são produzidos pela própria TV, e sim pelas respectivas igrejas, que se responsabilizam pelo seu conteúdo. A Rede Globo exibe a missa católica aos domingos e, assim como a TV Brasil, não o faz sob a forma de arrendamento.

No relatório MOM-Brasil é possível acessar também os slogans de algumas redes de rádio e TV. Assim podemos ver, por exemplo, que a Rede Vida se apresenta como o "canal da família". A Rede Aleluia se apresenta como "a rede da família". Dos nove veículos de propriedade de lideranças religiosas listados na pesquisa, cinco direcionam todo o seu conteúdo para a defesa dos valores de sua religiosidade específica, tais como a família nuclear heteronormativa chamada por políticos religiosos de "família tradicional", a afirmação de papéis definidos entre os gêneros, o combate à legalização ou a qualquer flexibilização na lei vigente sobre aborto. Os cinco veículos são as redes de rádio Aleluia, Novo Tempo e RCR e as emissoras de TV da Rede Gospel e da Rede Vida. Os demais meios de comunicação que aparecem na pesquisa, a saber, a Record TV, a Record News, o Portal R7 e o jornal *Correio do Povo*, todos do Grupo Record, têm uma programação que concorre com outros veículos laicos de mídia.

Alguns portais de internet e mídia impressa também apresentam conteúdo religioso fixo. Para citar dois exemplos destacados no relatório MOM-Brasil, com dados de 2017, temos o jornal *Extra*, do Grupo Globo. Entre seus colunistas figuram o padre carismático e cantor Marcelo Rossi – que também tem um programa na Rádio Globo AM/FM – e a pastora e artista evangélica Aline Barros, ligada à Comunidade Evangélica Internacional da Zona Sul. Há outros jornais impressos cujo número de colunistas religiosos é significativo, tal como *O Tempo*, do Grupo Editorial Editora Sempre/Grupo SADA. Seu dono, budista e estudioso de filosofias e religiões, como se define, fala constantemente sobre o tema em suas colunas. O padre Marcelo Rossi é colunista do jornal, assim como Leonardo Boff, ex-padre ligado à Teologia da Libertação, e os pastores evangélicos Márcio Valadão, líder da Igreja Batista da Lagoinha, e Jorge Linhares, líder da Igreja Batista Getsêmani, ambas igrejas pentecostais com sede em Belo Horizonte (MG). Há ainda o líder espiritualista

José Trigueirinho Netto, fundador da Comunidade-Luz Figueira e membro da Fraternidade – Federação Humanitária Internacional, e o líder espírita José Reis Chaves, tradutor de *O evangelho segundo o espiritismo*, de Allan Kardec.

 O que pensar com base nos dados recolhidos por essas pesquisas? A primeira reflexão talvez seja bastante evidente: esses números são expressivos da importância atribuída à mídia eletrônica por líderes evangélicos pentecostais e neopentecostais[41] na disputa e consolidação da sua presença num universo religioso plural e que dialoga de forma cada vez mais intensa com o curso da globalização, com estéticas e valores nela predominantes.

 Em segundo lugar, os dados dessas pesquisas nos permitem verificar que um percentual muito baixo de denominações evangélicas dispõe de espaço na mídia televisiva, seja na condição de detentoras de concessões, seja na condição de sublocadoras de horários na grade das emissoras de TV aberta. Considerando que há em torno de 1.300 denominações evangélicas registradas no Censo do IBGE 2010, o cenário é de flagrante concentração da programação em torno de algumas igrejas pentecostais/

---

[41] Há algumas classificações sobre evangélicos no Brasil. A mais utilizada no meio acadêmico foi a elaborada por Paul Freston (1994), que divide o movimento evangélico no país em três ondas. A primeira vai do surgimento das duas primeiras denominações pentecostais (Assembleia de Deus e Congregação Cristã do Brasil) até a década de 1950, quando se observa o aparecimento da segunda onda, com o surgimento de denominações que investem em alta visibilidade no espaço público com a realização de cultos em estádios e shows. A terceira onda, também chamada neopentecostal (Mariano, 1999), tem início ao final dos anos 1970 com o surgimento da Igreja Universal do Reino de Deus. Suas marcas estão na disseminação da Teologia da Prosperidade e do Domínio, além da continuidade em um investimento significativo na ocupação de espaços na mídia e na política institucional.

neopentecostais específicas. O que motivaria algumas denominações e lideranças, e não outras, a disputar presença nesse meio?

CONCENTRAÇÃO DE MÍDIA NO BRASIL

A concentração de mídia pode ser definida como um fenômeno social relativo ao controle dos meios de comunicação por um número reduzido de pessoas ou grupos. No Brasil, essa concentração ganha também um caráter de controle político e econômico, uma vez que muitos dos grupos que concentram a propriedade da mídia são formados por empresários e/ou por políticos e seus familiares. Esse fenômeno ficou também conhecido como "coronelismo eletrônico". Segundo Farias (2009, p. 1-2): "a expressão coronelismo 'eletrônico', ao contrário da maior parte das elaborações conceituais, nasceu na imprensa da década de 1980, como forma de os jornalistas explicarem aos leitores o fenômeno de um suposto envolvimento de lideranças políticas, especialmente parlamentares, no exercício do mandato eletivo, com emissoras de rádio e de televisão"[42].

---

[42] Aproximadamente uma década depois, o primeiro trabalho acadêmico a lançar mão dessa noção foi o de Célia Stadnik (1991), em sua monografia de conclusão do curso de Jornalismo da Pontifícia Universidade Católica do Rio Grande do Sul (PUC-RS). Mais tarde, a expressão passou a ser utilizada por outros pesquisadores e por ativistas em defesa da democratização dos meios de comunicação no país com o propósito de denunciar aqueles que, sendo políticos – deputados ou senadores –, se aproveitam de sua condição para favorecer a si próprios, a seus grupos de interesse e familiares em processos de concessão de outorgas de rádio e televisão, além de outras questões, como as que envolvem o estabelecimento de marcos regulatórios da TV no Brasil. Entre os pesquisadores que difundiram essa noção podemos destacar Venício Artur de Lima (2007) e Sérgio Capparelli e Suzi dos Santos (2005).

O que ocorria no âmbito da mídia secular foi igualmente praticado por lideranças e políticos evangélicos. Desse modo, Figueredo Filho (2008) nomeia como "coronelismo eletrônico evangélico" o tipo de prática oligárquica realizada por políticos – só que, nesse caso, por políticos e líderes evangélicos. Sendo assim, argumenta o autor, o interesse de lideranças evangélicas em torno da apresentação de nomes para a Câmara e o Senado Federais teria como objetivo a defesa de suas denominações e de seus conglomerados de mídia. Isso explicaria a indicação de nomes de cunhados, filhos, sobrinhos e irmãos para essas casas legislativas feitas por Silas Malafaia, R. R. Soares, Pastor Everaldo, Edir Macedo, entre tantos outros.

Embora o argumento seja sedutor e evidente, em alguns casos, devemos lembrar que até a 53ª legislatura, a Frente Parlamentar Evangélica (FPE) tinha um perfil menos homogêneo em termos socioeconômicos e partidários daquele que assumiu nas legislaturas mais recentes (54ª e 55ª), na qual verificamos uma ação política mais afinada em torno da "agenda moral" ou "do Reino", assim como em outras agendas, como das armas, da terra, da questão indígena, etc. (Vital da Cunha *et al.*, 2012, 2017). Aquela heterogeneidade sinalizava, entre outros aspectos, diferentes projetos e interesses políticos e pessoais de parlamentares vinculados à FPE, diferentes modos de relação com as instituições religiosas que, em muitos dos casos, não formavam nem mesmo suas bases eleitorais, como no caso dos que vinham de uma "militância de base" em sindicatos e/ou partidos de esquerda. Ou seja, a identidade evangélica não pode ser considerada analiticamente um elemento definidor de todas as ações políticas no contexto legislativo. As diferentes trajetórias políticas e os diferentes modos de entrada de evangélicos na política são variáveis importantes a serem consideradas quando se trata de analisar comportamentos legislativos.

Atentos à complexidade do que envolvia o tema religião, mídia e democracia, buscamos, por meio de entrevistas com parlamentares integrantes da Comissão de Ciência, Tecnologia, Comunicação e Informática (CCTCI) da Câmara dos Deputados em Brasília, identificar os posicionamentos públicos, as justificativas morais e os sentidos dados pelos atores às suas ações envolvendo a defesa de mídias religiosas ou de conteúdos confessionais na TV. Pretendíamos acompanhá-los igualmente em coletivos pela democratização da comunicação no Brasil, mas não havia evangélicos que os integrassem[43].

Os políticos ligados à FPE perfaziam 20% do número de membros da CCTCI entre 2007-2008. O presidente da comissão à época, o deputado federal Walter Pinheiro (PT-BA), era um deles. Nas audiências públicas que acompanhamos na Câmara Federal, os deputados evangélicos tinham baixa atuação direta, demonstrando pouco conhecimento de projetos que ali estavam em análise[44]. Questionados sobre um dos temas mais candentes em discussão na CCTCI à época, nenhum dos parlamentares evangélicos entrevistados soube responder. Dois deles,

---

[43] Não havia evangélicos no Fórum Nacional pela Democratização da Comunicação (FNDC) (1991) nem no Intervozes – Coletivo Brasil de Comunicação Social (2002). Na Associação Brasileira de Empresários de Rádio e TV – havia, entre seus membros, deputados da FPE, com destaque para o Bispo Manoel Ferreira. Contudo, eles não estavam presentes entre os membros da direção da associação, que era dominada por parlamentares do PSDB, com grande representação dos estados do Sul do país.

[44] Acompanhamos especificamente o PL 29/2007, o processo de fusão da Oi e os debates em torno da regulação das rádios comunitárias.

na tentativa de responder à pesquisa, confundiram o PL 29/2007[45] com a derrubada do imposto sobre transação financeira (CPMF).

Questionados ainda sobre quais seriam as orientações da FPE para a atuação dos parlamentares na CCTCI, os parlamentares entrevistados foram unânimes em dizer que essas orientações não existiam porque a FPE daria atenção exclusiva aos temas que tangem à moral e à família. Todos citaram a questão do aborto e da homossexualidade como exemplo de agendas nas quais a FPE está envolvida.

Afirmaram não haver nenhuma diretriz para ação de políticos vinculados à FPE na CCTCI. Segundo o deputado federal Geraldo Pudim (PMDB-RJ), isso poderia configurar lobby, e não seria o caso. Ele afirmou categoricamente que a presença de evangélicos em TVs e rádios é crescente, mas que o tratamento jurídico e político dado a elas é igual ao das demais. O então deputado federal Zequinha Marinho (PMDB-PA) afirmou que evangélicos procuram parlamentares para apoiar suas iniciativas porque a burocracia é grande. Embora enfatize o aspecto técnico que envolveria essa relação entre parlamentares e integrantes de igrejas evangélicas, apresenta-se favorável ao apoio político de parlamentares evangélicos às instituições.

> As igrejas às vezes buscam [o parlamentar para obter concessão de rádio], mas, por falta de conhecimento burocrático, que, infelizmente, é péssimo, terminam perdendo 90% das

---

[45] O PL 29/2007, cujo relator era o deputado federal Jorge Bittar (PT-RJ), criava regras para o mercado de TV por assinatura e para a distribuição de conteúdos audiovisuais.

proposições que colocam aqui; documento, falta uma coisa, falta outra; a gente não tem estrutura de assessoria. Agora, a frente não tem nenhuma atuação em cima disso. Cada um aqui às vezes tenta ajudar uma comunidade aqui, uma acolá, mas de forma individual, particular. Não como frente, a frente não atua. E está errado, acho que devia atuar, devia dar uma forcinha, uma força institucional. Eu acho que é importante[46].

Embora houvesse divergências quanto à filosofia de atuação de integrantes da FPE na CCTCI, em outros temas e comissões observava-se uma atuação mais afinada, como no tema da família. Ainda nas palavras de Zequinha Marinho (PMDB-PA)[47]:

> Não. Aqui, praticamente, não tem muito trabalho. Aqui o nosso trabalho e a nossa vigilância estão ligados à questão da pornografia via internet, né? No sentido de fiscalizar projetos, sugerir pareceres, e trabalhar essa área, que é uma área muito perigosa atualmente, que destrói a família, através da criança e do adolescente, com acesso muito simples e muito fácil de sites comprometedores.

Paralelamente, o interesse de evangélicos pela mídia era justificado em termos do entusiasmo desses religiosos com a mensagem bíblica. Segundo o então deputado federal Jurandy Loureiro (PSC-ES), evangélicos tinham vontade de ver o outro "crescer" e mudar. Em suas palavras:

---

[46] Entrevista realizada com Zequinha Marinho (PMDB-PA), Brasília, 2008.
[47] Entrevista realizada com Zequinha Marinho (PMDB-PA), Brasília, 2008.

A vida aqui é isso mesmo. Agora, o que eu tenho de bom é paz, essa segurança, e aí eu quero transmitir isso pros outros. Aquilo que eu me sinto bem em ser, eu quero que você seja, eu quero que você abrace, eu quero que você tome essa decisão. [...] Crescem. Eles crescem. Porque as pessoas veem a diferença. Você diz: "Mas o Jurandy eu conheci há 30 anos atrás e ele era – isso aconteceu comigo – um bêbado, ele só vivia embriagado, ele batia na mulher, ele era alcoólatra; todo dinheiro que ele ganhava, ele gastava com mulheres, com essas coisas, e ele mudou". Ele não mudou porque aceitou uma religião, ele mudou de vida porque não dava mais pra caminhar desse jeito. É aí quando você tem que fazer uma mudança na sua vida. Não pra agradar ao homem, mas para agradar a Deus...[48]

Zequinha Marinho (PMDB-PA), membro titular na CCTCI e fiel da Igreja Assembleia de Deus, argumentou que o cumprimento da missão evangélica passa pela ocupação de diferentes espaços como a mídia televisiva.

Ela [a igreja evangélica] tem uma missão. Por exemplo, Jesus disse que ela é o sal da terra e a luz do mundo. Ela foi um sal, mas um sal que esteve só no saleiro, né? Então, pra salgar, tem que estar em contato com a matéria. Recuou bastante, né? E esse perfil é um perfil que deu prejuízo; perfil de comportamento, perfil de visão estratégica, perfil de atuação. Deu prejuízo. Hoje, tem que correr. Correr contra o tempo. Buscar rádio, buscar televisão, buscar todos os meios de comunicação, pra que o evangelho realmente faça a diferença. Porque senão daqui uns dias a gente vai ter um país insuportável, né?[49]

---

[48] Entrevista realizada com Jurandy Loureiro (PSC-ES), Brasília, 2008.
[49] Entrevista realizada com Zequinha Marinho (PMDB-PA), Brasília, 2008.

Nos termos propostos por esse mesmo deputado, o cumprimento da missão evangélica resultaria na erradicação ou mitigação do que apresenta como males sociais contemporâneos, tais como o uso de drogas ilícitas e a dissolução da família.

> A segurança pública, por exemplo, está com deficiência, e todo mundo sabe que o governo não dá conta disso. A igreja se dá conta disso. Se a igreja chegar com o evangelho na família do bandido, enquanto esse bandido não nasceu, está nascendo, ou tenha nascido, e seja uma criança, o evangelho muda o destino, correto? [...] O remédio pro Brasil passa por isso. O governo hoje gasta 10% do PIB, mais do que saúde, educação, assistência social, tudo junto, com segurança. E está aí essa situação. Quer dizer, é um trabalho que ele faz, um trabalho, digamos assim, que não é preventivo. É um trabalho curativo, uma força e tal, mas não segura. Porque tem uma máquina aqui produzindo bandidos 24 horas, né? Induzida pelas questões sociais, induzida pela falta de conhecimento, de temor de Deus, de respeito, de tudo. O evangelho muda esse comportamento, e bota o cara para ser uma boa pessoa, um bom cidadão, um bom pai de família, uma boa mãe de família[50].

Nesses e em outros pronunciamentos, seja no Plenário da Câmara, seja na grande imprensa, era notória a insistência na apresentação da importância do evangélico para a sociedade como agente moralizador, civilizador, como mediador, em última instância, entre natureza e cultura. Seriam os evangélicos, por meio da atuação missionária na TV, nas rádios, no parlamento, na chave

---

[50] Entrevista realizada com Zequinha Marinho (PMDB-PA), Brasília, 2008.

de análise que acionam, aqueles capazes de desempenhar um papel central na sociedade, controlando fluxos e o que por eles são considerados desvios, deturpações, "impulsos a serem domados".

As declarações dos parlamentares entrevistados que afirmaram desinteresse estratégico dos evangélicos na CCTCI não se sustentavam nem pela representação que tinham ali (20% e a presidência da comissão), nem pelas atitudes de diferentes parlamentares evangélicos, algumas delas destacadas em entrevistas neste capítulo[51]. Conforme alguns entrevistados indicavam, diante de suas bases, eles apresentavam a participação na CCTCI e/ou a possibilidade de terem influência nela como elemento-chave na divulgação de uma mensagem importante não só para o seu grupo religioso, mas para o conjunto da nação, aderindo a referenciais universalistas. Tomam para si o papel de mediadores sociais capazes de promover uma reforma na vida social brasileira por meio de ações centradas na Palavra/Bíblia.

O acesso aos meios de comunicação de massa tradicionais e ao ciberespaço ganha destaque nesse projeto político-religioso pela centralidade que as mídias ocupam no mundo contemporâneo, por serem uma das principais instâncias sociais responsáveis pela produção de sentido na modernidade (Verón, 1980), exercendo, igualmente, importante papel na produção de sensação de realidade quando se acredita que o que não está na mídia não acontece, sendo o contrário também verdadeiro (Fridman, 2000). Do ponto de vista econômico, a

---

[51] Para acessar outros trechos de entrevista dessa pesquisa "ISER-Ford", consultar Vital da Cunha (2017).

mídia de massa é também fulcral para a movimentação de produtos religiosos[52] (evangélicos e católicos) no mercado brasileiro.

Entre evangélicos são muitos os que se opõem ao estilo das igrejas que professam a Teologia da Prosperidade[53], criticando-as. Como fez, em 2014, o então senador Roberto Requião:

> Elas pedem, mas não dão. Elas prometem prosperidade, riqueza, desde que você pague. Com seu enorme poder de comunicação, não lideram campanhas em favor dos mais pobres, por hospitais, creches, pela redução da mortalidade materno-infantil, pela erradicação do analfabetismo, pela frequência escolar, contra o trabalho escravo e contra a exploração da mão de obra infantil[54].

Como vimos nas entrevistas acima citadas, evangélicos defendem sua presença na vida pública no Brasil ancorando-se no fundamento do constitucionalismo moderno, que defende que o direito à diferença e o respeito às

---

[52] Segundo o jornal *The Guardian*, o mercado de música gospel, muito explorado na programação evangélica na TV e nas rádios, assim como no ciberespaço, movimenta R$ 1,5 bilhão anualmente. Disponível em: http://noticias.gospelmais.com.br/jornalista-acusa-malafaia-macedo-santiago-vendilhoes-fe-29288.html. Acesso em: 28 abr. 2022.

[53] A Teologia da Prosperidade ganhou expressão no Brasil a partir da década de 1980, sobretudo em denominações surgidas nesse período, embora todo o campo evangélico e mesmo católico carismático tenha sido por ela afetado. Essa teologia se baseia em uma interpretação de alguns livros bíblicos, com destaque para o livro de Malaquias. Como nos lembra Teixeira (2016), a prosperidade não está relacionada exclusivamente ao sucesso financeiro, mas à harmonia entre as diversas dimensões da vida dos fiéis, como estudos, saúde, família, conjugalidade, etc.

[54] Disponível em: http://noticias.gospelmais.com.br/senador-critica-comercio-religioso-tv-combater-pratica-48292.html. Acesso em: 22 abr. 2022.

minorias são pressupostos da democracia. Nessa chave, afirmam que seu lugar na política, nas escolas, na mídia, nos presídios é a concretização do efeito da diversidade em oposição ao desrespeito à diferença, operado quando da hegemonia católica no Brasil em décadas passadas. Constroem-se, publicamente, como uma minoria que luta por espaço (Burity, 2011, 2008; Burity; Giumbelli, 2020; Burity; Machado, 2006).

São inúmeros os deputados e deputadas evangélicos e católicos que atuam como digital influencers, radialistas e apresentadores de programas, mobilizando esse lugar privilegiado de visibilidade para propagar e aumentar seu capital político, profissional e econômico, ao mesmo tempo que favorecem suas respectivas denominações religiosas. Muitos fizeram desses espaços locais de ativismo conservador religioso (Vaggione, 2012).

Em resumo, com base nos dados levantados nas duas pesquisas aqui brevemente apresentadas podemos sugerir, em primeiro lugar, que, diferentemente do que ocorria até algumas poucas décadas atrás, é notável o crescente interesse de evangélicos pelo uso da mídia televisiva e pelas redes sociais. Esse modo potente de evangelização e de publicização contemporânea do religioso dialoga com formas, desejos e possibilidades de participação de um número crescente de fiéis (e potenciais fiéis) no Brasil e no mundo. Vale destacar que, embora neste estudo tenhamos dado atenção a grupos economicamente privilegiados no segmento religioso evangélico, há também grupos progressistas que dispõem de poucos recursos para esse tipo de publicização da fé, mas que utilizam redes sociais e o ambiente digital de modo ativo e crescente para a divulgação de um outro modo de ser evangélico, de viver a fé, de militar, de atuar em prol dos direitos humanos e, portanto, na defesa de grupos historicamente vilipendiados.

Em segundo lugar, as justificativas públicas mobilizadas pelas lideranças que representam grandes denominações evangélicas nacionais para disputarem espaços na TV, mesmo diante da necessidade de altas quantias para a sua manutenção, emergem em torno da preservação ou resgate da moral e da salvação de populações inteiras que se encontrariam em situação de degradação social. Operam pelo que venho denominando de uma retórica da perda, que pode ser considerada uma tática discursiva articulada por diferentes lideranças sociais e políticas (entre elas, as religiosas) baseada em um imperativo: o retorno da ordem, da previsibilidade, da segurança, de uma unidade (ainda que imaginada). Essa retórica foi mobilizada por um contingente significativo de políticos vitoriosos nas eleições de 2018, entre eles o chefe do Executivo nacional.

Outro ponto importante a destacar, e que se relaciona com os anteriormente citados, diz respeito à competição no interior desse segmento religioso – ou seja, a unidade entre evangélicos no Congresso Nacional é sempre circunstancial. Muitas vezes as disputas partidárias se somam às disputas pelo fortalecimento político e econômico de suas denominações. Como aconteceu entre Republicanos e PSC, para citar somente um exemplo. Com isso, chamamos a atenção para a insuficiência das análises que apresentam evangélicos como um bloco homogêneo que atua de modo constante e inequívoco na direção da manutenção de um ou outro projeto.

Na obra clássica *Economia e sociedade*, Max Weber (1999) explora três formas legítimas de autoridade. São elas: dominação legal, tradicional e carismática. Em todas, a autoridade se baseia no direito adquirido (por isso legítima) de se fazer obedecer e exercer influência dentro de um grupo. Nesses casos, o motivo da submissão pode ser fundado em tradições e costumes institucionalizados, qualidades excepcionais de determinados indivíduos, afeto, interesses ou regras estabelecidas racionalmente. Nesse sentido, gostaria de salientar que os religiosos líderes de audiência apresentados no MOM-Brasil mantêm e, em alguns casos, ampliam vertiginosamente seu capital político, econômico e religioso por meio do acionamento combinado de bases de legitimação distintas. Carisma, técnicas e tradição emergem como estratégias combinadas de manutenção e ampliação de poder.

REFERÊNCIAS

ASSMANN, Hugo. **A igreja eletrônica e seu impacto na América Latina**: convite a um estudo. Petrópolis: Vozes, 1986.

BANDEIRA, Olívia. Mídia, religião e política: igrejas cristãs intensificam presença na esfera pública. **Le Monde Diplomatique Brasil**, 16 abr. 2018. Disponível em: https://diplomatique.org.br/midia-religiao-e-politica-igrejas-cristas-intensificam-presenca-na-esfera-publica/. Acesso: 28 jun. 2022.

BURITY, Joanildo. **Identidade política no campo religioso**. Recife: Editora da UFPE, 1997.

_____. Religião, política, cultura. **Tempo Social**, v. 20, n. 2, p. 83-113, 2008.

_____. Republicanismo e o crescimento do papel público das religiões: comparando Brasil e Argentina. **Contemporânea**: Revista de Sociologia da UFSCar, v. 1, n. 1, p. 199-227, 2011.

BURITY, Joanildo; MACHADO, Maria das Dores Campos (org.). **Os votos de Deus**: evangélicos, política e eleições no Brasil. Recife: Fundação Joaquim Nabuco, 2006.

BURITY, Joanildo; GIUMBELLI, Emerson. Minorias religiosas: identidade e política em movimento. **Religião & Sociedade**, v. 40, n. 1, 2020.

FARIAS, Rômulo T. Coronelismo "eletrônico": por um reposicionamento do problema. V ENECULT – Encontro de Estudos Multidisciplinares em Cultura. **Anais** [...]. Salvador/BA: UFBA, 27 - 29 maio 2009.

FIGUEREDO FILHO, Valdemar. **Os três poderes das redes de comunicação evangélicas**: simbólico, econômico e político. 2008. Tese (Doutorado em Ciência Política) – Programa de Pós-Graduação, Instituto Universitário de Pesquisas, Rio de Janeiro, 2008.

FRESTON, Paul. Uma breve história do pentecostalismo brasileiro: a Assembleia de Deus. **Religião & Sociedade**, v. 16, n. 3, 1994.

FRIDMAN, Luis Carlos. Vertigens pós-modernas: a subjetividade contemporânea. *In*: _____. **Vertigens pós-modernas**: configurações institucionais contemporâneas. Rio de Janeiro: Relume, 2000. p. 63-89.

LIMA, Venício A. de; LOPES, Cristiano. Rádios comunitárias: coronelismo eletrônico de novo tipo (1999-2004). **Projor**, jun. 2007. Disponível em: http://observatorio.ultimosegundo.ig.com.br/download/Coronelismo_eletronico_de_novo_tipo.pdf. Acesso em: 28 jun. 2022.

MACHADO, Maria das Dores Campos. **Política e religião**: a participação dos evangélicos nas eleições. Rio de Janeiro: Fundação Getúlio Vargas, 2006.

MAFRA, Clara. **Os evangélicos**. Rio de Janeiro: Jorge Zahar Editores, 2001.

MARIANO, Ricardo. **Neopentecostais**: sociologia do novo pentecostalismo no Brasil. São Paulo: Edições Loyola, 1999.

SANTOS, Suzy dos; CAPPARELLI, Sérgio. Coronelismo, radiodifusão e voto: a nova face de um velho conceito. *In*: BRITTOS, Valério Cruz; BOLAÑO, César Ricardo Siqueira (org.). **Rede Globo**: 40 anos de poder e de hegemonia. São Paulo: Paulus, 2005.

STADNIK, Célia. **A hipótese do fenômeno do "Coronelismo Eletrônico" e as ligações dos parlamentares federais e governadores com meios de comunicação de massa no Brasil**. 1991. Monografia (Bacharelado em Jornalismo). Porto Alegre: Faculdade dos Meios de Comunicação Social, PUC-RS, 1991.

TEIXEIRA, Jacqueline Moraes. **A mulher universal**: corpo, gênero e pedagogia da prosperidade. Rio de Janeiro: Mar de Ideias, 2016.

VAGGIONE, Juan Marco. La "cultura de la vida": desplazamientos estratégicos del activismo católico conservador frente a los derechos sexuales y reproductivos. **Religião & Sociedade** [*on-line*], v. 32, n. 2, p. 57-80, 2012. Disponível em: http://ref.scielo.org/5z6g7b. Acesso em: 23 abr. 2022.

VERÓN, Eliseo. **A produção de sentido**. São Paulo: Cultrix, 1980.

_____. Conflitos religiosos e a construção do respeito à diversidade: breve histórico e iniciativas recentes. *In*: LIBONATI, André; GARCIA, Débora; EITLER, Kitta (org.). **Comunicação e transformação social**. Rio de Janeiro: Editora Unisinos, 2012. v. 1, p. 95-122.

VITAL DA CUNHA, Christina; LOPES, Paulo Victor Leite. **Religião e política**: uma análise da atuação de parlamentares evangélicos sobre direitos das mulheres e de LGBTs no Brasil. Rio de Janeiro: ISER, 2012.

_____. "Televisão para salvar": religião, mídia e democracia no Brasil contemporâneo. **Revista Antropolítica**, n. 42, p. 199-235, 2017.

WEBER, Max. **Economia e sociedade**. Brasília: UnB, 1999. v. 1-2.

CAPÍTULO 4.
NO RASTRO DO AVANÇO DE TRÊS MONOCULTURAS: MÍDIA, TECNOLOGIA E AGRICULTURA EM PERSPECTIVA

Camila Nobrega e Olívia Bandeira

Em quantas áreas a palavra monocultura se aplica no Brasil? Quanto mais avançamos na pesquisa sobre essa palavra, mais ela salta como uma chave conectora para entender diferentes contextos, velhos e novos. Neste capítulo, abordaremos três deles, que possuem teias de relações ainda pouco visibilizadas: o agronegócio, a mídia tradicional brasileira e as grandes empresas de tecnologia. Começamos com duas imagens que situam o contexto histórico em que esta reflexão está inserida, somado a um cenário árido de uma pandemia que devastou o país e o colocava como o quinto em que mais se morria de Covid-19 no mundo em meados de 2021[55], com impactos desproporcionais em grupos marginalizados da população.

No dia 28 de julho de 2021, a Secretaria Especial de Comunicação Social do governo federal (Secom) publicou uma fotografia com os dizeres: "Dia do agricultor – alimentando o Brasil e o mundo". A foto, porém, era de uma pessoa armada e vinha junto com um texto em defesa da posse de armas no campo brasileiro, afirmando que as "invasões de terras" teriam sido reduzidas como resultado dessa política – a mesma política que trouxe como consequência o aumento da violência em diversas regiões do país. A publicação foi apagada logo após a polêmica causada, mas a mensagem sobre como o governo Bolsonaro vê os agricultores já havia sido transmitida.

Quatro dias antes, outra imagem havia dominado os principais jornais e as redes sociais. No dia 24 de julho, manifestantes atearam fogo à estátua do bandeirante Borba Gato, em Santo Amaro, na Zona Sul de São Paulo, em um ato crítico reivindicado pelo grupo Revolução Periférica. O objetivo era chamar atenção para monumentos ainda espalhados pelo país exaltando figuras históricas ligadas ao passado colonial, escravocrata e racista. Dois cenários que revelam diferentes temporalidades das estruturas de poder no Brasil, no que diz respeito à ocupação da terra, quem produz, quem explora e quem pode ser explorado, quem atira e quem pode ser silenciado/a sem que haja interrupções do Estado.

---

[55] "Em dois meses, Brasil vai de 10ª a 5ª posição entre os países com mais mortes por milhão pela Covid-19", reportagem publicada em agosto de 2021, disponível em: https://g1.globo.com/bemestar/coronavirus/noticia/2021/08/21/em-dois-meses-brasil-vai-da-10a-a-5a-posicao-entre-os-paises-com-mais-mortes-por-milhao-pela-covid-19.ghtml. Acesso em: 28 abr. 2022.

Essas duas imagens dão corpo a uma disputa de discursos sobre modelos de produção de alimentos e de informação. São lócus fraturados, dialogando com a expressão da argentina María Lugones (2014), que se debruça sobre a potência das resistências às expressões de colonialidades, com base em uma perspectiva de gênero que se aplica à economia, à política, às diferentes marcas de colonialidades de poder. De um lado, observa-se a tentativa de exaltar a imagem de grandes proprietários de terras, em um contexto em que a grilagem cresce no país e o número de invasões em territórios de comunidades tradicionais aumenta exponencialmente, na mesma medida em que defensoras e defensores de terras vivem sob intensa ameaça e ataques diretos de latifundiários, garimpeiros, entre outros, sob vista grossa do governo. Como ilustrava a publicação da Secom, a violência no campo é institucionalizada e impulsionada. De outro, em um cenário de crescimento dos abismos sociais, a imagem do Borba Gato em chamas repercutiu no país. Queimava ali um fragmento de silêncio de um passado colonial, um monumento de exaltação das expedições bandeirantes, que tinham entre seus objetivos a incorporação de mais terras, a exploração ilimitada de bens comuns (que a lógica capitalista prefere chamar de recursos naturais, como minérios), financiadas por fazendeiros.

"Os bandeirantes escravizaram sim, mas não só por isso devem ser julgados", dizia uma coluna no jornal *O Estado de S. Paulo*, em defesa de um passado tratado como heroico, chamando o ato da queima da estátua do Borba Gato de "nefasto espetáculo pirotécnico" (Batochio, 2021). Muitas foram as críticas como essa ao ato. Mas houve também muitas defesas, baseadas sobretudo na ideia de que um monumento não é apenas um registro histórico, mas um dispositivo de celebração. Entre elas, texto de Vladimir Safatle (2021). O filósofo também argumentou que "toda ação política real conhece a importância de compreender o passado como um campo de batalhas". Ele compreende que o passado é algo que nunca se vai por completo. "A definição mais correta seria: o passado não é o que passa. O passado é o que se repete, o que se transfigura de múltiplas formas, o que retorna de maneira reiterada". Rever o passado, assim, seria uma forma de não aceitar que a história escravocrata e colonial na fundação do Brasil retorne reiteradamente em novas roupagens.

Proprietários de terra inauguraram as primeiras narrativas no Brasil Colônia, criando significados sobre o país que se configurava sob dimensões coloniais de poder. Os primeiros jornais surgiram como negócios de famílias que também possuíam fazendas e produziam, por exemplo, café, criando relações evidentes entre setores econômicos que se mantêm ainda no século XXI. A lógica de poder monocultural se reproduziu em diferentes setores, da concentração fundiária à concentração da mídia (Castro; Nobrega Alves, 2018). A receita se repete: muito poder nas mãos de poucas pessoas, tanto no que diz respeito ao uso da terra e dos territórios como na construção de discursos e imaginários.

Em 2019, publicamos juntas um texto no jornal *Le Monde Diplomatique Brasil* intitulado "Agronegócio e mídia brasileira: onde duas monoculturas se conectam". Em dois anos, outras monoculturas entraram para a soma, especialmente tendo em vista o crescimento da digitalização ou plataformização de quase todas as esferas da vida. São essas diferentes formas de concentração econômica e de outras formas de poder que denominamos neste capítulo de três monoculturas: da terra (com foco no setor do agronegócio), da mídia tradicional e das grandes empresas de tecnologias de informação e comunicação (big techs). Se, por um lado, pode parecer que se trata de uma divisão temporal, o que ocorre é uma mistura de permanências de características desde a estrutura colonial aos dias de hoje. Dentro do vocabulário do agronegócio, a monocultura é uma técnica que se baseia em um só tipo de cultura. Acontece que ela se expande. Ocupa vastas terras no país, concentra e as torna homogêneas. Ela vai muito além de um instrumento aplicado no campo – é também instrumento de imaginário.

As monoculturas, assim, não são apenas um sistema de produção, mas também um dispositivo de pensamento e de reprodução histórico do sistema capitalista. Em um contexto de crise sanitária e aumento exponencial de desigualdades, a mídia tradicional – concentrada, pouco diversa e pouco plural, como no modelo da monocultura – veicula com frequência um discurso de exaltação às exportações do setor do agronegócio. Simultaneamente, o discurso de modernização chega com nova roupagem e busca meios de se consolidar por meio do uso massivo de tecnologias e da chegada de empresas de tecnologias que se aliam ao agronegócio. Imaginário e lucros caminham juntos. Enquanto no Brasil a fome avança e as empresas do agronegócio produzem safras recordes, no contexto global, as big techs (como Amazon, Facebook (agora Meta), Google/Alphabet, entre outras) expandem suas monoculturas digitais e aumentam seus lucros exponencialmente durante a pandemia[56].

---

[56] Disponível em: https://olhardigital.com.br/2021/05/17/pro/receitas-das-big-techs-disparam-em-virtude-da-pandemia/. Acesso em: 28 abr. 2022.

No entanto, há também resistências às narrativas dominantes, com movimentos sociais rompendo silenciamentos sobre racismo, patriarcado e o passado colonial que se tenta varrer para debaixo do tapete, além de grupos reinventando com seus saberes e práticas formas de vida para além das três monoculturas. São os lócus fraturados que queremos discutir neste texto, ainda em diálogo com María Lugones.

A FOME NO PAÍS DO AGRONEGÓCIO E DA CHEGADA DOS LATIFÚNDIOS TECNOLÓGICOS

Em termos globais, indicadores de desigualdade anunciam novos abismos se formando no decorrer da pandemia de Covid-19, enquanto poucos setores empresariais celebram aumento de receitas. Foi o caso das gigantes de tecnologia e comunicação, anunciando crescimentos vertiginosos às custas dessa lógica de concentração que chamamos aqui de monoculturas. Aprofundaremos essa discussão um pouco à frente neste capítulo, no tópico "monoculturas digitais".

No caso brasileiro, esse cenário se soma ao avanço do setor que historicamente tem apostado na criação de latifúndios concentrados nas mãos de poucas pessoas: o agronegócio. A pandemia de Covid-19 agravou uma situação que já vinha se acentuando e que tem raízes históricas no modelo de desenvolvimento colonialista e capitalista adotado no país: a fome, a insegurança alimentar e a pobreza voltaram a atingir uma grande parcela da população brasileira (Schappo, 2021).

Paradoxalmente, no mesmo período, o agronegócio foi um dos poucos setores que seguiram comemorando vitória e celebrando progresso, em meio à catástrofe humana impulsionada pelas ações e inações do governo federal[57], a partir de uma postura reconhecida mundialmente como negacionista tanto dos riscos e impactos do SARS-CoV-2 quanto da importância de medidas como distanciamento social e investimento em desenvolvimento e compra de vacinas.

O discurso de otimismo do agronegócio ganhou eco na mídia. Enquanto anunciava espantada o número de pessoas vivendo em situação de fome, a mídia comercial ou corporativa comemorou o crescimento do setor do agronegócio no período, aproximando-se, assim, do discurso do governo federal e dos empresários do setor. A cobertura exaltou as safras recordes e a alta das exportações de produtos como soja, carne de boi, carne suína e milho, categorizando o agronegócio como "o motor da recuperação" da economia (Cirillo, 2020). Diversas matérias afirmaram que o volume total de alimentos produzidos no Brasil seria capaz de sustentar entre 1 e 1,5 bilhão de pessoas – até sete vezes a população brasileira –, sem estabelecer nenhuma relação entre esse fato e a fome no país (Cirillo, 2020; Fernandes, 2021). Mesmo textos que destacaram que pequenos e médios produtores não estariam na mesma situação confortável – porque afinal dependem do mercado interno – não relacionaram o aumento do preço da comida vendida dentro do país ao aumento das commodities para exportação (Zafalon, 2020). O contexto básico ficou de fora: o lucro do agronegócio brasileiro não significa comida na mesa das

---

[57] O apoio do agronegócio ao governo Bolsonaro foi visível nos outdoors financiados pelo setor em diversos estados do Brasil, como mostram diversas matérias publicadas em portais de notícias.

pessoas. Aliás, ocorreu o contrário, já que o setor depende da expulsão de campesinas e campesinos para garantir a própria expansão em áreas como a Amazônia e o Cerrado, gerando espirais de pobreza em diversas partes do país.

Nos meios de comunicação corporativos, os números justificaram investimentos do governo federal no agronegócio. Notícia do *Correio Braziliense* de junho de 2021 evidenciou o lançamento do Plano Safra 2021/2022, dando voz ao governo Bolsonaro e a representantes do agronegócio, mas sem ouvir outros beneficiários do plano, como os agricultores familiares (Fernandes, 2021). Os números também serviram de subsídios para representantes do setor argumentarem que a recuperação da economia brasileira dependeria de reformas administrativa e tributária, com o objetivo de desonerar o produtor (R7, 2020). O crescimento do emprego no setor em meio à pandemia também foi destaque nos textos (Oliveira, 2021; R7, 2020).

A exaltação do agronegócio também foi a tônica na TV Brasil, empresa pública de radiodifusão, que destacou o aumento das exportações durante a pandemia (TV Brasil, 2020) e o Plano Safra (TV Brasil, 2021), apresentando falas da ministra Tereza Cristina. Entre elas, a de que "o agronegócio não parou". Ideia que se repete no discurso majoritário do governo de que "a economia não pode parar" e que justificou sua política contra o isolamento social no período (Bandeira; Hercog; Batistta; Pereira, 2021). Esse tipo de cobertura jornalística representa uma mudança nos rumos da emissora, que no governo Bolsonaro passou a ser utilizada para o proselitismo político e religioso (Barbosa; Passos; Carvalho, 2021).

A cobertura otimista deu voz sobretudo aos representantes do agronegócio. Em uma matéria da *Folha de*

S.Paulo, o diretor-executivo da Associação Brasileira de Proteína Animal (ABPA) chegou a enfatizar o que, para ele, seria o "lado bom" da pandemia: "Talvez a Covid-19 tenha despertado para duas realidades, a importância da família e da comida" (Toledo; Baran, 2020). Se a "família tradicional brasileira" comemorava, havia em contrapartida milhares de famílias invisibilizadas passando fome. Já matéria da revista *Exame*, do Grupo Abril, afirmou já no título que o agronegócio "contribui para a paz no planeta". O texto que fez a cobertura do congresso on-line SuperAgro 2021, produzido pela própria revista, deu voz ao engenheiro agrônomo Alysson Paolinelli, que na abertura do evento disse que "o Brasil tem capacidade de liderar a expansão dessa produção global, inclusive exportando tecnologias de cultivo para países que hoje sofrem com a escassez de alimentos – que já motiva até guerras em certos pontos do planeta" (Exame, 2021).

Também valem ser mencionadas as imagens que acompanham o noticiário. Uma matéria do UOL de junho de 2020 é exemplar: a câmera aérea mostra uma vasta monocultura, arada por um trator, e nenhum ser humano é visto, nem o trabalhador rural que dirige o veículo. As narrativas e as imagens construídas pela mídia comercial e pelo governo vão ao encontro da narrativa do próprio setor. Desde março de 2020, quando as primeiras informações sobre a gravidade da pandemia surgiram, o agronegócio investiu em uma campanha chamada #OAgroNãoPara. A hashtag começou a ser usada em março de 2020 nas redes sociais por empresas e influenciadores digitais, e buscava apresentar o agronegócio como produtor de comida e bem-estar social. No Canal Rural, da empresa do agronegócio JBS, um vídeo apresentou falas de produtores rurais que, em conjunto, passavam o recado de que estariam fazendo de tudo para evitar a disseminação do coronavírus, mas que "no agro a coisa tem que seguir, a coisa não pode parar, e nossa missão é produzir alimentos para o mundo inteiro". O mesmo mote foi destaque no vídeo de uma empresa de desenvolvimento de tecnologias para o agronegócio. A importância do agro para a pandemia também justificaria a essencialidade do serviço e a manutenção das condições de trabalho que puseram as trabalhadoras e os trabalhadores em risco[58].

O mote foi também utilizado como título de uma música da dupla sertaneja Zé Gabriel e Rafael, lançada com um videoclipe no YouTube. Misturando tradição e modernidade, os versos dizem: "Nós toma tereré e ouve som de viola / Gosta de churrasco, cerveja e modão / Rodeio e vaquejada é o nosso esquema, conservando a tradição", enquanto são exibidas imagens de máquinas na colheita e de caminhões que transportam os alimentos para exportação. A nação também é exaltada na letra – "No que depender da turma do agro / Tá firme o futuro da nossa nação" – e na bandeira do Brasil que aparece quase ao final do clipe. A nação também esteve em outro videoclipe, da música "A força do agro", de Raffael Marques, no qual o cantor sertanejo aparece em meio a plantações enrolado na bandeira. A canção reforça a ideia do agronegócio como setor que não para e sustenta o país, em versos como: "Na enxada ou trator vou trabalhando a mil / Com muito suor sustentando o Brasil [...] Eu não paro, eu não durmo / Na estrada, guerreiro / Levando alimento pro

---

[58] A alta taxa de contaminação no setor foi destacada no site De olho nos ruralistas: https://deolhonosruralistas.com.br/2020/07/13/agronegocio-pode-ter-contaminado-400-mil-trabalhadores-no-brasil-por-covid-19/. Acesso em: 28 abr. 2022.

mundo inteiro / Xinga, critica, fala que não gosta / Sou a força do agro com o Brasil nas costas". Apesar de mostrar imagens de trabalhadores rurais, mais uma vez o foco está em grandes máquinas – parecendo em algumas cenas quase um desfile militar – que realizam a colheita.

O agronegócio seguia celebrando números de exportação, sem, no entanto, revelar que o setor produz mais comida para animais e insumo de geração de energia de outros países do que comida propriamente dita. Dessa forma, esconde as relações que podem ser estabelecidas entre os modelos monoculturais de produção e os dados que mostravam a falta de alimentos nas casas e a necessidade de organização comunitária de distribuição de cestas básicas em várias regiões do país (Castro; Nobrega; Santana; Ribeiro; Freitas; Baptista, 2020).

A ausência de relação entre fome e agronegócio nos discursos dos três setores – mídia corporativa, governo e empresários – e o foco na exaltação de um modelo hegemônico de produção são complementados por uma ausência de relação crítica entre esses modelos e a própria pandemia. Em *Pandemia e agronegócio: doenças infecciosas, capitalismo e ciência*, livro lançado no Brasil em setembro de 2020, o biólogo estadunidense Rob Wallace estuda várias teorias que explicam doenças como a Sars, a gripe aviária, a gripe suína e a Covid-19 e defende que o modo de criação capitalista de animais para consumo nas últimas quatro décadas é o principal responsável por pandemias. Entre as características dessa produção estão o confinamento de animais, que desequilibra a diversidade e fragiliza as espécies, tornando-as atrativos para micro-organismos, o desmatamento gerado pelo avanço da agropecuária, além da baixa preocupação com a produção de condições para o controle epidemiológico.

Em outras palavras, de um lado, o modelo econômico e produtivo que gera desigualdades e danos ambientais não é questionado. Por outro, a existência de modelos produtivos alternativos é pouco destacada, promovendo desinformação, como argumentam Alfredo Portugal e Gabriela Amorim (2021). Quando abordam a agricultura familiar, por exemplo, em geral os meios de comunicação corporativos a apresentam como parte da cadeia produtiva do agronegócio, como já havia observado Ana Manuela Chã (2018). A reforma agrária e a função social da terra estabelecida na Constituição de 1988 são pouco abordadas, embora possamos observar uma mudança no enfoque dado a algumas iniciativas. Durante a pandemia, alguns veículos publicaram matérias positivas em relação ao Movimento dos Trabalhadores Rurais Sem Terra (MST), diferentemente do que faziam havia algumas décadas, quando a imagem principal do movimento difundida na mídia corporativa era a de um grupo de "invasores", estabelecendo uma relação direta entre o movimento e violência e silenciando os temas da agenda de lutas, como a reforma agrária (Intervozes, 2011)[59].

---

[59] O portal do grupo Globo, por exemplo, indicou "como o MST se tornou o maior produtor de orgânicos do país" e apresentou o papel histórico e constitucional do movimento na luta pela reforma agrária, a mudança no modelo de produção para modelos agroecológicos, afirmando que, "quando praticad[os] por agricultores familiares, não são só sustentáveis, economicamente viáveis e socialmente just[os], como tendem a estreitar os laços entre produtor e consumidor que a industrialização afrouxa". Destacou também os números da produção do movimento, incluindo a doação de 2.800 toneladas de alimentos durante os primeiros meses da pandemia (Fecarotta, 2020). Em julho de 2021, a colunista Mônica Bergamo, da *Folha de S.Paulo*, noticiou que as doações tinham chegado a 5 mil toneladas. O mesmo jornal havia destacado fala do MST de que manteria os preços baixos do arroz, mesmo com o aumento por parte dos produtores de forma geral (Sperb, 2020).

Percebe-se, assim, que há uma consonância entre o discurso do governo, da mídia corporativa e dos empresários em relação ao agro. Ao mesmo tempo, há limites nessas alianças, o que também podemos entender como brechas ou, retomando a noção de lócus fraturado de Lugones, como fraturas. É importante reconhecer, assim, que existe uma disputa de discursos, mesmo dentro dos veículos de comunicação. Embora haja uma estrutura enrijecida de poder, em geral não transparente, há também dissonâncias de vozes, especialmente na medida em que alguns fatos apontam para direções contrárias do discurso dominante histórico ou que as pressões advindas das lutas dos movimentos sociais, da comunidade científica ou mesmo dos mercados globais ganham força.

Uma das fraturas é que, apesar de toda a mídia positiva, o setor do agronegócio recebe críticas dentro e fora do país. E as críticas são acompanhadas de mais tentativas de defesa, como as músicas sertanejas citadas acima cantaram. A preocupação com o controle da imagem do agronegócio fica evidente em notícia na *IstoÉ*, do Grupo Abril, que comemorou o aumento da imagem positiva do agro, dizendo que, segundo a 8º pesquisa "Hábitos do Produtor Rural", "antes da pandemia, apenas 31% dos produtores acreditavam ter uma imagem boa ou excelente perante a população urbana. Esse número subiu para 46% desde então" (Sollitto, 2021).

Mas as maiores críticas, e que se acentuam em um cenário de pandemia, referem-se às relações entre agronegócio e meio ambiente. Para que os níveis de exportação se mantenham e cresçam, é necessário que o agronegócio brasileiro não seja visto como prejudicial à natureza e negligente em relação ao controle sanitário, uma vez que cresce a preocupação sobre esses temas ao redor do mundo, sobretudo depois dos efeitos das mudanças climáticas e da pandemia. Por isso, muitas vezes observamos também nos veículos da mídia corporativa uma forte crítica às políticas do Bolsonaro, o que poderia comprometer a imagem do país no exterior (Masson, 2020; Zafalon, 2020).

As fraturas são vistas dentro do próprio setor. Críticas à gestão de Bolsonaro à frente do meio ambiente partiram também de setores da indústria, expondo as disputas e diferenças dentro do bolsonarismo. Em setembro de 2020, a Associação Brasileira de Produtores de Soja (Aprosoja Brasil) anunciou sua saída da Associação Brasileira do Agronegócio (Abag) por discordar de posicionamentos da última em questões relacionadas à sustentabilidade; para a Aprosoja, tal postura difamaria o agronegócio (SNA, 2020). Poucos dias antes, a Abag, acompanhada de 230 representantes do agronegócio, do setor financeiro, de ONGs ambientais, de representantes da sociedade civil e da academia, reunidos na Coalizão Brasil Clima, Florestas e Agricultura, enviou um documento ao governo brasileiro e a organismos internacionais com uma lista de seis medidas para reduzir o desmatamento na Amazônia Legal, condição para que o negócio se mantivesse viável no âmbito global (G1, 2020).

MONOCULTURA DA MÍDIA E MONOCULTURA DO AGRO: RELAÇÕES HISTÓRICAS

É preciso destacar que as alianças entre governo, mídia e empresas na produção do discurso sobre o agronegócio vêm de longa data e se relacionam à produção de imaginários e de lucros. A *Folha de S.Paulo*, por exemplo, como mostra o Monitoramento da Propriedade da Mídia (MOM-Brasil), teve origem na Folha da Manhã S.A., empresa constituída em 1931 que tinha como um de seus focos uma linha editorial voltada para os "lavradores de São Paulo" (Nobrega; Bandeira, 2019). No livro *Agronegócio e indústria cultural*, Ana Manuela Chã (2018) mostra de que forma as empresas de mídia foram e são parceiras fundamentais das empresas e entidades de classe do agronegócio para "construir e fortalecer sua hegemonia, produzindo uma imagem do campo e de Brasil bem-sucedido, sem contradições e em plena expansão". Entre as contradições pouco pautadas estão os fatos de o Brasil ser um dos maiores consumidores de agrotóxicos do mundo, as ameaças à agricultura camponesa e às comunidades tradicionais devido à expansão do agronegócio, a questão das condições de trabalho e os custos ambientais decorrentes da atividade.

A partir dos anos 1960, ainda segundo Chã, a indústria cultural teve influência na implementação, no Brasil, da chamada Revolução Verde. O processo de modernização e de transformações tecnológico-científicas no campo foi acompanhado de uma estratégia de comunicação que tornava o modelo dependente de insumos químicos e assistência técnica como o único capaz de resolver o problema da fome, reagindo também ao surgimento de movimentos populares e sindicais de luta pela terra e pela reforma agrária.

O início da consolidação de uma indústria cultural no Brasil também remonta às décadas de 1960 e, especialmente, 1970, com a expansão dessa indústria em âmbito nacional e a racionalização de seus processos de produção (Ortiz, 1988). Isso se deu, em especial, em setores como a televisão, as indústrias fonográfica e cinematográfica e os mercados editorial e publicitário. O papel do Estado, em pleno governo autoritário da ditadura militar, foi central. Além da criação de órgãos públicos e de infraestrutura – como o Sistema Nacional de Comunicação –, a indústria cultural se beneficiou da formação de público decorrente do aumento da escolaridade e da urbanização promovida pela mecanização do campo e pelo êxodo rural, bem como do aumento da industrialização e do mercado consumidor.

A TV Globo, por exemplo, foi fundada em 1965 e, no início dos anos 1970, com apoio do Estado, já se configurava com uma rede com capilaridade nacional (MOM-Brasil). No plano interno, a indústria cultural brasileira mobilizou a cultura "nacional-popular" como seu substrato principal, buscando produzir, assim, um sentido de unificação nacional pela cultura. No plano internacional, buscava também exportar produtos culturais (assim como produtos do agronegócio), entre eles as telenovelas. As novelas dos anos 1970 e 1980 difundiam a imagem de um país que se modernizava, lançando modas e o incentivo ao consumo de novos produtos, ao mesmo tempo que apresentavam elementos da cultura nacional-popular, como o futebol, ou a presença de personagens arquetípicos, "como o coronel, o padre, o prefeito e o delegado". Uma crítica aos efeitos da modernização conservadora brasileira, focada no consumo, só apareceria nas novelas na segunda metade dos anos 1980, com a redemocratização do país (Hamburger, 2011).

A modernização do campo e o fortalecimento de uma indústria cultural fazem parte do processo de modernização conservadora promovida pela ditadura militar, tendo o Estado como um dos agentes principais. Na reabertura, nos anos 1980, o modelo de concentração se consolidou em ambas as áreas. Na comunicação, a história das concessões de rádio e TV é uma "história de apropriação do público pelo privado" (Intervozes, 2007). Ainda antes do período militar, o Código Brasileiro de Telecomunicações, de 1962, facilitou a ocupação das frequências de radiodifusão, abrindo espaço para um enorme crescimento do setor privado. No mesmo ano, foi criada a Associação Brasileira de Emissoras de Rádio e Televisão (Abert), que desde então trabalha no Congresso Nacional para a manutenção dos interesses do setor. A ditadura militar seguiu com uma prática de distribuição de concessões que não atendem ao interesse público, mas a interesses políticos e econômicos privados. Com a instalação da Constituinte, em 1987, o presidente José Sarney e seu ministro Antônio Carlos Magalhães, indicado pela Abert, utilizaram as concessões como forma de agradar aliados políticos e promover troca de favores (Intervozes, 2007).

A Constituição de 1988 estabeleceu critérios em relação à propriedade dos meios de comunicação de massa. O artigo 223 estabeleceu a complementaridade entre os sistemas privado, público e estatal e o 220 proibiu os monopólios e os oligopólios. Já o artigo 54 vetou senadores e deputados de serem proprietários de veículos de radiodifusão. No entanto, nunca houve regulamentação desses trechos da Constituição e – como no caso da função social da terra –, a falta de fiscalização e de transparência faz com que a legislação brasileira siga sendo desrespeitada. Como resultado, o Brasil se configura como um dos mais concentrados do mundo no setor, como mostra o MOM-Brasil.

No campo, na redemocratização o setor agrícola foi incorporado na solução para o endividamento externo, com o incentivo à produção para a exportação de produtos agrícolas atrelados aos preços internacionais, em detrimento dos produtos voltados para o mercado interno. A Frente Parlamentar da Agropecuária no Congresso Nacional foi criada no processo da Constituinte, em 1987. O modelo de agronegócio[60] foi consolidado no Brasil na década seguinte, quando foi criada a Associação Brasileira do Agronegócio (Abag), em 1993, incorporando antigas associações do setor, além de grandes empresas agrícolas e de fertilizantes nacionais e internacionais e empresas do ramo financeiro[61].

Naquele momento, a publicidade também teve grande papel ao estimular novos hábitos de consumo de alimentos processados (Chã, 2018). A propaganda-emblema da década de 1980 e início dos anos 1990

---

[60] Para Chã (2018, p. 37), o agronegócio se caracteriza no Brasil como: "integração das cadeias produtivas que organizam a produção e circulação de mercadorias de origem agrícola em larga escala, comandadas por grandes empresas transnacionais que controlam os territórios. Tudo isso associado a um forte pacote tecnológico que inclui desde grandes máquinas agrícolas, pesquisa científica em áreas como genética e biotecnologia, o uso intensivo de venenos e fertilizantes químicos, sistemas de transportes, além de um forte processo de financeirização da agricultura. [...] Representa, quase sempre, uma aliança de classe que associa latifundiários, empresas transnacionais, capital financeiro e mídia burguesa, com forte suporte da ação do Estado".

[61] A atuação política do agronegócio, suas associações e sua relação com o Estado são temas trabalhados por Caio Pompeia no livro *Formação política do agronegócio* (2021), que conta com prefácio da antropóloga Manuela Carneiro da Cunha.

é o comercial de margarina, que mostrava uma família feliz, em geral, em um cenário que remetia a uma casa de campo, uma imagem em que o campo estava descolado da produção do alimento, mas como cenário idílico para o consumo de produtos industrializados. Foi nessa época, também, que foram inaugurados programas de TV que veiculavam para todo o Brasil as imagens do rural, como o *Globo Rural* e o *Som Brasil*, que estrearam, respectivamente, em janeiro de 1980 e agosto de 1981, na Rede Globo.

O *Globo Rural* deu origem à revista de mesmo nome, publicada pela Editora Globo desde 1985, e à editoria Agro do portal de notícias G1. O grupo possui também o Mapa da Mina, que permite o planejamento do investimento publicitário em audiências estratégicas com base em levantamentos de dados do setor agropecuário. O Grupo Globo, que aparece no MOM-Brasil como proprietário de nove dos cinquenta veículos de maior audiência no país, pertence à família Marinho. Seus acionistas também têm fazendas e empresas de produção agrícola, e, em 2017, o grupo integrava a Abag (Nobrega; Bandeira, 2018).

Nas primeiras décadas do século XXI, diversos grupos de comunicação mantêm canais ou programas voltados para o agronegócio. Entre os veículos dos conglomerados mapeados no MOM-Brasil, podemos citar também o Grupo Bandeirantes, que já possuía o canal de TV Terra Viva e, em fevereiro de 2020, lançou o AgroMais. Em entrevista ao portal Meio & Mensagem, a diretora-executiva do canal, Maria Cristina Bertelli, destacou que o AgroMais tem o objetivo não só de fornecer informações e serviços para os agentes do agronegócio, mas que "queremos chegar ao público urbano com o objetivo principal de mostrar que o Brasil produz os melhores produtos, com altíssima qualidade e segurança alimentar, que chegam a mais de 160 países e que temos orgulho dos nossos produtos e da vocação do Brasil para alimentar o mundo" (Sacchitiello, 2020). A existência do novo canal foi anunciada durante uma visita de Bolsonaro à sede da Band, em São Paulo, e a inauguração contou com a presença do presidente, no Palácio do Planalto (Poder360, 2020). O Grupo Bandeirantes, que aparece no MOM-Brasil com cinco dos cinquenta veículos de maior audiência, pertence à família Saad, também proprietária de terras, algumas das quais foram desapropriadas para a reforma agrária em 1989, o que chama a atenção para o fato de que são grupos econômicos consolidados que também detêm a propriedade da mídia no Brasil. Além do conteúdo veiculado em programas de TV e sites de notícias, a construção da imagem positiva do agronegócio recebeu o reforço da campanha "Agro: a indústria-riqueza do Brasil", veiculada pela Rede Globo desde 2016.

No terreno da cultura, se as telenovelas ajudaram a projetar uma imagem do Brasil em que tradição e modernidade se combinavam, é interessante observar de que forma o agronegócio como emblema dessa característica nacional segue sendo projetado pela música sertaneja, gênero musical mais tocado no país, segundo dados do Ecad de 2018, com aparição constante nos programas de TV. O sertanejo hoje faz parte das playlists de jovens não apenas do Centro-Oeste, berço do gênero, mas de todas as regiões do Brasil, sendo o gênero musical mais consumido no Sudeste, segundo levantamento da Hello Monitor Brasil 2019 (Izel, 2019). A projeção da imagem do campo moderno pode aparecer em letras óbvias, como as que citamos neste texto, mas também na própria imagem dos cantores, que projetam um estilo de vida que se aproxima de um consumo de bens modernos, como carros de luxo.

Por sua vez, empresas do agronegócio investem na mídia, por meio de publicidade, da realização de workshops voltados para jornalistas e também de premiações, como o Prêmio Abag/RP de Jornalismo José Hamilton Ribeiro, criado em 2008. Há empresas do setor investindo também em seus próprios meios de comunicação. Esse é o caso do grupo JBS, que por meio de acionistas da J&F Holding comprou o Canal Rural em 2013 e lançou uma nova emissora, o Canal do Criador, em setembro de 2020.

Seguindo na busca das relações entre as três formas de monoculturas propostas neste capítulo, é possível observar também que as alianças entre mídia, empresas e o Estado têm investido em uma nova etapa no uso das tecnologias no campo. Evento realizado pelo Estadão desde 2019, o Summit Agro tem foco em "tecnologia, sustentabilidade e inovação". O Canal Agro, site do grupo Estado dedicado ao setor, associa o uso das novas tecnologias, como drones, a uma "gestão mais eficiente das fazendas". Sob o slogan "tech e sustentável", que também traz elementos da já citada campanha da Globo cujo slogan é "agro é tech, agro é pop, agro é tudo", o evento apresenta o tripé mídia, tecnologia e discurso de sustentabilidade.

O papel do uso de tecnologias de informação e comunicação no setor para o seu crescimento aparece em várias matérias e artigos de jornal, atrelado sobretudo à exportação (Dal Molin, 2020; Goldenstein, 2021; Chaves; Santoro; Mendes, 2021). *O Estado de S. Paulo* noticiou que 70% dos produtores rurais disseram que fazem uso da internet e de tecnologias nas empresas e mais da metade (57,5%) recorre às mídias sociais para fazer divulgação, segundo dados de pesquisa realizada pela Empresa Brasileira de Pesquisa Agropecuária (Embrapa), em parceria com o Serviço Brasileiro de Apoio às Micro e Pequenas Empresas (Sebrae). Já o site da rádio Jovem Pan, em artigo de opinião, comemorava o crescimento de 40% no número de startups brasileiras dedicadas a tecnologias para o setor agrário (Severo, 2021). A mídia aponta, no entanto, para a necessidade do crescimento da digitalização, como na matéria da revista *IstoÉ* que apresenta a já citada oitava pesquisa "Hábitos do Produtor Rural", que indica que "apenas 9% dos entrevistados usam algum tipo de plataforma ou software de gestão. [...] A situação é parecida na agricultura digital: apenas 29% dos entrevistados usam algum tipo de solução de precisão na agricultura, e 15%, na pecuária" (Sollitto, 2021).

Governo e empresas do setor também comemoraram o crescimento do uso de tecnologias de informação e comunicação. O discurso do agronegócio anuncia com orgulho: a revolução digital chegou ao setor. Ou seja, o agronegócio brasileiro se torna importante não apenas para os conglomerados tradicionais de mídia, mas também para os novos monopólios digitais, como veremos na próxima seção.

MONOCULTURAS DIGITAIS

Um estudo publicado pela organização não governamental alemã Grain, no início de 2021, traz um alerta. O texto, intitulado "Controle digital: a entrada das big techs na produção de alimentos e na agricultura (e o que isso significa)", defendia que é preciso olhar criticamente para a onda acelerada de digitalização de várias dimensões da vida. Tecnologias digitais podem ser desenvolvidas com o objetivo de serem funcionais para agricultores/as familiares, consumidores/as e para o meio ambiente, observa o texto. Mas segue ressaltando que tecnologias não são desenvolvidas em bolhas, o que as coloca como parte de uma estrutura financeira e de relações de poder. Por isso, uma das conclusões do estudo é que estamos em um tempo histórico em que apenas poucas corporações detêm um controle sem precedentes dos nossos dados, do setor de comunicações e do sistema de produção de alimentos e, acrescentamos, com pouca regulação por parte dos Estados[62]. Dessa forma, se continuarmos nesse caminho, a previsão é que a digitalização da agricultura, por meio do agronegócio, reforce ainda mais as estruturas de poder e de lucro – a não ser que exista uma organização coletiva que possa impedir isso de acontecer.

Um dos apontamentos da pesquisa é que seria bastante inocente pensar que plataformas digitais oferecidas ao setor de agricultura pelas big techs ajudarão realmente agricultores/as a compartilhar seus conhecimentos, a promover suas sementes crioulas – sobre as quais trataremos na seção seguinte – ou a fazer pequenas criações de animais. Primeiramente, fora da Europa e dos Estados Unidos, a maior parte da população em diversos países não tem na internet sua principal fonte de comunicação e atuação comercial. Podemos citar o exemplo do Brasil. Segundo a pesquisa "Territórios Livres, Tecnologias

---

[62] Sobre a concentração na internet e a falta de regulação por parte dos Estados, ver os textos da segunda parte deste livro.

Livres", realizada com 274 famílias de 33 comunidades rurais e quilombolas dos nove estados do Nordeste entre os meses de abril e junho de 2021, 29% dos domicílios não têm acesso à internet. Entre as famílias que possuem, 33% têm dificuldade para pagar os custos mensais do serviço. Quando chove, a internet fica ruim ou falha "com muita frequência" para 41% das famílias. Apenas 11% das famílias têm computador; as demais utilizam celulares com planos de dados limitados (Intervozes; Conaq; MMTRNE, 2021).

Outro destaque do estudo da Grain é que, assim como acontece com diferentes tecnologias[63], os dados coletados são baseados na lógica de monocultura, pois os grandes têm mais condições de participar e ocupar espaço nas plataformas digitais, e os dados coletados sobre a pequena agricultura serão muito pobres. Ou seja, há uma enorme possibilidade de que haja distorções absurdas que afetarão diversos setores, impactando, inclusive, as políticas públicas.

No caminho contrário de tecnologias que poderiam fortalecer a diversidade, o que tem sido evidenciado é que as plataformas enfatizarão a conformidade e, por fim, o mais provável é que os agricultores participantes de projetos terão que comprar os insumos que são promovidos e vendidos a crédito com altas taxas de juros, seguir o "conselho" de um *chatbot* para se qualificar para o seguro de colheitas (que eles devem pagar), vender suas colheitas para a empresa (a um preço não negociável) e receber

---

[63] É o caso das tecnologias de reconhecimento facial, que identificam rostos de pessoas brancas com muito mais precisão do que os de pessoas negras, como mostra o capítulo "Visibilizar, mobilizar e reinventar: as disputas travadas em torno do racismo na internet", de Gyssele Mendes e Tâmara Terso.

pagamentos em um aplicativo de dinheiro digital (para o uso do qual há uma taxa). Ou seja, o que tem espaço para proliferar ainda mais com base na lógica das big techs é a agricultura em larga escala, a monocultura. E já está na mesa quem são os maiores atores desse jogo: Microsoft, Amazon e IBM, por exemplo, estão investindo nas plataformas digitais com o objetivo de coletar uma quantidade massiva de dados, que serão processados por algoritmos programados para categorizar condições de água, solo, crescimento de sementes, pestes, classificações de mudanças climáticas, entre outros.

Em 2015, o Google decidiu investir em uma startup baseada em São Francisco, nos Estados Unidos, com o objetivo de desenvolver um sistema de processamento de dados cujo foco seria a elevação da produtividade na agricultura. A empresa tornou público que computadores captariam e avaliariam tanto dados públicos como privados sobre o desempenho de safras, padrões, práticas agrícolas, entre outros. Desde então, cresce o interesse da empresa no setor. Em outubro de 2020, a Alphabet, empresa controladora do Google, lançou o Projeto Mineral. Trata-se de um robô movido a energia solar, capaz de inspecionar safras agrícolas com o uso de análise de dados e inteligência artificial. A notícia foi celebrada pelo setor do agronegócio e por veículos de comunicação corporativos (Época Negócios, 2020). Dados a serem coletados pelo robô incluem desde a altura da planta até detalhes do solo, mapeando territórios, práticas, culturas e modos de vida.

Ainda em 2020, diferentes portais de notícias brasileiros que possuem espaços dedicados ao agronegócio anunciaram euforicamente que o Facebook havia acabado de criar um programa de aceleração de startups voltadas para o setor, em parceria com a empresa Baita, sediada na Unicamp (Globo Rural, 2020). A coleta e o tratamento massivo de dados também são a base do modelo de negócio da plataforma.

Essa coleta massiva de dados pessoais e dos territórios amplifica formas históricas de colonização, por meio da captura de práticas, materialidades, territórios, corpos e subjetividades. A conclusão é da pesquisadora mexicana Paola Ricaurte (2019), que aponta a necessidade de reconhecimento de múltiplas formas de expressão da colonialidade de poder (em referência ao conceito cunhado por Walter Mignolo) na dinâmica massiva de coleta de dados e avanço das grandes empresas de tecnologias em vários setores. Vivemos em um momento no qual a concentração de informações, de comunicações e de formas de produção tem se transformado simultaneamente em formas de vigilância constante, afirma Ricaurte em diálogo com Shoshana Zuboff (2015), que cunhou o termo "capitalismo de vigilância".

Partindo de análises específicas do território mexicano, mas expandindo o olhar para a América Latina como um todo, Ricaurte desenvolve uma análise que revela diferentes camadas de poder por trás de um movimento que tem sido chamado de colonização de dados (Couldry; Mejias, 2019), disfarçado por meio de um discurso de modernização, que pode ser aplicado para entender a dinâmica de comunicação relacionada ao agronegócio. Por meio da concentração de poder por poucas corporações em diferentes setores e, simultaneamente, o vultoso volume de informações coletadas por elas, geram-se diferentes formas de discriminação e hierarquização. É importante, assim, construir uma visão crítica no que diz respeito a imposições violentas de formas de existir, de pensar, negando a existência de outros modos de vida e sistemas de pensamento e construção de conhecimento, considerando que essa lógica de concentração é uma grande ameaça à vida no planeta (Ricaurte, 2019).

Assim como os meios de comunicação tradicionais, além de negócios, as grandes plataformas digitais produzem imaginários. Um estudo do Pew Research Center de 2018 concluiu que o YouTube é a plataforma on-line mais popular entre empresários do agronegócio. A conclusão de pesquisadores era que organizações do agronegócio focadas em exportação de commodities tinham uma campanha em curso de convencimento de cada vez mais produtores em larga escala para participarem da plataforma. Há diversos produtores de conteúdo no YouTube dedicados ao "agro". Com seus discursos, impulsionam o avanço da monocultura no campo, em um contexto latino-americano no qual a posse da terra e as formas de cultivo de alimentos enfrentam perda acelerada de diversidade, em função da tendência de concentração.

A acumulação não se dá apenas na camada das corporações, mas também no que diz respeito ao Estado brasileiro, cuja composição de casas legislativas está significativamente ocupada por representantes do agronegócio, que se empenham, de um lado, em fortalecer políticas para beneficiar o setor, como a pressão para o uso do Fundo de Universalização dos Serviços de Telecomunicações (Fust) em benefício do agro. De outro, empenham-se em propagar uma boa imagem do agronegócio, como um setor não só do qual a economia brasileira depende, como vimos, mas como setor sustentável, como no título do encontro da Associação Brasileira do

Agronegócio, em agosto de 2021, que contou com o apoio da ministra da Agricultura, Tereza Cristina, que dizia "Nosso carbono é verde". Essa é uma estratégia discursiva e de marketing em que grandes empresas se apropriam de termos dos movimentos ambientalistas e, em alguns casos, passam a se apresentar como soluções para os problemas que elas mesmas criam, a partir do chamado greenwashing (Nobrega; Varon, 2020).

SEMENTES: DISPUTA DE IMAGINÁRIO E DE FUTURO

Se no início do capítulo partimos de imagens para chegar a um panorama amplo do movimento de concentração que analisamos, são muitos os olhares e evidências que apontam para o micro como direção de mudança. Não para um micro isolado, individualizado e elitizado, mas de núcleos e ideias que se conectam, se alimentam, sem se sobrepor. Nesse sentido, outra imagem dá conta da diferença entre a monocultura e a diversidade: as sementes, insumo primário da produção agrícola.

Se no discurso do agronegócio desde meados do século passado elas são usadas para argumentar sobre a necessidade de produção repetida e veloz, por meio do plantio massificado de poucos cultivos, usando tecnologias e insumos químicos, o significado é distinto quando se fala em outro modelo de produção. As chamadas sementes crioulas, ou "sementes da paixão", são fruto da seleção cuidadosa de agricultores familiares ao longo de anos. Diferentemente das sementes cada vez mais propagandeadas pelas grandes corporações do agronegócio, como a Monsanto, a Basf, a Syngenta, entre outras, as "sementes da paixão" (Cunha, 2013) são adaptadas a características locais, carregam saberes tradicionais sobre a potência de cada alimento e asseguram sociobiodiversidade. Além disso, são vitais não só na tão falada resiliência como na resistência às alterações do clima.

Vandana Shiva, filósofa indiana ecofeminista e também uma das precursoras do ativismo ambiental e da crítica ao agronegócio em todo o mundo, afirma que as sementes são não apenas o primeiro elo da cadeia alimentar, como também expressão da inteligência da terra e da sabedoria acumulada por comunidades de agricultoras e agricultores ao longo dos séculos. É dela o termo "monoculturas da mente" (Shiva, 2003). Sobre esse termo, Shiva argumenta que toda forma de redução de biodiversidade é uma monocultura e que a falta de garantia de diversidade, não apenas na agricultura como na sociedade, é uma expressão de ferramentas de acumulação de poder. Nesse sentido, sua luta política é direcionada à quebra não apenas de monopólios das sementes e dos produtos químicos de empresas como Monsanto e Basf, mas também dos monopólios digitais das empresas de bilionários como Bill Gates e Mark Zuckerberg, que financiam a colonização das terras e, mais uma vez, da Revolução Verde, ao mesmo tempo que "colonizam as mentes" (Shiva, 2020).

Felizmente, há outras formas de soberania, emancipação, autonomia e diversidade em curso. Além da autonomia alimentar por meio de sementes (Cunha, 2013), há também ações em direção à soberania tecnológica e à agência em relação aos nossos dados pessoais e territoriais (Kennedy; Poell; Van Dijck, 2015; Ricaurte, 2019). A comunicadora social e artista visual Jes Ciacci (2021) compartilha experiências sobre novas formas de produzir tecnologias, com base na narrativa de um encontro de 26 mulheres de diferentes origens e trajetórias em Chiapas, no México, em 2019, sob a proposta de pensar a comunicação e a tecnologia por meio dos afetos. Elas trabalharam inspiradas nos Princípios de uma Internet Feminista[64]. Esse encontro gerou também uma provocação organizada pelo grupo feminista Sursiendo no Fórum de Governança da Internet, em 2020, que dizia "Eu não quero colocar montanhas abaixo para poder ter acesso à internet", em contraposição à lógica de extração de recursos naturais que guia a manutenção e a expansão de modelos de comunicação e de produção monoculturais.

A ideia de soberania tecnológica se baseia na descentralização, para que se possa de fato desenvolver conexões que façam sentido e que o uso de recursos naturais seja passível de contabilidade, transparência. A proposta é pensar tecnologias de comunicação em conexão com lutas e demandas a partir de territórios, tornando visíveis e palpáveis os recursos que podem ser utilizados (Ciacci, 2021). Portanto, esse grupo de mulheres e pessoas queer defende que precisa haver resistência urgente e coletiva ao engolimento das diversas formas de comunicação locais – verbais e não verbais – por grandes corporações. Da mesma maneira, Ciacci ressalta a necessidade de resistência ao avanço da agricultura digitalizada. Isso significa, segundo ela, que produtores de alimentos precisam também trabalhar juntos contra o movimento de concentração das chamadas big techs.

Visão semelhante é trabalhada no já citado projeto Territórios Livres, Tecnologias Livres, em que mulheres

---

[64] Feminist Principals of the Internet. Disponível em: https://feministinternet.org/en/download. Acesso em: 25 abr. 2022.

quilombolas e rurais do Nordeste brasileiro são protagonistas na discussão sobre o que são tecnologias, quem tem o poder de ditar os rumos do desenvolvimento tecnológico e que tecnologias são necessárias para um futuro em que haja justiça social e socioambiental. Em toda a América Latina, há perspectivas teóricas e práticas sobre outras formas de produzir alimentos, em que a comunicação se torna também fator relevante. Há alguns anos, o movimento de agroecologia no Brasil aponta que a comunicação popular e a comunicação comunitária são vitais para o grupo. A Articulação Nacional de Agroecologia, que reúne centenas de organizações, associações e coletivos, trabalha em três frentes. Uma delas é a comunicação, e, segundo o site da organização, essa frente visa principalmente dar visibilidade à realidade de agricultores/as familiares, ajudando a imaginar outros futuros.

Aos poucos, no entanto, fica evidente que os sentidos e as estruturas por trás da comunicação vão além do fato de dar visibilidade ou não a algo. Na contramão da lógica da monocultura, há diferentes tentativas de combinar desenvolvimento tecnológico, acesso às tecnologias e ampliação de redes e conexões, bem como de formas de comunicação e circulação de informações. Não que isso seja simples. Mas, sem revelar quem e como têm sido tomadas as decisões que orientam nossa vida – desde como comemos e quem pode ou não ocupar uma terra e produzir até de que forma podemos ver o mundo e nos comunicar –, fica muito difícil encontrar caminhos de autonomia e saúde individual e coletiva.

Lembram da figura do agricultor como alguém sem rosto e armado, como se essa fosse a figura representativa do campo brasileiro? E da imagem do Borba Gato queimando, que provocou tanta indignação em alguns setores? Por que será que há tanto medo de encarar e desvendar o passado que ainda está em curso e se renova no presente? Por que falar de colonialidades ainda é tão difícil no Brasil atual? Esperamos que os pensamentos costurados neste texto possam oferecer uma lente de aumento nas relações existentes entre mídia, gigantes de tecnologia e agronegócio e ajudar a semear respostas que quebrem as monoculturas da mídia, das plataformas digitais e do campo, dando espaço a formas diversas e justas de produção e circulação de informação, de alimentos e de modos de vida.

REFERÊNCIAS

BANDEIRA, Olívia; HERCOG, Alex; BATISTTA, Iury; PEREIRA, Réia. Rádios religiosas promovem 'tratamento precoce' e se opõem ao lockdown. **Carta Capital**, 6 abr. 2021. Disponível em: https://www.cartacapital.com.br/blogs/intervozes/radios-religiosas-promovem-tratamento-precoce-e-se-opoem-ao-lockdown/. Acesso em: 25 abr. 2022.

BARBOSA, Bia; PASSOS, Gésio; CARVALHO, Mariana Martins. Empresa de comunicação pública vira arma de propaganda de Bolsonaro. **Le Monde Diplomatique Brasil**, 12 mar. 2021. Disponível em: https://diplomatique.org.br/empresa-de-comunicacao-publica-vira-arma-de-propaganda-de-bolsonaro/. Acesso em: 25 abr. 2022.

BATOCHIO, José Roberto. Borba Gato e a construção do Brasil. **O Estado de S. Paulo**, 27 jul. 2021. Disponível em: https://opiniao.estadao.com.br/noticias/espaco-aberto,borba-gato-e-a-construcao-do-brasil,70003790430 Acesso: 28 jun. 2022.

BERGAMO, Mônica. MST contabiliza 5.000 toneladas de alimentos doados desde o início da epidemia de Covid-19. **Folha de S.Paulo**,

São Paulo, 7 jul. 2021. Disponível em: https://www1.folha.uol.com.br/colunas/monicabergamo/2021/07/mst-contabiliza-5000-toneladas-de-alimentos-doados-desde-o-inicio-da-epidemia-de-covid-19.shtml. Acesso em: 25 abr. 2022.

CASTRO, Ana Alvarenga; NOBREGA ALVES, Camila. Monoculturas – Poder – Mídia: os ODS em um contexto de concentração midiática e conflitos agrários. **Allerweltshaus Lateinamerika**, 2018. Disponível em: https://www.lateinamerika-koeln.de/images/stories/Factsheet_MonoculturasPoderMidia_portugues.pdf. Acesso em: 25 abr. 2022.

CASTRO, A. A.; NOBREGA, C.; SANTANA, C.; RIBEIRO, M.; FREITAS, R.; BAPTISTA, S. Covid-19 no CEP 23000: racismo estrutura letalidade em Campo Grande, Parte 1. **RioOnWaych**, 7 jul. 2020. Disponível em: https://rioonwatch.org.br/?p=47743. Acesso em: 25 abr. 2022.

CHÃ, Ana Manuela. **Agronegócio e indústria cultural**: estratégias das empresas para a construção da hegemonia. São Paulo: Expressão Popular, 2018.

CHAVES, Karla; SANTORO, Tiê; MENDES, Diego. Entenda os efeitos da pandemia na cadeia produtiva brasileira. **CNN Brasil**, 28 jul. 2021. Disponível em: https://www.cnnbrasil.com.br/business/2021/07/28/entenda-os-efeitos-da-pandemia-na-cadeia-produtiva-brasileira. Acesso em: 25 abr. 2022.

CIACCI, Jes. Imagining a principal for a feminist internet focusing on environmental justice. *In*: ASSOCIATION FOR PROGRESSIVE COMMUNICATIONS; SWEDISH INTERNATIONAL DEVELOPMENT COOPERATION AGENCY. **Global Information Society Watch 2020 – Technology, the environment and a sustainable world**: responses from the global South. APC, 2021. Disponível em: https://giswatch.org/node/6274. Acesso em: 25 abr. 2022.

CIRILLO, Bruno. Agronegócio cresce, reduz tombo da economia e deve ser motor da recuperação. **UOL**, São Paulo, 14 jun. 2020. Disponível em: https://economia.uol.com.br/noticias/redacao/2020/06/14/agronegocio-bate-recordes-e-aumenta-seu-peso-na-economia-em-meio-a-pandemia.htm. Acesso em: 25 abr. 2022.

COULDRY, Nick; MEJIAS, Ulises A. Data colonialism: rethinking big data's relation to the contemporary subject. **Television & New Media**, v. 20, n. 4, p. 336-349, 2019.

CUNHA, Flavia Londres da. **Sementes da paixão e as políticas públicas de distribuição de sementes na Paraíba**. 2013. Dissertação (Mestrado em Ciências) – Programa de Pós-Graduação em Práticas em Desenvolvimento Sustentável, Instituto de Florestas, Universidade Federal Rural do Rio de Janeiro, Seropédica, 2013.

DAL MOLIN, Rafael. Em meio a pandemia, o agronegócio resiste. **Diário do Comércio**, Belo Horizonte, 24 out. 2020. Disponível em: https://diariodocomercio.com.br/opiniao/em-meio-a-pandemia-o-agronegocio-resiste/. Acesso em: 25 abr. 2022.

ECAD comprova: sertanejo é o ritmo mais ouvido no Brasil. **Ecad**, 11 dez. 2018. Disponível em: https://www3.ecad.org.br/em-pauta/Paginas/ecad-comprova-sertanejo-e-o-ritmo-mais-ouvido-no-brasil.aspx. Acesso em: 25 abr. 2022.

ÉPOCA NEGÓCIOS. Dona do Google testa robô movido a energia solar para levar mais eficiência ao agronegócio. **Época Negócios**, [São Paulo], 27 out. 2020. Disponível em: https://epocanegocios.globo.com/Sustentabilidade/noticia/2020/10/dona-do-google-testa-robo-movido-energia-solar-para-levar-mais-eficiencia-ao-agronegocio.html. Accsso em: 25 abr. 2022.

EXAME. SuperAgro: como o agronegócio brasileiro contribui para a paz no planeta. **Exame**, 20 abr. 2021. Disponível em: https://exame.com/brasil/superagro-como-o-agronegocio-brasileiro-contribui-para-a-paz-no-planeta/. Acesso em: 25 abr. 2022.

FECAROTTA, Luiza. Como o MST se tornou o maior produtor de orgânicos do país. **GQ**, 21 out. 2020. Disponível em: https://gq.globo.com/Lifestyle/Poder/noticia/2020/10/como-o-mst-se-tornou-o-maior-produtor-de-organicos-do-pais.html. Acesso em: 25 abr. 2022.

FERNANDES, Fernanda. Bolsonaro: "Agronegócio garantiu a segurança alimentar do brasileiro na pandemia". **Correio Braziliense**, Brasília, 28 jun. 2021. Disponível em: https://www.correiobraziliense.com.br/economia/2021/06/4934122-bolsonaro-agronegocio-garantiu-aseguranca-alimentar-do-brasileiro-na-pandemia.html. Acesso em: 25 abr. 2022.

G1. Agronegócio e ONGs ambientais apresentam ações para reduzir o desmatamento na Amazônia legal. **G1**, 16 set. 2020. Disponível em: https://g1.globo.com/economia/agronegocios/noticia/2020/09/16/agronegocio-e-ongs-ambientais-apresentam-acoes-para-reduzir-o-desmatamento-na-amazonia-legal.ghtml. Acesso em: 25 abr. 2022.

GLOBO RURAL. Facebook anuncia 10 startups do agronegócio no Brasil para programas de aceleração. **Globo Rural**, 26 nov. 2020. Disponível em: https://revistagloborural.globo.com/Noticias/Agtech/noticia/2020/11/facebook-anuncia-10-startups-do-agronegocio-no-brasil-para-programa-de-aceleracao.html. Acesso em: 25 abr. 2022.

GOLDENSTEIN, Israel. Em meio à pandemia agronegócio é setor que mais cresce no Brasil. **Band Vale**, 24 mar. 2021. Disponível em: https://www.band.uol.com.br/band-vale/noticias/em-meio-a-pandemia-agronegocio-e-o-setor-que-mais-cresce-no-brasil-16342477. Acesso em: 25 abr. 2022.

GRAIN. Digital control: how Big Techs moves into food and farm (and what it means). **Grain.org**, 21 jan. 2021. Disponível em: https://grain.org/en/article/6595-digital-control-how-big-tech-moves-into-food-and-farming-and-what-it-means. Acesso em: 25 abr. 2022.

HAMBURGER, Esther. Telenovelas e interpretações do Brasil. **Lua Nova**: Revista de Cultura e Política, São Paulo, n. 82, p. 61-86, 2011. Disponível em: http://www.scielo.br/scielo.php?script=sci_arttext&pid=S0102-64452011000100004&lng=en&nrm=iso. Acesso em: 25 abr. 2021.

KENNEDY, Helen; POELL, Thomas; VAN DIJCK, Jose. Data and Agency. **Big Data & Society**, 14 dez. 2015.

IBGE. PIB cresce 1,2% no 1º trimestre de 2021. **Agência IBGE**, 1 jun. 2021. Disponível em: https://agenciadenoticias.ibge.gov.br/agencia-sala-de-imprensa/2013-agencia-de-noticias/releases/30822-pib-cresce-1-2-no-1-trimestre-de-2021. Acesso em: 25 abr. 2022.

INTERVOZES. Concessões de rádio e TV: onde a democracia não chegou. **Informativo Intervozes,** nov. 2007, Disponível em:

https://www.intervozes.org.br/arquivos/interrev001crtodnc.pdf. Acesso em: 25 abr. 2022.

_____. **Vozes silenciadas**: a cobertura da mídia sobre o Movimento dos Trabalhadores Rurais Sem Terra durante a Comissão Parlamentar Mista de Inquérito. São Paulo: Intervozes, 2011.

INTERVOZES; Conaq; MMTR-NE. **Territórios Livres, Tecnologias Livres**. São Paulo: Intervozes, 2021. Disponível em: http://territorioslivres.online/. Acesso em: 25 abr. 2022.

IZEL, Adriana. Levantamento mostra os ritmos preferidos dos brasileiros; confira! **Diário de Pernambuco**, [Recife], 3 nov. 2019. Disponível em: https://www.diariodepernambuco.com.br/noticia/viver/2019/11/levantamento-mostra-os-ritmos-preferidos-dos-brasileiros-confira.html. Acesso em: 25 abr. 2022.

LUGONES, María. Rumo a um feminismo descolonial. **Revista Estudos Feministas**, v. 22, n. 3, 2014. Disponível em: https://doi.org/10.1590/S0104-026X2014000300013. Acesso em: 25 abr. 2022.

MASSON, Stela. O impacto do coronavírus no agronegócio. **Dinheiro Rural**, 8 jun. 2020. Disponível em: https://www.dinheirorural.com.br/o-impacto-do-coronavirus-no-agronegocio/. Acesso em: 25 abr. 2022.

NOBREGA, Camila; BANDEIRA, Olívia. Agronegócio e mídia brasileira: onde duas monoculturas se conectam. **Le Monde Diplomatique Brasil**, 21 jan. 2019. Disponível em: https://diplomatique.org.br/agronegocio-e-midia-brasileira-onde-duas-monoculturas-se-conectam/. Acesso em: 25 abr. 2022.

NOBREGA, Camila; VARON, Joana. Big Tech goes green(washing): feminist lenses to unveil new tools in the Master's Houses. **Giswatch**, 2020. Disponível em: https://giswatch.org/node/6254. Acesso em: 25 abr. 2022.

OLIVEIRA, Eliane. Apesar da pandemia, agronegócio tem a maior geração de empregos dos últimos dez anos. **O Globo**, Rio de Janeiro, 31 ago. 2021. Disponível em: https://oglobo.globo.com/economia/apesar-da-pandemia-agronegocio-tem-maior-geracao-de-empregos-dos-ultimos-dez-anos-24867452. Acesso em: 25 abr. 2022.

ORTIZ, Renato. **A moderna tradição brasileira** – cultura brasileira e indústria cultural. São Paulo: Brasiliense, 1988.

PODER360. Ao vivo: Bolsonaro participa da inauguração do Canal AgroMais. **Poder360**. 22 jun. 2020. Disponível em: https://www.poder360.com.br/governo/ao-vivo-bolsonaro-participa-da-inauguracao-do-canal-agromais/. Acesso em: 25 abr. 2022.

POMPEIA, Caio. **Formação política do agronegócio**. São Paulo: Elefante, 2021.

PORTUGAL, Alfredo; AMORIM, Gabriela. Agronegócio, desinformação e a fome no Brasil. **Carta Capital**, 20 out. 2021. Disponível em: https://www.cartacapital.com.br/blogs/intervozes/agronegocio-desinformacao-e-a-fome-no-brasil/. Acesso em: 25 abr. 2022.

RICAURTE, Paola. Data Epistemologies, The coloniality of power, and resistance. **Television & New Media**, v. 20, n. 4, pp. 350-365, 2019.

R7. PIB do agronegócio deve terminar 2020 com crescimento de 9%. **Portal R7**, 1 dez. 2020. Disponível em: https://noticias.r7.com/economia/pib-do-agronegocio-deve-terminar-2020-com-crescimento-de-9-01122020. Acesso em: 25 abr. 2022.

SACCHITIELLO, Bárbara. Com novos canais, agro vive fase pop na TV. **Meio & Mensagem**, 2 set. 2020. Disponível em: https://www.meioemensagem.com.br/home/midia/2020/09/02/com-novos-canais-agro-vive-fase-pop-na-tv.html. Acesso em: 25 abr. 2022.

SAFATLE, Vladimir. Do direito inalienável de derrubar estátuas. **El País**, 26 jul. 2021. Disponível em: https://brasil.elpais.com/opiniao/2021-07-26/do-direito-inalienavel-de-derrubar-estatuas.html. Acesso em: 25 abr. 2022.

SCHAPPO, Sirlândia. Fome e insegurança alimentar em tempos de pandemia da Covid-19. **SER Social**, Brasília, v. 23, n. 48, p. 28-52, 2021.

SEVERO, Karen. Startups do agronegócio crescem 40% em 2020 e vivem "boom" mesmo com a pandemia. **Jovem Pan**, São Paulo, 31 maio 2021. Disponível em: https://jovempan.com.br/opiniao-jovem-pan/comentaristas/kellen-severo/startups-do-agronegocio-crescem-40-em-2020-e-vivem-boom-mesmo-com-a-pandemia.html. Acesso em: 25 abr. 2022.

SHIVA, Vandana. **Monoculturas da mente**: perspectivas da biodiversidade e da biotecnologia. São Paulo: Gaia, 2003.

_____. **Oneness vs. the 1%**: shattering illusions, seeding freedom. Vermon: Chelsea Green Publishing, 2020.

SOCIEDADE NACIONAL DE AGRICULTURA. Aprosoja se desliga da Abag apontando diferenças de interesses e objetivos. **SNA**, Rio de Janeiro, 30 set. 2020. Disponível em: https://www.sna.agr.br/aprosoja-se-desliga-da-abag-apontando-diferencas-de-interesses-e-objetivos/. Acesso em: 25 abr. 2022.

SOLLITTO, André. Agro resiliente: nem a pandemia atrapalha o produtor rural. **IstoÉ**, 26 maio 2021. Disponível em: https://www.istoedinheiro.com.br/agro-resiliente-nem-a-pandemia-atrapalha-o-produtor-rural/. Acesso em: 25 abr. 2022.

SPERB, Paula. MST diz que manterá preço justo por arroz de assentamento. **Folha de S.Paulo**, São Paulo, 20 set. 2020. Disponível em: https://www1.folha.uol.com.br/mercado/2020/09/mst-diz-que-mantera-preco-justo-por-arroz-de-assentamento.shtml?origin=folha. Acesso em: 25 abr. 2022.

TOLEDO, Marcelo; BARAN, Katna. Agronegócio bate recordes e amplia mercados apesar de pandemia de Covid. **Folha de S.Paulo**, São Paulo, 8 ago. 2021. Disponível em: https://www1.folha.uol.com.br/mercado/2020/08/agronegocio-bate-recordes-e-amplia-mercado-apesar-de-pandemia-de-covid.shtml. Acesso em: 25 abr. 2022.

TV BRASIL. Agronegócio alcança recorde de produção na pandemia. **Brasil em Dia**, 13 out. 2020. Disponível em: https://tvbrasil.ebc.com.br/brasil-em-dia/2020/10/agronegocio-alcanca-recorde-de-producao-na-pandemia Acesso em: 28 jun. 2022.

_____. Setor agropecuário avança em ano de pandemia. **Brasil em Dia**, 4 jan. 2021. Disponível em: https://tvbrasil.ebc.com.br/brasil-em-dia/2021/01/setor-agropecuario-avanca-em-ano-de-pandemia Acesso em: 28 jun. 2022.

_____. Agronegócio é destaque no crescimento do PIB brasileiro. **Brasil em Dia**, 2 jun. 2021. Disponível em: https://tvbrasil.

ebc.com.br/brasil-em-dia/2021/06/agronegocio-e-destaque-no-crescimento-do-pib-brasileiro.

WALLACE, Rob. **Pandemia e agronegócio**: doenças infecciosas, capitalismo e ciência. Tradução: Allan Rodrigo de Campos Silva. São Paulo: Elefante, 2020.

ZAFALON, Mauro. Agronegócio alivia crise no Brasil e será fundamental na retomada. **Folha de S.Paulo**, São Paulo, 30 ago. 2020. Disponível em: https://www1.folha.uol.com.br/mercado/2020/08/agronegocio-alivia-crise-no-brasil-e-sera-fundamental-na-retomada.shtml. Acesso em: 25 abr. 2022.

ZUBOFF, Shoshana. Big other: surveillance capitalism and the prospects of an information civilization. **Journal of Information Technology**, v. 30, n. 1, p. 75-78, 2015.

PARTE 2
NOVOS PROBLEMAS DA CONCENTRAÇÃO DE PODER MIDIÁTICO NO MUNDO DIGITAL E AS FORMAS DE REGULAÇÃO

CAPÍTULO 5.
A EMERGÊNCIA DOS MONOPÓLIOS DIGITAIS: CONCENTRAÇÃO E DIVERSIDADE NA INTERNET NO BRASIL

Jonas Valente

A internet nasceu cercada de expectativas que destacavam seus potenciais para a democratização do acesso à informação e para o exercício da liberdade de expressão. O volume de informações disponibilizado em sites seria fonte para ampliar a disseminação do conhecimento. A criação de ferramentas facilitadas para publicar e circular informação – como blogs, chats e grupos de e-mail – abriria espaço para que mais pessoas pudessem falar. Tais promessas indicavam alterações radicais no cenário das comunicações, caracterizado nos anos 1990 e 2000 por sistemas de mídia cujo acesso era restrito aos limites dos números de canais de rádio e TV e aos custos de impressão de veículos impressos (como jornais e revistas).

As limitações dos meios de comunicação de massa eram reforçadas por cenários de concentração em diversos países do mundo. É o caso também do Brasil, cujo desenvolvimento histórico nas comunicações levou ao predomínio de alguns poucos grupos. Como mostra a pesquisa "Monitoramento da Propriedade da Mídia" (MOM-Brasil) (Intervozes, 2019), o país é marcado por uma estrutura concentrada de redes nacionais de televisão associadas a grupos que dominam os sistemas de mídia regionais e estaduais. Mesmo a chegada da TV por assinatura mudou pouco esse quadro, em que conglomerados tradicionais expandiram sua atuação para o meio (como é o caso da Globo, por meio da programadora Globosat).

Diante dessa situação de concentração histórica, o crescimento da internet nos anos 2000 no país também veio acompanhado de expectativas de abertura de espaço para mais vozes no debate público brasileiro. Veículos totalmente digitais surgiram, uma "blogosfera" se ergueu, e as redes sociais passaram a ter papel importante nas ações dos movimentos sociais e nos processos políticos brasileiros. Mas, passados quase vinte anos e com a web chegando, de diferentes formas, a cerca de 70% da população (IBGE, 2018), cabe questionar: até que ponto tais promessas se efetivaram e permitiram um ambiente mais plural e diverso na internet no país?

Essa foi a pergunta central que guiou a pesquisa "Monopólios Digitais: concentração e diversidade na Internet no Brasil" (Intervozes, 2018), que olhou especificamente para a camada de aplicações e conteúdos com incidência no Brasil (acessada por usuários no país). O estudo teve como objeto sites mais acessados, aplicativos mais importantes, as maiores páginas de Facebook e os canais mais populares no YouTube. A análise foi feita com base em um modelo composto a partir de diversas categorias, que buscou mapear esses mercados, verificar sua estrutura, entender as estratégias dos agentes que incidem neles e identificar o grau de concentração, bem como os impactos na diversidade de conteúdos. Neste capítulo, discutimos algumas das conclusões desse estudo.

Como principal resultado, foi possível apreender o caráter contraditório da internet, que abre possibilidades da presença de novos atores por meio de sites, blogs e perfis, mas, ao mesmo tempo, potencializa o controle por meio de dinâmicas gerais dos sistemas (como a concentração empresarial e a centralização geográfica) e das lógicas específicas do segmento de Tecnologias da Informação e da Comunicação (como o efeito de rede, o diferencial tecnológico e a base em dados). Enquanto existem mais vozes na esfera da produção, a concentração é cada vez maior na esfera da circulação, com plataformas e toda forma de intermediários modulando e estabelecendo limites, regras e padrões de controle ao manancial de informação criado. Essa contradição não é estática, e sim resultado da disputa entre os agentes diversos da sociedade (mercado, Estado e sociedade civil) que se estabelece tanto na concorrência de mercado quanto na instituição de regramentos que disciplinam as atividades.

COMO MEDIR CONCENTRAÇÃO E DIVERSIDADE EM UM AMBIENTE DE NÃO ESCASSEZ?

Para entender melhor o estado das aplicações e dos conteúdos circulando na web e sendo acessados pela população brasileira, a pesquisa "Monopólios Digitais" trabalhou com duas problemáticas centrais que orientaram a análise: concentração e diversidade. Por concentração foram entendidos mercados em que há controle por poucos agentes e nos quais a estrutura, as barreiras à entrada de novos agentes e as práticas das empresas prejudicam a competição. Esta, por sua vez, é entendida como a qualidade do cenário em que há baixas barreiras à entrada, inexistência de formas monopolísticas ou oligopolísticas, ausência de empresas com poder de mercado dominante ou significativo, diversidade de escolha para os usuários e maximização do bem-estar dos cidadãos participantes do mercado tomado em seu sentido mais amplo, e não estritamente econômico.

Já por diversidade foi compreendida uma dimensão do direito humano à comunicação, ideia trabalhada a partir dos anos 1970 no âmbito daOrganização das Nações Unidas para a Educação, a Ciência e a Cultura (Unesco) e que congrega a liberdade de expressão, o direito à informação, o acesso aos meios e às tecnologias para falar, informar-se e ser ouvido e a proteção dos dados pessoais. A diversidade pode ser entendida em três dimensões: (1) de meios de comunicação (tipos de meios); (2) de fontes (propriedade dos meios); e (3) de conteúdos (produtos dos meios). Dessa forma, a diversidade é uma expressão fundamental da realização da comunicação como um direito, conceito que, assim, está relacionado à própria qualidade da nossa democracia. Sem cidadãos bem informados por meio de múltiplas fontes, podendo se expressar e tendo suas opiniões consideradas no debate público, as decisões acerca dos destinos coletivos ficam comprometidas.

Mas, diferentemente do século XX, quando concentração e diversidade podiam ser "medidas" de forma mais fácil (por exemplo, pelo número de canais e de veículos impressos que cada grupo possuía ou pela sua audiência nacional e local), a evolução da internet trouxe novos desafios. A informação que circula pela internet é um bem considerado "não rival" (não se esgota conforme é utilizado), e seu compartilhamento e sua disseminação podem se dar de forma mais ampla. Diferentemente da radiodifusão, com um número restrito de canais, na internet os limites são de outras ordens, com a existência de um grande número de sites, blogs e de perfis de redes sociais. Se há condições para o acesso (como custos de conexão), são menores do que nos meios de massa do século XX. Além disso, o desenvolvimento da web criou novas formas de circulação de conteúdos para além dos sites – como os aplicativos e as plataformas digitais. O mapeamento dos níveis de concentração e graus de diversidade torna-se mais complexo e deve considerar esse universo e essas novas manifestações.

Para medir a concentração e a diversidade na internet, não basta mensurar a quantidade de meios de comunicação, o número de fontes disponíveis e os conteúdos dessas fontes. É preciso entender quem difunde as mensagens, como elas circulam e a quem alcançam. Considerando essas questões, a análise foi estruturada em quatro categorias[65]: os sites mais acessados[66], os principais

---

[65] Apesar de serem plataformas privadas, as páginas de Facebook e os canais de YouTube foram selecionados por reunir uma circulação importante de conteúdos, com acessos de mais de 130 milhões de pessoas (no caso do Facebook) (Meio & Mensagem, 2019) e mais de 100 milhões de pessoas (no caso do YouTube). Os dados se referem a dezembro de 2017. O foco foi colocado nos sites de publicação de conteúdos, excluindo, por exemplo, sites e apps institucionais ou de comércio eletrônico.

[66] Para medir essa categoria foi utilizado o ranking Alexa.

aplicativos[67], as maiores páginas de Facebook (com mais "curtidas")[68] e os canais de YouTube mais populares (com mais seguidores)[69]. A inclusão das páginas de Facebook e dos canais do YouTube se deve à grande dominância dessas plataformas como intermediadoras de conteúdo no mercado brasileiro.

Nosso método dividiu os endereços de internet em três categorias: sites, portais agregadores (que reúnem diversas páginas) e plataformas (espaços/agentes de mediação de interações, circulação de conteúdo e transações). As plataformas foram divididas entre circulação de conteúdos (como Facebook e Twitter) e mensageiros (como WhatsApp e Facebook Messenger). Nos aplicativos, também foram adotadas diferenciações, como plataformas ou apps de streaming de áudio e vídeo. Nas páginas de Facebook e nos canais de YouTube, foram criadas categorizações próprias conforme o tipo de conteúdo predominante.

CONCENTRAÇÃO E DIVERSIDADE EM SITES E APLICATIVOS
Os sites

Nos anos 2000, quando falávamos em sites, pensávamos em um site de notícias, de uma organização ou de

---

[67] Para essa categoria foram escolhidas as duas principais lojas de apps, Play Store do Google e Apple Store, além da pesquisa Conectaí. Apenas a Play Store traz dados de downloads, enquanto a Apple faz um ranking com critérios próprios, e a Conectaí cria sua lista com base em entrevistas.

[68] Como o Facebook não divulga esse dado, foi utilizado um ranking feito pela empresa especializada em marketing digital Socialbakers. Foram excluídas páginas institucionais (como a do próprio Facebook Brasil), voltando a atenção para aquelas com foco em conteúdos.

[69] Como o YouTube não divulga esses canais, foi adotado o ranking da consultoria Socialblade.

uma editora: produtores de conteúdos próprios sobre sua atividade. No entanto, cada vez mais os sites que dominam o mercado seguem o modelo que podemos chamar de plataformas. Plataformas são agentes mediadores de conteúdos, interações, serviços e transações. No ambiente on-line, elas se caracterizam como mercados multilados com bases tecnológicas robustas e complexas (com algoritmos e sistemas de inteligência artificial) e com atividades informacionais fortemente calcadas na coleta e tratamento de dados dos usuários, exercendo não uma intermediação neutra, mas uma mediação ativa.

Para selecionar o universo de sites pesquisados, consideramos aqueles com foco na produção e difusão de conteúdos entre os trinta maiores, chegando a um total de 23 (não entraram, por exemplo, bancos e páginas institucionais). Dos 23 analisados, 70% são plataformas, marcando a hegemonia desse tipo de agente do ecossistema digital. Entre as plataformas, aquelas classificadas como de circulação de conteúdo (como YouTube e Wordpress. com) obtiveram maior presença, 30%, seguidas pelas redes sociais (como Facebook e Twitter), com 17%, e servidores de e-mail (como Gmail e Yahoo) e portais multisserviços (como MSN.com), com 8% cada.

Os sites que não são plataformas conformam os 30% restantes, com as páginas tradicionais (como Globo.com) representando 26% e um portal agregador (UOL), 4%. O único site não comercial da lista é a Wikipedia. Dos representantes de grupos de mídia tradicional, há apenas o Globo.com, do Grupo Globo, que reúne G1, Gshow e Globoesporte, e o UOL, do Grupo Folha. Além deles, o único veículo jornalístico presente na lista é o Metrópoles, do empresário brasiliense e ex-senador Luiz Estevão.

Quanto à origem, empresas estadunidenses controlam mais da metade, mas a presença de iniciativas brasileiras é maior do que entre os aplicativos. Quanto ao controle por grupos empresariais, mais uma vez os grandes conglomerados aparecem na frente, com Facebook e Google, responsáveis por 13% dos sites, e a Microsoft por 8,6%.

ALEXA		
Sites: 23 dos 30 mais acessados		
Plataformas: 16 (70%)		
- Circulação de conteúdos: 7 (30%)	- Redes sociais: 4 (17%)	
Circulação de conteúdos: 3 (13%)		
Mensageiros: 1 (25%)		
- Multisserviços: 2 (8%)	Mecanismo de busca: 1 (4%)	Outros (e-mail): 2 (8%)
Sites: 7 (30%)		
- Sites tradicionais: 6 (26%)	- Portal agregador: 1 (4%)	

Fonte: Pesquisa "Monopólios Digitais" (Intervozes, 2018).

Os aplicativos

No caso dos aplicativos, também foram selecionados aqueles com foco em conteúdos (desconsiderando, por exemplo, jogos, apps de bancos ou programas para melhorar o sistema, como aceleradores de processamento). Seja nas principais lojas de aplicativos em operação no Brasil (Play Store e Apple Store), seja no levantamento do Conectaí, pesquisa que analisou hábitos de consumo digital dos brasileiros, os resultados são similares, como mostra a tabela a seguir.

Na Play Store, os indicados como principais foram: Facebook, WhatsApp, Instagram, Facebook Messenger, Snapchat, Spotify, Facebook Lite, Netflix, Palco Mp3 e Facebook Messenger Lite. Na Apple Store: YouTube, WhatsApp, Instagram, Facebook Messenger, Facebook, Spotify, Netflix, Snapchat, Gmail e Deezer. Os apps de circulação de conteúdos mais usados segundo o levantamento da Conectaí foram WhatsApp, Facebook, Instagram, Facebook Messenger, Twitter, Skype e Snapchat. Os sites de conteúdo mais acessados foram Google Brasil, YouTube, Google Internacional, Facebook, Live (Microsoft), Globo, UOL, Yahoo, Blastingnews e Instagram.

PLAY STORE	
Plataformas/redes sociais: 7 (63%)	
- Circulação de conteúdos: 4 (36%)	- Mensageiros: 3 (27%)
Aplicativo/streaming de vídeo e áudio: 4 (36%)	
- Vídeo: 2 (18%)	- Áudio: 2 (18%)
APPLE STORE	
Plataformas: 9 (75%)	
Redes sociais: 7 (58%)	
- Circulação de conteúdos: 4 (33%)	- Mensageiros: 3 (25%)
Circulação de conteúdos: 1 (8,3%)	
Interação: 1 (8,3%)	
Aplicativo/streaming de vídeo e áudio: 3 (25%)	
- Áudio: 2 (16%)	- Áudio: 1 (8%)
CONECTAÍ	
Plataformas: 7 (100%)	
Redes sociais: 7 (100%)	
- Circulação de conteúdos: 4 (57%)	- Mensageiros: 3 (43%)

Fonte: Pesquisa "Monopólios Digitais" (Intervozes, 2018).

A estrutura de mercado das aplicações é dominada pelas plataformas. Elas representam 63% dos apps da Play Store e 75% da Apple Store, além de encabeçar a lista do levantamento Conectaí. Entre elas, as mais populares são as redes sociais digitais (como Facebook, Instagram e Snapchat). A segunda categoria são os apps de streaming pago, com a presença de programas tanto de vídeo quanto de áudio, que representam 36% na Play Store e 25% na Apple Store.

No tocante à origem, as aplicações dos Estados Unidos representam 80% dos principais apps. O Brasil entra somente com Globo.com e Palco Mp3. Exceções são a Suécia (Spotify) e a França (Deezer). Com relação à participação dessas empresas no mercado, o Facebook controla 46% das aplicações mais populares. Na Play Store, os apps do Facebook foram responsáveis por 85% dos downloads registrados. Na Apple Store, o número de downloads não é disponibilizado. Ou seja, mesmo com a abundância de aplicativos disponíveis, evidencia-se uma concentração brutal entre os mais populares, e é grave que na lista dos trinta mais baixados relacionados à circulação de conteúdo (não inclusos, por exemplo, os aplicativos de bancos) apenas dois sejam brasileiros.

PRINCIPAIS GRUPOS NO MERCADO DE APLICAÇÕES			
Facebook	6	250.760.000	85%
Snapchat	1	14.500.00	4%
Spotify	1	10.000.000	3,40%
Google Play Games	1	6.000.000	2%
Netflix	1	4.700.000	1,60%
Pinterest	1	3.692.000	1,20%
Studio Sol	1	1.800.000	0,60%
Deezer	1	1.371.000	0,40%
Globo	1	160.000	0,05%

Fonte: Pesquisa "Monopólios Digitais" (Intervozes, 2018).

OS MAIS POPULARES NAS PLATAFORMAS DE INTERMEDIAÇÃO DE CONTEÚDO

A pesquisa também analisou páginas de Facebook e canais no YouTube. Entre as primeiras, foram selecionadas também aquelas com foco em circulação de conteúdos, que totalizam 32 das 50 com mais seguidores. Verifica-se aí outro perfil, com domínio de espaços de artistas (40%), seguidos por sites diversos (21%), programas de TV (12,5%) e plataformas e canais (9% cada). Essa modalidade traz o ator não tradicional nem popular nas demais: o site de cifras Cifraclub, que encabeça a lista. Diferentemente de sites e aplicativos, o perfil das páginas do Facebook envolve mais o ato de "seguir" artistas, como a dupla sertaneja Jorge e Mateus, a cantora gospel Aline Barros, o cantor pop Luan Santana e a cantora Paula Fernandes. Também se destacam canais, como o Multishow e a Rede Globo, e programas, como as competições culinárias Tastemade e Tasty Demais e o show de variedades Pânico. Entre veículos jornalísticos aparecem os portais R7, da Rede Record, e G1, do Grupo Globo. De conteúdo esportivo entram na lista as páginas do Esporte Interativo e do UOL Esporte.

PÁGINAS COM MAIS SEGUIDORES NO FACEBOOK – BRASIL			
Posição	Página	Seguidores	Tipo
1	Cifras.com.br	36.410.264	Plataforma/circulação de conteúdos
6	Facebook Brasil	15.393.822	Plataforma/rede social/conteúdos
7	Jorge e Mateus Brasil	14.718.482	Músico
8	Esporte Interativo Brasil	14.558.849	Canal/esporte
9	Os Cretinos Brasil	14.436.996	Artista

Fonte: Pesquisa "Monopólios Digitais" (Intervozes, 2018).

Já os canais de YouTube evidenciam outra abordagem. Há diversas vozes "não tradicionais" (canais que não pertencem a veículos consolidados, artistas ou nomes já com carreira feita na indústria cultural brasileira). Mas as "novas vozes" dessa plataforma são, sobretudo, pessoas e grupos voltados ao entretenimento: 46 dos 50 canais mais populares têm como foco esse tipo de conteúdo. Destes, 55% são calcados naquilo que chamamos de "comentários diversos": pessoas ou coletivos falando sobre amenidades, fazendo "esquetes" (como pegadinhas, "trollagens" ou paródias de músicas), tentando fazer abordagens pretensamente humorísticas sobre o cotidiano ou criando quadros. Esse tipo de conteúdo deu origem a uma denominação que ficou popularizada como "youtuber": pessoas cuja atividade central é falar em canais próprios dentro da plataforma. Nesse grupo, que protagoniza os "comentários diversos", destacam-se os canais Whindersson Nunes, Felipe Neto, Canal Canalha, Rezende Evil, 5incominutos e Canal Nostalgia. Diferenciam-se desse grupo canais voltados à produção profissional audiovisual de foco humorístico (como Porta dos Fundos e Parafernalha), canais de música e dança (como KondZilla e GR6), de jogos (como Authentic Games) e de curiosidades (como Você Sabia e Manual do Mundo). Do total, apenas três (6%) trazem algum tipo de conteúdo educativo diverso de entretenimento puro e exclusivo, como vídeos explicativos sobre assuntos do momento ou episódios históricos.

CANAIS DO YOUTUBE MAIS SEGUIDOS

Posição	Canal	Uploads	Assinantes	Views	Tipo
1	Whindersson Nunes	331	25.799	2.098.954	Entretenimento/Comentários diversos
2	KondZilla	618	24.590	12.317.511	Música
3	Felipe Neto	883	17.451	2.509.815	Entretenimento/Comentários diversos
4	Canal Canalha	175	15.017	1.016.212	Entretenimento/Comentários diversos
5	Rezende Evil	5.503	14.388	5.244.448	Entretenimento/Comentários diversos
6	Porta dos Fundos	792	13.735	3.626.401	Entretenimento/Humor
7	Authentic Games	3.149	12.085	5.027.121	Entretenimento/Jogos comentados
8	5incominutos	303	11.027	9.06.029	Entretenimento/Comentários diversos
9	Luccas Neto	369	10.859	1.411.526	Entretenimento/Comentários diversos
10	Canal Nostalgia	299	10.512	810.609	Informação/Assuntos diversos

Fonte: Pesquisa "Monopólios Digitais" (Intervozes, 2018).

Tem-se então um quadro-síntese na camada de conteúdos no Brasil dominado por um primeiro nível de agentes formado pelas grandes plataformas (Facebook, Google e Microsoft). Um segundo nível é composto de líderes globais em conteúdo (Netflix e Spotify), um terceiro nível abrange líderes nacionais da indústria de mídia (Globo e Folha), e um quarto nível traz representantes mundiais da elite de redes sociais e de conteúdos (Snapchat, Deezer, Yahoo, Twitter). Esses grupos têm atuações distintas. As plataformas do topo assumem um domínio tanto nos sites quanto nos aplicativos, além de serem elas próprias espaços de circulação de conteúdos de fontes de informação diversas, de grupos de mídias tradicionais a "novas vozes" como as que se definem pela própria plataforma, por exemplo, os "youtubers". O Facebook concentra as principais redes sociais, sejam elas de circulação de conteúdo (como o próprio FB), sejam de mensageria, como o WhatsApp. A proporção no percentual de downloads é muito significativa, em que pesem as práticas de uso concomitante de diversas aplicações. Já o Google controla o principal mecanismo de busca (acessado por mais de 90% dos brasileiros), o maior servidor de e-mail do país e a plataforma de streaming de vídeo mais popular, o YouTube. Ressalte-se o fato de os dados de lojas não refletirem o uso das aplicações do grupo, uma vez que em smartphones com sistema operacional Android eles já vêm embarcados.

Essas plataformas são tanto "agentes" (atores econômicos e políticos, inclusive com produção de conteúdo próprio) quanto "espaços" (locais no ambiente on-line onde terceiros dialogam e interagem) por meio dos quais tais fluxos informacionais correm. Outras plataformas seguem com alcance, como Microsoft e Yahoo, mas aproveitando-se de sua condição de provedores de serviços (como servidores de e-mail ou de sistemas operacionais) e conteúdos (como seus portais de entrada). Os serviços de streaming assumiram posições importantes, tornando-se líderes do consumo de vídeo e áudio, tanto na forma gratuita (como YouTube) quanto na paga (como Netflix, Spotify e Deezer). Já os conglomerados nacionais de informação, como Globo e Folha, mantêm participação importante nos canais jornalísticos, mas menores diante dos atores estadunidenses.

QUADRO-SÍNTESE DOS GRUPOS DOMINANTES NA CAMADA DE APLICAÇÕES E CONTEÚDOS COM INCIDÊNCIA NO BRASIL

1º NÍVEL – GRANDES PLATAFORMAS
Google/Facebook/Microsoft

2º NÍVEL – LÍDERES GLOBAIS EM CONTEÚDO
Netflix – Spotify

3º NÍVEL – LÍDERES NACIONAIS NA INDÚSTRIA DE MÍDIA
Globo – Folha

4º NÍVEL – ELITE MUNDIAL DE APLICAÇÕES E SITES
Deezer – Snapchat – Twitter – Yahoo

Fonte: Pesquisa "Monopólios Digitais" (Intervozes, 2018).

ONDE SE ESCONDEM AS NOVAS VOZES DA INTERNET?

O estudo "Monopólios Digitais" identificou os efeitos de fenômenos globais que têm moldado a internet nos últimos anos. Corporações com grande poder de mercado – como é o caso de grupos como Google/Alphabet, Facebook,

Microsoft, Apple e Amazon – emergiram com força, ocupando o topo das listas de companhias mais valiosas do mundo, como é o caso do ranking da *Forbes* de 2019.

Nesse cenário, a pesquisa identificou diversas barreiras à entrada de novos agentes, ou fatores que impedem outras empresas de participar do mercado e ampliar a competição nele. Há uma grande centralização e uma convergência em âmbito internacional, o que permite a esses gigantes comprar concorrentes (como o caso das aquisições do WhatsApp e Instagram pelo Facebook) e ter capacidade de investimento muito maior. Há também uma concentração vertical, em que o mesmo grupo é responsável, por exemplo, pelo sistema operacional, pela loja de aplicativos, pelos aplicativos e conteúdos (Google), ou com a tendência de todas as plataformas investirem em conteúdos próprios, como o serviço Watch do Facebook, que terá obras produzidas pela própria empresa, a exemplo do que fez o Netflix. Essa concentração também ocorre em âmbito nacional, com Globo e Folha dominando as etapas da cadeia, da produção ao acesso. A Globo, por exemplo, aproveita-se de seu catálogo de novelas, séries e programação em geral para promover seus serviços on-line, reunidos em torno do Globoplay. O grupo foi além, agregando outros conteúdos licenciados ao seu streaming (por exemplo, séries licenciadas de outros produtores, como *Big Bang Theory*, *Supernatural* ou *Handmaid's Tale*).

Outro elemento que reforça a concentração é o que pesquisadores chamam de efeito de rede: quanto mais pessoas em uma rede, maior é a vontade de novos usuários fazerem parte dela. Essa é uma característica das plataformas, que se mostra também no caso brasileiro, com as principais plataformas ampliando seu domínio no mercado por essa lógica de funcionamento. Facebook e WhatsApp avançaram no país a ponto de chegarem a mais de 130 milhões de usuários cada. O Google aproveita seu domínio no mercado de busca (com mais de 90%) para promover outros produtos, como seu navegador Chrome e o próprio YouTube. Usuários aderem ao YouTube, acessado por quase 100 milhões de brasileiros, por meio da disponibilidade de conteúdo na plataforma, em mais um exemplo do efeito de rede. O Google também utiliza seu sistema operacional Android para favorecer seus aplicativos, em detrimento de outros. A Microsoft também se comporta dessa maneira e adota no seu sistema operacional Windows a prática de favorecer seus portais Live.com e MSN.com, bem como aplicações próprias, como o navegador Edge.

A coleta e o controle de dados pessoais também se colocam como uma importante barreira à entrada, já que dá aos grandes grupos uma alta capacidade de monitoramento das demandas e de retorno sobre as atividades. A intermediação em si é uma barreira, já que essas grandes plataformas são ao mesmo tempo arena e agentes na disputa por atenção, interação e consumo. A quantidade de dados coletada pelo Facebook dá à plataforma um conhecimento preciso das características e opiniões dos usuários brasileiros, o que também vale para o Google. As duas plataformas utilizaram essa base de dados para fornecer serviços de análise de informações sobre interesses e debates políticos a campanhas nas eleições de 2018, por exemplo[70]. Isso traz um impacto não apenas no fluxo

---

[70] O Google montou uma "sala digital" em parceria com a Band para analisar as tendências de busca nos debates. (Farinaccio, 2018)

"normal" de conteúdos, mas em processos críticos, como nas eleições e nos debates públicos centrais, cujas lógicas personalizadas das plataformas definem os conteúdos que serão vistos pelos cidadãos ou invisibilizados para eles.

Na camada de aplicações e conteúdos, foi possível identificar práticas anticoncorrenciais. É o caso do Facebook, por exemplo, que derrubou o alcance orgânico das publicações de páginas. Com isso, instituições, organizações e empresas, inclusive as produtoras de conteúdo, ficam reféns dos conteúdos pagos e enfrentam o dilema de que a "sobrevivência" no ambiente da plataforma (em que estão mais de 80% dos internautas brasileiros) significa o próprio reforço do poder desta. A *Folha de S.Paulo* (2018), por exemplo, anunciou que não iria mais publicar conteúdos no Facebook em protesto. Outra prática anticoncorrencial é protagonizada pelo Google, que privilegia o resultado dos seus próprios serviços (como aplicações de comparação de preços ou compras de passagens) em detrimento dos demais. Ao controlar a busca dos usuários por informações diversas, o Google oferece o "balcão de dúvidas" e a resposta fazendo propaganda de si próprio.

Esse cenário traz diversos impactos à diversidade. O primeiro é a barreira do acesso, já que ainda há 30% dos brasileiros desconectados (IBGE, 2017) e, mesmo entre aqueles que navegam, há uma desigualdade grande na qualidade da conexão, que varia fortemente conforme a renda. Para os já inseridos na web, o uso de práticas como serviços gratuitos (conhecida internacionalmente como zero rating) reforça o poderio de mercado dos grandes atores (com ofertas, por exemplo, como WhatsApp e Facebook sem consumo de pacotes de dados). Outro problema está relacionado ao uso de dados pessoais, que configura um controle indevido sobre os usuários e, ao mesmo tempo, uma "vantagem competitiva" que artificializa a disputa no âmbito da circulação de conteúdos.

No tocante à quantidade de agentes, apesar de existirem mais de 3,8 milhões de domínios registrados (segundo o Comitê Gestor da Internet no Brasil) e de milhões de aplicativos disponíveis em lojas como Play Store e Apple, a análise mostrou como a lista dos mais populares é dominada por poucos atores, como o Facebook (que conta com 85% dos downloads e as principais redes sociais) e o Google (que comanda mais de 90% do mercado de mecanismos de busca). Na disputa com esses conglomerados internacionais, surgem outros conglomerados, mas nacionais (Globo e Folha), com impactos não apenas do ponto de vista da estrutura de mercado, mas também sobre a política do país, dada a tradição desses grupos de influenciar eleições e agendas[71]. Em termos de variedade de conteúdos e formatos, há uma hegemonia quase absoluta dos modelos de negócio calcados no lucro e no entretenimento. Esse tipo de conteúdo é o foco de 84% dos sites mais acessados. Apenas a Wikipedia surge como grande produtora e difusora de conteúdo, mas ainda assim de caráter enciclopédico e não na disputa dinâmica pelos acontecimentos.

Apenas nove dos cem sites mais acessados são jornalísticos, e metade deles está relacionada aos grupos Globo e Folha. Da chamada mídia "progressista", somente dois sites estão entre os quinhentos mais

---

[71] Há uma extensa produção acadêmica sobre a influência de meios de comunicação em processos políticos e eleitorais no Brasil, como: Kucinski, 1998; Lima, 2001; Biroli e Miguel, 2010; Brittos, e Bolaño, 2005.

acessados: Portal Fórum e Brasil 247. Nessa lista, assim como na de aplicativos, não há um veículo sequer de caráter público ou comunitário. Nos canais de YouTube, em que há a presença de novos agentes, inclusive indivíduos, o entretenimento representa 84% dos espaços analisados. A abordagem temática calcada em "comentários diversos", com vistas ao entretenimento, e a baixíssima presença de conteúdos educativos ou jornalísticos[72] levantam a questão de como esses canais contribuem ou não para o debate público. Se considerados diferentes públicos, apenas nos canais de YouTube aparecem – entre os mais populares – iniciativas voltadas a crianças (Galinha Pintadinha e Turma da Mônica).

Fica indicado aí o que podemos chamar de um "paradoxo da diversidade". Se por um lado, na esfera da produção, a web aumentou o número de agentes na sua camada de aplicações e conteúdos em relação a outros meios, como a TV, por outro, na esfera da circulação, a hegemonia das grandes plataformas e dos grandes grupos de mídia nacional problematizou a ideia de um espaço efetivamente democratizado. Ao contrário, o alcance de plataformas como Facebook e YouTube tem uma dimensão que nenhum outro agente da indústria cultural conseguiu anteriormente, mesmo que já houvesse internacionalização de diversos segmentos (como no cinema e nas programadoras de TV por assinatura). Essas plataformas regulam a forma pela qual o conjunto

---

[72] Não estão entre os maiores canais analisados, por exemplo, aqueles de jornalismo ou dedicados a conteúdos que buscam explicar temas e episódios históricos. As temáticas da quase totalidade dos canais não têm uma base de informação ou de apresentação e discussão de manifestações culturais, notícias ou fatos científicos.

dos demais atores vai disputar política, social e economicamente esse(s) mercado(s). Por isso, constituem-se como monopólios digitais ao sair de uma posição de domínio de mercados específicos (redes sociais no caso do Facebook e mecanismos de busca no caso do Google) para espraiar-se para outros segmentos, em especial a camada de aplicações e conteúdos em âmbito global, em um cenário em que o Brasil não é exceção.

O termo "monopólios digitais" não é utilizado em sentido estrito, para caracterizar determinada estrutura de mercado, mas com conotação qualitativa, apontando um fenômeno protagonizado por esses agentes. São conglomerados com presença fortemente dominante em uma área, mas com atuações para além dela. São digitais, pois seus negócios são fortemente centrados nas tecnologias da informação e comunicação (TICs) e nesse suporte. Entre as características estão: (1) forte domínio de um nicho de mercado; (2) grande base de usuários, sejam eles pagos ou não; (3) operação em escala global; (4) espraiamento para outros segmentos para além do nicho original; (5) atividades intensivas em dados; (6) controle de um ecossistema de agentes que desenvolvem serviços e bens mediados pelas suas plataformas e atividades; e (7) estratégias de aquisição ou controle acionário de possíveis concorrentes ou agentes do mercado.

Se essa tendência de concentração na camada de aplicações e conteúdos capitaneada pelos monopólios digitais já se mostra preocupante apenas sob a ótica econômica, ela merece ainda mais atenção por envolver a produção e difusão de discursos – sejam bens culturais, visões de mundo, relatos noticiosos ou opiniões políticas. Entender os desafios da internet passa necessariamente pela articulação entre as dimensões econômica, tecnológica e da diversidade de ideias e conteúdos. Neste capítulo, a base escolhida foi a noção de direito humano à comunicação, calcada na liberdade de expressão, no direito à informação, na apropriação tecnológica e no direito à privacidade. Ao longo do século XX, esse conceito foi tratado pensando em mídias hoje consideradas tradicionais, como imprensa, rádio e TV. Agora é preciso pensar como ele se realiza em meio a um ambiente mais complexo.

A influência desse modelo da internet sobre o direito humano à comunicação traz fenômenos preocupantes, como a potencialização da vigilância por governos e empresas; a mediação do debate público por poucas plataformas (como Google e Facebook), tendo como expressões o crescimento das chamadas "notícias falsas", o controle editorial por tecnologias inteligentes (como algoritmos, aprendizagem por máquina e inteligência artificial), o reforço de "bolhas ideológicas" e do discurso de ódio; a possibilidade de manipulação de debates e eleições – com o uso de criação de perfis e de anúncios personalizados –; e a privatização crescente do consumo de cultura, em detrimento da circulação livre e do conhecimento compartilhado.

Mas a internet é também um espaço de disputa, como a comunicação historicamente o é. O avanço do poderio dessas empresas e do cenário de concentração também provocou reações. Movimentos sociais criaram iniciativas de crítica dessa dominância, cujos exemplos são a campanha "Pare o ódio por lucro", que propõe o boicote por anunciantes dessas plataformas em função das limitações para lidar com discurso de ódio e desinformação[73], a Liga pela Justiça Algorítmica[74], a construção de uma proposta com princípios de regulação de plataformas por entidades latino-americanas[75], entre tantas outras. No Brasil, a Coalizão Direitos na Rede se tornou uma voz de aglutinação de agentes preocupados com os direitos dos usuários, com campanhas envolvendo temas diversos, como proteção de dados e regulação do discurso on-line[76]. Governos também lançaram movimentos como o Chamado de Paris, proposto pelo presidente da França, Emmanuel Macron[77]. Há também diversas investigações sobre práticas anticompetitivas (como nos Estados Unidos, Europa e Reino Unido) e aprovação de leis (a exemplo da Diretiva sobre Direitos Autorais da Europa aprovada em 2019, a NetzDG na Alemanha aprovada em 2017, a Lei Geral de Proteção de Dados no Brasil em 2018 e diversas outras legislações sobre desinformação por diversos países[78]). Se, por um lado, o poder econômico desses agentes vem moldando a internet, por outro a bandeira de um ambiente on-line mais democrático também

---

[73] Disponível em: https://www.stophateforprofit.org/. Acesso em: 28 jun. 2022.

[74] Disponível em: https://www.ajl.org/. Acesso em: 28 ju.n 2022.

[75] Disponível em: https://www.observacom.org/aportes-para-una-regulacion-democratica-de-las-grandes-plataformas-que-garantice-la-libertad-de-expresion-en-internet/. Acesso em: 28 jun. 2022.

[76] Disponível em: https://direitosnarede.org.br/. Acesso em: 28 jun. 2022.

[77] O Chamado de Paris foi um documento lançado por Macron em 2018 que pede a adoção de medidas por governos para garantir uma internet mais "segura" e "confiável", combatendo a ação maliciosa e a interferência em processos eleitorais.

[78] O grupo Poynter mantém um levantamento atualizado sobre essas iniciativas regulatórias em: https://www.poynter.org/ifcn/anti-misinformation-actions/. Acesso em: 28 jun. 2022.

ganha espaço em busca de fixar limites à concentração e defender a promoção da diversidade na rede.

REFERÊNCIAS

BIROLI, Flávia; MIGUEL, Luís Felipe. **Mídia, representação e democracia**. São Paulo: Hucitec, 2010.

BRITTOS, Valério Cruz; BOLAÑO, César R. S. **Rede Globo**: 40 anos de poder e hegemonia. São Paulo: Paulus, 2005.

LIMA, Venicio Artur de. **Mídia**: teoria e política. São Paulo: Editora Fundação Perseu Abramo, 2001.

FARINACCIO, Rafael. Sala digital da Band e da Google vai avaliar debates de TV em tempo real. **Tecmundo**, 9 ago. 2018. Disponível em: https://www.tecmundo.com.br/mercado/133070-sala-digital-band-da-google-avaliar-debates-da-tv-tempo-real.htm. Acesso em: 28 jun. 2022.

FOLHA DE S.PAULO. Folha deixa de publicar conteúdos no Facebook. **Folha de S.Paulo**, São Paulo, 8 fev. 2018. [On-line]. Disponível em: https://www1.folha.uol.com.br/poder/2018/02/folha-deixa-de-publicar-conteudo-no-facebook.shtml. Acesso em: 28 jun. 2022.

FORBES. **The World's Most Valuable Brands**: 2019 ranking. 2022. Disponível em: https://www.forbes.com/powerful-brands/list/. Acesso em: 25 abr. 2022.

IBGE. PNAD Contínua TIC 2017: internet chega a três em cada quatro domicílios do país. **Agência IBGE**, 20 dez. 2018. Disponível em: https://agenciadenoticias.ibge.gov.br/agencia-sala-de-imprensa/2013-agencia-de-noticias/releases/23445-pnad-continua-tic-2017-internet-chega-a-tres-em-cada-quatro-domicilios-do-pais. Acesso em: 24 abr. 2022.

INTERVOZES. **Monitoramento da Propriedade da Mídia (MOM-Brasil)**. São Paulo, 2019. [on-line]. Disponível em: https://quemcontrolaamidia.org.br. Acesso em: 28 abr. 2022.

_____. **Monopólios Digitais**: concentração e diversidade na internet. São Paulo, 2019. [on-line]. Disponível em: https://intervozes.org.br/arquivos/interliv012monodig.pdf. Acesso em: 28 jun. 2022.

KUCINSKI, Bernardo. **A síndrome da antena parabólica**: *ética no jornalismo brasileiro*. São Paulo: Editora Fundação Perseu Abramo, 1998.

MEIO & MENSAGEM. Brasil é 3ª maior base do Facebook. **Meio & Mensagem**, 28 fev. 2019. Disponível em: https://www.meioemensagem.com.br/home/midia/2019/02/28/brasil-e-3a-maior-base-do-facebook.html. Acesso em: 25 abr. 2022.

CAPÍTULO 6.
NASCIDAS PARA LUCRAR: COMO AS GRANDES PLATAFORMAS CONTROLAM O DEBATE ON-LINE E AMEAÇAM A DEMOCRACIA

Rafael Evangelista

O ressurgimento global de movimentos autoritários que perseguem as minorias parece espelhar a primeira metade do século passado, que foi marcada na carne pela ascensão de diversas modalidades de fascismos, autoritarismos e populismos divisionistas fundados na construção de mitos sobre uma origem comum de certos povos e em teorias conspiratórias sobre inimigos internos e externos. Na época, como agora, ganhava importância o debate sobre o papel das tecnologias no fomento ou no oferecimento de meios para o surgimento desse tipo de fenômeno.

A questão central, naquele momento, fosse talvez mais clara: temia-se que as tecnologias de emissão de sinais de radiofrequência de "um para muitos" (broadcast) pudessem ser instrumentalizadas para a arregimentação de massas hipnotizadas por líderes carismáticos. Os indivíduos eram entendidos em sua fragilidade perante a comunicação de massa. Assim como a propaganda era empregada para vender produtos, receava-se que a comunicação de "um para muitos" fosse utilizada para vender ideias de uma maneira tão eficiente que o receptor as imaginaria emergindo de si (Turner, 2013).

Assustados com o fascismo italiano, com o nazismo alemão e com movimentações semelhantes acontecendo ao redor do mundo, incluindo o território estadunidense, intelectuais e artistas de áreas e trajetórias diferentes se perguntaram que novos aparatos – técnicos, artísticos e intelectuais – seria preciso construir de modo a formar um homem democrático[79]. Como fazer para que a loucura autoritária dos líderes populistas não fosse transmitida pelas ondas de radiofrequência? E, ainda que assim fosse canalizada, como constituir um humano capaz de resistir a isso por meio da mobilização inteligente de outras fontes de informação?

Procedentes ou não, esses temores levaram ao desenvolvimento de todo um conjunto de tecnologias, procedimentos, regulações e processos visando à construção (ou manutenção) de cidadãos democráticos. Para garantir o funcionamento satisfatório de um Estado ocidental liberal

---

[79] A expressão "homem democrático" é registrada por Fred Turner (2013) como sendo utilizada entre intelectuais estadunidenses na primeira metade do século XX. Ele seria o oposto do homem totalitário e serviria de base para uma sociedade democrática, que seria mais tolerante em relação a diferenças raciais, sexuais e culturais. São reflexões que se inserem no espírito da época de considerar que a personalidade dos indivíduos e a cultura de uma nação se relacionariam.

seria necessário (Fraser, 1990), por um lado, a constituição de um ambiente informativo equilibrado, se possível alimentado por conhecimentos científicos de ponta, em que os cidadãos pudessem tomar conhecimento acurado sobre um mundo que vai além de sua experiência imediata. Ao mesmo tempo, tanto como efeito desse sistema quanto como uma espécie de sua salvaguarda, seria necessária a constituição de um sujeito crítico, de formação educacional e cultural – num sentido de cultura que vai além do consumo de arte e entretenimento – capaz de filtrar analiticamente a informação que recebe, formando seu próprio juízo.

A importância social do jornalismo foi entendida com base nessas necessidades democráticas. Foi pensando nelas que diversos regramentos em relação à propriedade privada dos meios de comunicação e à distribuição democrática do uso do espectro eletromagnético – a distribuição dos sinais de rádio e TV – foram desenvolvidos. Seria necessário um ambiente de pluralidade informacional para que os indivíduos, seja atuando como consumidores no mercado de informação, seja como detentores de um direito de se informar por canais públicos, pudessem adquirir informações de modo a atuar como cidadãos soberanamente, exercendo suas liberdades de modo efetivo. Bem formados e com acesso a meios plurais, seriam capazes de atuar criticamente, evitando-se, assim, a repetição do flagelo totalitário.

As leis de regulação sobre a propriedade dos meios de comunicação são filhas diretas desses temores. E a internet também, apesar de ela apenas se concretizar anos mais tarde. Os anos que se seguem às Grandes Guerras foram férteis em projetos, debates e desenvolvimento teórico em torno da importância da liberdade de informação para a democracia (Breton, 1995). Quando a internet, mesmo antes da WWW (World Wide Web), começa a chegar ao público geral, é recebida como a estrutura perfeita para a comunicação horizontalizada e democrática. O clima foi de euforia. De fato, muitos dos técnicos que trabalharam pela constituição dos padrões e protocolos dessa rede participaram ou comungaram das mesmas preocupações em relação à capacidade técnica da rádio e da televisão de restringir a liberdade de expressão.

De certa forma, sempre se soube quais eram os passos sociais necessários para a constituição de uma esfera pública zelosa da democracia e para a formação de indivíduos democráticos: oferecer canais plurais de expressão de diversos setores sociais e manter um sistema educacional que buscasse a diversidade. Mas os obstáculos materiais nunca foram pequenos.

"Democracia demais" favorece a denúncia da desigualdade, ou seja, ajuda na formação de sujeitos que percebem a injustiça na distribuição dos recursos disponíveis. Além disso, no capitalismo, nada escapa de se tornar um meio de produção, uma máquina de transformar tudo em mercadoria, inclusive as artes e a comunicação. Notícias e opinião são transformadas em produtos a serem vendidos no mercado ou em produtos que servem para vender outros produtos. No fim das contas, a única maneira que sobra para sustentar a produção informativa, artística e cultural – que inclui a vida dos seres humanos que a fazem – acaba passando, de uma forma ou de outra, pelos mecanismos de venda da força de trabalho próprios do sistema capitalista.

De repente a internet aparece como atalho para superar essas dificuldades e, até mesmo, para alguns, como uma tecnologia determinante com base na qual seria inevitável a superação das relações capitalistas.

A DESREGULAÇÃO E CONCENTRAÇÃO DO BROADCAST E A ESPERANÇA NAS REDES DIGITAIS

Se, logo após as Grandes Guerras, havia um consenso mundial forte sobre a importância da pluralidade dos meios para evitar o retorno do totalitarismo, os anos de ascensão do neoliberalismo contribuem para uma transformação nesse cenário. Durante os anos 1970 e 1980, instaurou-se um clima geral favorável à desregulamentação em todos os setores da economia. Isso acabou por atingir o setor de comunicações nos países ocidentais, erodindo-se um ecossistema midiático mais saudável, ainda que imperfeito, que garantia algum nível de diversidade. É claro que um processo como esse não se desenvolve historicamente sem a ação concreta de atores interessados. E talvez um dos mais representativos seja Rupert Murdoch.

A história profissional de Murdoch começa na Austrália, como herdeiro de um jornal local. A partir dessa base, apostando em conteúdo sensacionalista e de entretenimento, e fazendo uso de seu veículo para eleger políticos de seu interesse, o empresário compra algumas publicações locais e funda, em 1964, o primeiro jornal nacional australiano, *The Australian*. De lá, expande para o Reino Unido, onde apoia a eleição de Margaret Thatcher como primeira-ministra e, em troca, recebe vistas grossas para sua expansão monopolista pelo país. Os conservadores ainda deixam passar o drible de Murdoch na regulação da emissão de sinais de TV por satélite: operando de Luxemburgo, faz o sinal de sua Sky Television chegar a solo britânico. A maré muda quando o partido de Thatcher tenta colocar freio em uma maior expansão do australiano no setor de TV, o que o faz apoiar o "novo trabalhismo" neoliberal de Tony Blair já nos anos 1990, ajudando a elegê-lo.

Nos EUA, a trajetória de Murdoch foi parecida. Primeiro uma proximidade com um círculo de consultores do então presidente Ronald Reagan, incluindo Roger Stone – que mais tarde se tornaria amigo e assessor do futuro presidente Donald Trump. Nos anos 1980, Murdoch já era proprietário do tabloide sensacionalista *The New York Post*. Com isso, conseguiu cruzar a propriedade de jornais com estações de TV. Mais tarde, o governo de George Bush facilitaria a entrada da 20th Century Fox, de Murdoch, no time das grandes emissoras. Nos anos 1990, a proximidade com o então prefeito de Nova York, Rudolph Giuliani – que mais tarde se tornaria advogado de Trump –, ajudaria na briga comprada com a Time Warner. Na época, Murdoch lutava para que o canal de notícias 24 horas Fox News (uma versão conservadora da CNN, de propriedade da Time Warner) fosse oferecido pelo serviço de TV a cabo da concorrente.

Mas se o ambiente era de concentração e fusão nas operações da velha mídia, a internet parecia trazer um conjunto promissor de oportunidades. Brigar contra jornais e TVs parecia coisa do passado, o negócio seria apostar nessa nova infraestrutura que logo se espalharia pelo globo – oferecendo velocidades cada vez maiores de transmissão. A nova rede parecia oferecer todas as soluções que se podia pedir: infinitos canais de transmissão e recepção, horizontalidade completa, hibridação de todo tipo de mídia em uma só plataforma. O site de qualquer grande empresa de mídia estava tão ao alcance de todos quanto qualquer iniciativa de mídia alternativa. Se eles detinham o poder da publicidade e o dinheiro para contratar profissionais da notícia, os movimentos sociais progressistas detinham a força da militância no calor das ruas e o uso esperto das estratégias de colaboração.

Talvez nenhum movimento tenha sonhado tão alto e despertado tanto as imaginações de uma nova ordem comunicacional revolucionária quanto o movimento software livre. Para fazer frente à onda de mercantilização do software que, no fim das contas, significava alienar os trabalhadores – programadores do produto de seu trabalho –, alguns hackers visionários começaram uma cadeia colaborativa que usava aquilo que os oprimia – as (então) novas leis de propriedade intelectual – para superar os novos obstáculos a uma produção livre coletivizada. Conectados pelas novas redes, passaram a usar de seu tempo livre para produzir softwares de maneira colaborativa, cada um ficando a cargo de um fragmento do trabalho.

Esse código seria de ninguém e de todo mundo – qualquer um que possuísse uma cópia do programa seria livre para lê-lo, estudá-lo, usá-lo e alterá-lo como quisesse. Com liberdade seria possível construir uma rede colaborativa de trabalho comunitário capaz de enfrentar e superar os melhores produtos das grandes corporações de software. E algumas versões das licenças livres continham o verdadeiro pulo do gato, o copyleft. Isso significa que os trabalhos derivados daqueles que contavam com uma licença copyleft precisariam ser licenciados da mesma forma. Isso impediria que alguém fizesse uso do trabalho que alguns oferecem à comunidade, transformando-o em sua propriedade pela modificação da licença. E criaria uma rede de colaboração que tenderia a se tornar cada vez mais forte porque, para usar daquele trabalho que me é oferecido colaborativamente em minha produção, eu me comprometeria a licenciar o produto final também com uma licença livre, fortalecendo o sistema como um todo. Quanto mais software livre disponível, mais software livre tenderia a ser produzido.

O sucesso do movimento foi incontestável. Tão forte que o setor empresarial, para adotá-lo em sua versão mais conservadora e menos resistente à alienação, renomeou-o como "software aberto" e passou a fazer campanha pelas licenças não copyleft (mais fáceis de serem aproveitadas e tornadas proprietárias). A abertura virou pré-requisito mais para a competição do que para a colaboração entre desenvolvedores. A transparência – a princípio de códigos, mas depois também de vidas em redes sociais – virou um valor em si mesma, sem uma reflexão muito aprofundada ou uma crítica consistente. Mais tarde, as grandes empresas de tecnologia subverteriam a ideia de compartilhamento e transparência e usariam a autoexposição dos indivíduos como principal combustível de uma economia da vida interior (Ball, 2009).

O fato é que a história de sucesso e assimilação do software livre pelos grandes negócios ajuda a explicar como partimos, de maneira otimista, de promessas de liberdade e apropriação de meios no início da internet para o momento atual, em que essa tecnologia (que já não é tão nova e que tanto deve à busca do fortalecimento da democracia) aparece associada com a volta do autoritarismo. Não somente os códigos produzidos pelo movimento, mas ideias e valores foram incorporados em produtos que fizeram a fama e a fortuna das grandes plataformas que hoje controlam a rede. Como uma onda que vai e vem, o impulso de abertura e descentralização foi transformado em negócio e subvertido.

A INTERNET NA LÓGICA DOMINANTE DE COMUNICAÇÃO

Abertos, dilacerados, expostos, vulneráveis e descentralizados ficamos nós, os pequenos pontos da rede. Fortes, cada vez mais opacos, capazes de vasculhar cada um de nós e se alimentar de nosso conhecimento e boa vontade ficaram as grandes plataformas. Como o sistema é globalmente direcionado pelo lucro e pela exploração do trabalho, essas empresas prosperaram ao canalizar os fluxos informacionais para si, extrair conhecimento e informação sobre eles e determinar a direção de quais fluxos atingirão quais audiências.

É um processo difícil de visualizar por entre as brumas das utopias cibernéticas de uma comunidade global compartilhando conhecimento, mas a análise histórica e conjuntural de uma das grandes plataformas da web da atualidade pode nos ajudar nesse sentido. Criado em fevereiro de 2005, o YouTube surgiu numa época em que a banda de conexão à internet e o acesso se alargavam. A promessa era de uma plataforma neutra e universal, capaz de servir de infraestrutura para o envio e a visualização de vídeos. Quase 15 anos depois, a ideia nem parece tão revolucionária, mas à época ela significava a concretização material do sonho de uma TV universal e múltipla. Era como se o espectro magnético se multiplicasse infinitamente, de maneira que todos pudessem ser uma estação de TV. Até o nome fazia referência a isso, ao antigo tubo das televisões analógicas.

O crescimento foi fulminante. Em meados de 2006 o site já abrigava mais de 65 mil produções e era o quinto mais popular do mundo, com 100 milhões de visualizações diárias. Em outubro do mesmo ano, o já gigante Google faz um movimento ousado para a época e compra a plataforma por 1,65 bilhão de dólares. Na época, um humorista fez uma comparação reveladora, ainda que equivocada. Citando o valor de privatização da mineradora Vale do Rio Doce, vendida por 3,3 bilhões de dólares, apenas duas vezes mais do que a plataforma, brincou: "É a época que estamos vivendo... Reservas gigantescas de minério sendo comparadas com uma reserva gigantesca de vídeos com adolescentes de sunga amarela fazendo dancinhas bizarras" (Evangelista, 2007).

O que nos chama a atenção na piada – talvez inadvertidamente e para além da desastrada privatização da Vale – é onde reside o valor do YouTube, que dá substância a uma venda de tamanha monta. Qual era – e como alcançou – um patrimônio que dá base a uma valoração tão rápida e tão extraordinária? O modelo de negócios inicial foi amplamente baseado na exploração de conteúdos enviados por usuários. Ainda que a empresa, naquele momento, não fosse lucrativa, os direitos sobre vídeos enviados por usuários e a atração ao site que estes exerciam foram fundamentais no dimensionamento desse valor. O Google não entrou só com dinheiro. O negócio foi fechado depois que a empresa apresentou acordos com três companhias de mídia que abdicavam de processos de violação de direitos autorais. Essa é a segunda faceta da atratividade da plataforma aos usuários: boa parte do conteúdo ali disponibilizado eram produções antigas, levadas ao site não pelos detentores dos direitos autorais, mas por fãs de todos tipos que compartilhavam a obra dos artistas de que gostavam.

Depois dos ataques ao Napster, ao BitTorrent e a outras iniciativas de compartilhamento de conteúdos entre os usuários, o YouTube aparecia como ferramenta de acesso e compartilhamento de filmes, músicas e programas de TV. Com isso, o risco legal de processo era transferido aos usuários. Embora a plataforma também fosse ameaçada legalmente, usuários individuais são a ponta mais vulnerável em eventual litigação, além de serem responsáveis pela seleção e pelo trabalho físico de fazer o upload do conteúdo.

Ideólogos da nova economia do compartilhamento alardeariam as vantagens de tais plataformas usarem os próprios usuários para produzir conteúdo, enquanto as empresas lucrariam com a venda de anúncios. Nesse sentido, a estratégia era clara. Assim como no software livre e na Wikipedia – cujo conteúdo livre era cada vez mais incorporado em plataformas comerciais –, as empresas buscavam maneiras de lucrar com o fluxo de conteúdos produzidos por outros sem necessariamente precisar ser titulares dos direitos autorais.

Estudando a evolução da indústria fonográfica desde o arranjo de mercado analógico tradicional, passando para o momento da abundância de conteúdos em plataformas como o YouTube, Leonardo Ribeiro da Cruz (2014) mostra como o risco e o investimento são transferidos das gravadoras para os músicos. Antes, cabia à indústria garimpar talentos, estabelecer contratos de cessão de direitos autorais, investir na produção e na promoção das obras e recolher os lucros por meio da venda de discos. Com a digitalização da música e a disponibilização das obras em plataformas como o YouTube, cabe aos artistas produzir a si mesmos e arrebanhar fãs para então eventualmente serem contratados por empresários que ficarão à cargo da promoção daquele artista e da venda de shows. A plataforma funciona como um intermediário que se alimenta desse fluxo e da disponibilização da obra de artistas que arcam com o risco de se colocar no mercado.

Mas a compra do YouTube pelo Google pavimentaria e potencializaria a proliferação de tantos novos modelos de exploração comercial dos fluxos quanto a imaginação dos engenheiros e venture capitalists[80] pudesse produzir. Desde o início dos 2000, o Google vinha elaborando um modelo que sustentaria seu oferecimento de serviços de busca na internet baseado numa espécie de leilão de público para anunciantes. Em sua forma atual, mais elaborada, ele faz uso de uma mineração exaustiva de todo tipo de dado a respeito dos usuários passível de ser extraído para oferecer essa informação aos anunciantes que quiserem pagar mais, de maneira a otimizar o retorno financeiro dos anúncios.

Não se trata somente de vender espaços na página para os anunciantes, mas de, no limite, ler a mente de quem faz a busca, tentando antecipar que conteúdo – e publicidade – pode interessar a essa pessoa, ainda que ela não tenha expressado exatamente aquilo. É uma abordagem diferente de usar apenas as informações inseridas na caixa de busca para encontrar aqueles termos em páginas publicadas na web. Passa-se a usar outros muitos dados

---

[80] Referência a investidores que aplicam em empresas com alto potencial de crescimento em troca de participação acionária. Modalidade comum de financiamento para startups (N. do E.).

daquelas pessoas que buscam (sexo, localização, navegador que está usando, gostos pessoais, etc.) para contextualizar, e entender melhor, aquilo que está sendo buscado.

Essa coleta e esse armazenamento de dados dos usuários, bem como a construção de perfis tendo em vista a predição e manipulação de seus comportamentos, tendo como fim último o uso econômico dessas informações, é o que tem sido chamado de capitalismo de vigilância (Zuboff, 2018). O conglomerado Alphabet, dono do Google, junto com a Meta (anteriormente Facebook) – que também é dona do Instagram e do WhatsApp – são as corporações líderes dessa nova lógica de acumulação capitalista.

Historicamente, o modelo de negócios que sustentou jornais e televisões comerciais tem se baseado na captura da atenção de telespectadores ou leitores e a consequente revenda dessa atenção a anunciantes. No modelo comercial, notícias ou produção cultural e artística servem de atrativo ao olhar, que, nos intervalos, é capturado para a venda de produtos. Emissoras e jornais usavam a extrapolação de dados estatísticos e de pesquisas por amostragem para entender quem era esse receptor da informação.

As plataformas mantêm esse interesse sobre a atenção do público[81]. Como os olhos e os ouvidos estão em conexão com aqueles conteúdos, é possível vender anúncios relacionados. Mas a estrutura de construção e funcionamento da internet e da web permite uma quase transparência do público. As tecnologias que entregam o conteúdo também permitem a investigação sobre os rastros que informam quem são essas pessoas. Os smartphones, objetos

---

[81] Sobre esse tema, ver o capítulo "Os mercados de dados pessoais", de Flávia Lefèvre.

extremamente pessoais, levados o tempo todo junto ao corpo e cheios de ferramentas capazes de capturar dados ambientais (som, imagens, localização, movimento), levam essa captura possível de dados para um outro nível.

O YouTube, assim como outras plataformas de intermediação de conteúdos e mídias sociais, usa essas informações coletadas para definir que conteúdos exibir para os usuários. É algo que as plataformas de broadcast nunca sonharam em fazer: personalizar o conteúdo a ser mostrado – ou produzido – em nível microssegmentado. Quem cumpre essa função de sugerir – ou impor, em alguns casos – os conteúdos a serem consumidos são os algoritmos, instruções sequenciais que automatizam processos de curadoria de conteúdo com base em informações sobre o usuário e sobre as produções a serem exibidas.

Quando o Twitter seleciona algumas mensagens dos contatos dos usuários que serão exibidas, é o algoritmo que está orientando esse processo. Quando o Facebook escolhe alguns posts, entre os diversos produzidos pelos amigos do usuário para povoar uma timeline, é o algoritmo que determina isso. O objetivo final não é só capturar a atenção, como a televisão já o fazia, mas agora se busca também engendrar um engajamento produtivo. O usuário perfeito não é aquele que só assiste ao mundo passar por sua timeline, mas o que se envolve na produção de mais conteúdo e, por consequência, mais informação sobre si mesmo – pois falar, escrever, clicar, mostrar-se significa se abrir.

Nesse jogo, a excitação constante do usuário é fundamental. Em plataformas como o Facebook, o conteúdo deve ficar acima da concordância silenciosa, mas abaixo da indignação tão desesperançada que imaginamos não haver discussão possível com o interlocutor. Um ambiente de interação desenhado para produzir esse tipo de engajamento a qualquer custo não é, claramente, o mais propício à construção de pontes políticas entre os sujeitos. A arquitetura da plataforma é, em última instância, definida para estimular o engajamento a qualquer custo, que, por sua vez, alinha-se com um modelo de negócios tendo em vista o lucro. Já o debate democrático e a política, por definição, devem derivar da conciliação de interesses coletivos.

Não exatamente pelos mesmos motivos, mas com base em uma lógica de excitação para a produção semelhante, o Instagram é conhecido por ser especialmente prejudicial à saúde psicológica de seus usuários (Scott, 2018). Na plataforma, o uso típico leva a uma curadoria de imagens da própria vida – e do próprio corpo – que, quanto menos real, mais costuma despertar reações positivas dos seguidores. E esse é um ciclo que se retroalimenta, dada a própria natureza mimética de comportamento nas redes sociais, com perfeição encenada estimulando mais perfeição encenada, e alguns distúrbios no caminho.

Um relatório da Sociedade Real Britânica de Saúde Pública aponta para efeitos como solidão, ansiedade, depressão e impactos na autoimagem corporal. Seria incorreto atribuir aos criadores da plataforma um plano para torná-la o que é hoje. Mais realista é perceber a cumplicidade e facilitação dos modelos de negócios das plataformas e das redes sociais com esse jogo de cópia viral de comportamentos que mobiliza uma exponencialidade dos engajamentos, a despeito dos possíveis efeitos sociais e individuais nocivos.

Em alguns casos, o incentivo financeiro à viralização é inerente à própria plataforma. No Instagram, essa estrutura se formou paralelamente, com empresas de publicidade utilizando o número de seguidores apurado pela plataforma para determinar quantias a serem pagas àqueles que promovem marcas ou conteúdos.

É diferente do que ocorre com o YouTube, em que o dono do canal, além de também poder obter algum tipo de financiamento em agências de publicidade, pode ser remunerado diretamente pela exibição de anúncios segmentados embebidos nos vídeos pelos algoritmos da empresa. Em tese, trata-se de uma política bastante justa de divisão dos lucros obtidos pela exploração daquele trabalho autoral expresso no vídeo. O problema é que, sem regulação e automatizado por algoritmos que só visam à combinação entre gigantesca audiência segmentada e lucros, esse sistema se transforma em uma corrida pelo mínimo denominador comum. Ou pior.

DAS REDES DE INFLUÊNCIA ALTERNATIVA AOS MENSAGEIROS: RISCOS À DEMOCRACIA E AOS PROCESSOS ELEITORAIS

Assim como a eleição de Jair Bolsonaro no Brasil em 2018, a eleição presidencial de Donald Trump em 2016 surpreendeu a muitos nos Estados Unidos, sendo dois exemplos de retorno ao debate contemporâneo de uma retórica divisionista, fundada num nacionalismo por vezes xenófobo e de tons conspiratórios. Logo após as eleições, o Channel 4 inglês, em reportagem, mostrou como um conjunto de mais de cem sites, curiosamente localizados na Macedônia, foi responsável pela produção ativa de notícias falsas com um único objetivo: caçar cliques de eleitores. No comando desses sites estavam adolescentes e jovens sem nenhum compromisso com a veracidade da informação, que apenas buscavam lucro[82].

Mais tarde surgiriam as denúncias envolvendo a Cambridge Analytica. A empresa teria abusado de dados extraídos de usuários do Facebook e seus amigos para traçar perfis psicométricos de eleitores, desenhando campanhas microssegmentadas e incentivando aqueles que rejeitavam Trump a não irem votar. Em conluio, Cambridge Analytica, Trump e Facebook violaram a privacidade de usuários da plataforma. Mas fake news[83] e campanhas microssegmentadas são apenas parte da história. Tanto nos EUA como no Brasil, os fenômenos precisam ser entendidos em sua complexidade, já que é inegável que ambos os políticos construíram uma surpreendente base de apoio popular, ainda que alimentada por notícias caça-níqueis.

Para dar conta disso, a pesquisadora Rebecca Lewis (2018), em relatório para o instituto Data & Society, usa a expressão Rede de Influência Alternativa (AIN, na sigla em inglês) para falar da articulação política da direita dos EUA, que se desenvolveu principalmente no

---

[82] Sobre este assunto, ver reportagem do Channel 4 News, disponível em: https://www.youtube.com/watch?v=ZusqgWUNFG4. Acesso: 28 abr. 2022.

[83] O uso do termo fake news é controverso, pois comunicadores acreditam que ele encerra uma contradição entre termos: se é notícia não pode ser falsa. Porém a expressão é útil porque mostra como uma das técnicas utilizadas para se dar credibilidade à desinformação passa pela cópia da estrutura noticiosa. A mentira, para se passar por verdade, copia a forma de um gênero textual com credibilidade histórica.

YouTube. Segundo ela, "indivíduos de instituições acadêmicas, de mídia e movimentos reacionários e extremistas, usaram as mídias digitais participativas para transmitir conteúdo para novas audiências, reempacotando ideias discriminatórias e, com frequência, de um fanatismo intolerante".

Os criadores de conteúdo partiram das mesmas táticas dos influenciadores digitais que anunciam marcas para estabelecer um sistema alternativo de notícias, levar suas ideias a novas audiências e lucrar com esse conteúdo. Lewis dá bastante peso ao uso dessa estratégia por meio do YouTube, afirmando categoricamente que a plataforma é "construída para incentivar o comportamento desses influenciadores políticos". Esses agentes, assim como qualquer influenciador digital que pretende construir fama e sustentar-se financeiramente fazendo uso dessas plataformas, aprenderam a extrair o máximo possível das características técnicas do YouTube, oferecendo em troca o privilégio de se tornar a base de uma rede de informação alternativa – de péssima qualidade, ressalte-se – à mídia tradicional.

Nota-se uma ação coordenada entre agentes da extrema direita e que conseguir suporte material para essa rede é apenas um dos itens da agenda. Existe uma aliança entre diferentes matizes do pensamento conservador que alimenta uma colaboração voltada ao impulsionamento coletivo de um grupo mais amplo. Uma das maneiras descritas de se fazer isso são as aparições recíprocas de convidados nos canais que fazem parte dessa rede, como explica Rebecca Lewis: "pessoas autoidentificadas como conservadoras podem desaprovar o extremismo de extrema direita, mas, ao mesmo tempo, receber nacionalistas brancos como convidados em seus canais". Segundo ela, essa colaboração gera uma promoção cruzada de ideias que forma um campo comum intertextual mais ampliado.

Há tempos o algoritmo do YouTube vem sendo acusado de promover a radicalização como um subproduto da busca pela atenção dos usuários. Quanto mais minutos os olhos estão na plataforma, mais lucros. As sugestões do próximo vídeo a ser visto correspondem a 70% das visualizações de conteúdo no YouTube, ou seja, são direcionadas pelo algoritmo.

Guillaume Chaslot, ex-engenheiro da empresa, é hoje um dos críticos mais enfáticos desse sistema de recomendações. Quando era um dos responsáveis pelo desenvolvimento do algoritmo, ele conta ter ficado impressionado com as táticas usadas para fazer com que as pessoas passassem mais tempo na plataforma, o que o levou a pressionar a empresa por mudanças. Após sua demissão, Chaslot se dedicou a demonstrar como as recomendações sempre tendem à radicalização como meio para produzir engajamento. Alguém que começa a assistir vídeos jornalísticos neutros é levado a outros mais controversos e extremos e a teorias da conspiração (Lewis; McCormick, 2018).

Zeynep Tufekci (2018), socióloga de tecnologia especialista nessa intersecção com a política, compara o consumo noticioso no YouTube com uma dieta sem restrições. Tendemos a gostar de gordura, sal e açúcar e a nos acostumarmos com as quantidades. A plataforma seria o restaurante que cada vez pesa mais a mão nesses ingredientes, para nos manter sempre atraídos, sem se importar com a nossa saúde.

No Brasil, justificadamente, foi dada muita atenção – exceto pelo Tribunal Superior Eleitoral (TSE)[84] – ao uso do WhatsApp nas eleições de 2018. No entanto, o aplicativo não explica sozinho a história da eleição de Bolsonaro. Bem antes do período eleitoral, já se notava no ecossistema das plataformas de intermediação de conteúdos, de busca e das redes sociais comerciais no Brasil dois elementos também presentes no contexto estadunidense.

Notícias caça-cliques abundam desde a popularização do Google AdWords (hoje Google Ads), o sistema automatizado de recompensas financeiras usado pela maioria das páginas com fins comerciais e pelo YouTube. Mas elas prosperaram mesmo com o crescimento do Facebook, que ofereceu uma plataforma de troca de mensagens e produção de conteúdo em que títulos sensacionalistas de notícias são trocados furiosamente. Não na Macedônia, mas no fundo do quintal de empreendedores brasileiros inescrupulosos, foram criados sites especializados em todo tipo de notícia mentirosa capaz de mobilizar audiências a compartilhar links.

Do mesmo modo, a Rede de Influência Alternativa brasileira repete muitos dos elementos, das estratégias, dos temas e até mesmo dos personagens da sua colega do norte. Celebridades televisivas e astros do rock do passado emprestaram sua popularidade a uma gama variada de personagens em vídeos e debates ao vivo no YouTube. Não há sobre essa rede brasileira um mapeamento tão

---

[84] Diversas reportagens demonstraram, durante o período eleitoral, que o WhatsApp estava sendo usado de maneira ilegal por algumas candidaturas, que obtiveram dados de eleitores, em violação do regulamento eleitoral. Ainda assim a atuação do TSE foi tíbia e não impediu que as ilegalidades continuassem.

detalhado como o de Rebecca Lewis, mas não é difícil encontrar uma troca cúmplice de relações, mensagens e participações em vídeo entre um espectro bastante amplo de personagens da direita, indo de conservadores mais tradicionais a figuras descaradamente extremadas, incluindo homofóbicos, militaristas pedindo intervenção e teóricos da conspiração.

Talvez valha dar relevo especial, no contexto nacional, a uma conexão com a mídia tradicional de massa, que nos Estados Unidos se restringiu quase exclusivamente à citada Fox News. Nos anos de esquerda no poder, principalmente após as acusações sobre o mensalão, mas principalmente na sequência da crise global de 2007-2008, o antipetismo ganhou um espaço cada vez maior na grande mídia. Comentadores políticos, articulistas, jornalistas e até mesmo veículos vão subindo o tom e seguindo uma linha editorial contrária ao governo – antes vista tão explicitamente apenas na revista *Veja*. Alguns, como Reinaldo Azevedo e Diogo Mainardi – não por acaso duas figuras popularizadas pela semanal –, ganham espaço e destaque justamente ao subir o tom dos ataques. No dial, a maior rede de rádios do país, a Jovem Pan, aprofunda sua linha política à direita, às vezes abraçando o extremismo. Mais tarde, figuras como o historiador Marco Antonio Villa e o jornalista Azevedo seriam atacados pelos mesmos extremistas com quem flertaram ao se chocar com o avanço do fascismo no governo.

É preciso entender o fenômeno do WhatsApp nas eleições de 2018 com base nesse ecossistema múltiplo, que mistura links para notícias caça-cliques (e falsas), vídeos do YouTube, administração invisibilizada e fragmentos da imprensa tradicional. Um grupo de pesquisadores da

Universidade Federal de Minas Gerais (UFMG) desenvolveu, em 2018, um monitor de WhatsApp, tentando acompanhar, em tempo real, centenas de grupos de discussão política criados pelos usuários do aplicativo (Resende *et al.*, 2019). Desde sua chegada ao mercado brasileiro e sua popularização, o WhatsApp e seus grupos de discussão já vinham mostrando seus efeitos no debate político nacional, sendo o veículo perfeito para a disseminação de notícias falsas muitas vezes absurdas. Na eleição de 2018, revelações feitas pela *Folha de S.Paulo* apontaram o uso em massa do aplicativo, com disparos patrocinados – similares aos feitos com objetivos comerciais para agências de publicidade – que chegaram à casa das dezenas de milhões de reais gastos por "patrocinadores" da candidatura de Jair Bolsonaro, em flagrante violação da lei eleitoral.

O trabalho dos pesquisadores da UFMG mostra uma articulação complexa de usuários administradores na criação e no gerenciamento de grupos de debate político no sentido de controlar e pautar as conversas. Foram identificados aglomerados de grupos, que têm membros em comum, com indícios de ação coordenada entre eles. O usuário comum, no entanto, não consegue ver essa articulação sorrateira entre membros de diversos grupos e supõe estar num grupo autêntico, dialogando com pessoas honestas. O controle é invisível, o que revela uma assimetria de poder entre esses membros. Na prática, o WhatsApp se torna o pior tipo imaginável de rede social, pois sua arquitetura é completamente obscurecida.

O monitor de WhatsApp também contribui para examinarmos os conteúdos que foram mais compartilhados por essa rede de ação política invisibilizada. O que se notou foi uma ação de produção de conteúdos conservadores radicalizados, que já circulavam em sua versão um pouco mais amena na mídia tradicional. Entre eles, destaca-se a associação maliciosa entre a esquerda e corrupção, a vilanização da colaboração entre países da América Latina, uma distorção no debate sobre impostos e gastos públicos, o elogio acrítico e enganoso de políticas de privatização e um anticomunismo generalizado.

Em paralelo, aparece o conservadorismo de costumes com traços religiosos, ligando à esquerda cenas descritas como imorais e atentadoras aos supostos "valores familiares", além da aprovação da ação policial violenta, ilegítima e violadora de direitos humanos como solução para o problema da criminalidade, nos mesmos moldes e usando da mesma linguagem dos programas policiais televisivos. Além de, claro, muita, muita informação falsa. Mais tarde, esse conteúdo vai ser despejado, então por usuários não maliciosos, em grupos de discussão que conectam o país todo, de familiares, amigos, colegas de trabalho, vizinhos, etc.

No cerne dessa instrumentalização do WhatsApp está o mesmo tipo de determinação econômica, a mesma lógica cúmplice do lucro a qualquer custo. Um dos principais motivos para a popularidade do WhatsApp no Brasil – e fator adicional no processo de desinformação derivado da propagação de notícias falsas – são as políticas de zero rating, associadas aos planos de franquia. Graças a acordos entre as empresas de telefonia e as plataformas, consumidores de planos mais baratos, em geral pré-pagos, de acesso à internet, podem continuar a acessar e consumir dados trafegados em aplicativos como o WhatsApp, mesmo quando a pequena franquia a que têm direito acaba.

O que pode parecer uma vantagem ao consumidor, que ganha dados "de graça", na verdade revela uma internet defeituosa, pela metade. Os consumidores acabam acessando somente o aplicativo, não tendo chance de checar a informação nem navegar livremente na web. Os grupos de WhatsApp viram uma espécie de canal de televisão, transmitindo conteúdo de entretenimento e noticioso de qualidade duvidosa. Em paralelo, surge um ecossistema de empresas de marketing de produtos e de opinião – como aquelas contratadas pelos apoiadores de Bolsonaro – especializadas em microssegmentar e alimentar grupos e usuários. A plataforma é conivente com esse processo, pois isso aumenta a penetração de seu produto e sua capacidade de capturar dados pessoais dos usuários, verdadeiro motor de seus lucros.

O que o retorno dos nacionalismos e divisionismos autoritários no século XXI nos ensina é que sistemas tecnológicos, como a internet e a web, não são essenciais ou inerentemente democráticos (ou antidemocráticos). Um dos equívocos da transição para o século atual foi nos inebriarmos com as possibilidades anunciadas para essas tecnologias, em muitos momentos abandonando o exame crítico e um acompanhamento das transformações no entorno social de desenvolvimento.

Tecnologias trazem consigo uma materialidade importante que as limita ao mesmo tempo que oferece possibilidades. Mas as tecnologias se tornam efetivas quando em ação e no social. Se o norte de nossa sociedade é o sistema capitalista e o lucro, as tecnologias tendem a ser guiadas nesse sentido, de exploração da força de trabalho e de produção de processos de espoliação. Se o ambiente político e ideológico é o do neoliberalismo, em que qualquer tentativa de regulação é repelida em favor da liberdade das empresas, pior ainda.

As possibilidades trazidas pela internet e pela web para o fortalecimento do debate democrático não estão mortas, mas têm sido silenciadas. A combinação da cultura de empreendedorismo do Vale do Silício com a contracultura foi um passo decisivo para transformar ideias sobre cooperação e solidariedade em elogios à competição e ao egoísmo individualista (Evangelista, 2014). É uma lógica que faz parte do próprio neoliberalismo, colocar a si mesmo como único caminho consequente, dada uma determinada natureza humana que seria voltada à maximização dos ganhos individuais.

As plataformas se estruturam para aproveitar a competição de todos contra todos, numa sociedade do trabalho precarizado e eventual, fluido e em fluxo. Competição por curtidas, compartilhamentos, visualizações e, quem sabe, um contato para um "freela" ou uma oferta de post patrocinado em troca da exposição de si. A comunicação e a informação, que tomamos historicamente como essenciais para a saúde da democracia, são instrumentalizadas para o comércio num sistema de trocas assimetricamente regulado pelas plataformas. Nesse contexto, a política então se transforma da arte de compatibilização de interesses diferentes de grupos e indivíduos (interesses estes expressos em torno de racionalizações sobre o bem comum coletivo) para uma questão de força e poder digital sobre indivíduos fragilizados, fragmentados e monitorados.

REFERÊNCIAS

BALL, Kirstie. Exposure: exploring the subject of surveillance. **Information, Communication & Society**, v. 12, n. 5, p. 639-657, 2009.

BRETON, Philippe. **L'Utopie de la communication**: le mythe du "village planétaire". Paris: La Découverte, 1995.

CRUZ, Leonardo Ribeiro da. **Internet e arquiteturas de controle**: as estratégias de repressão e inserção do mercado fonográfico digital. Tese (Doutorado em Sociologia) – Programa de Pós-Graduação em Sociologia, Universidade Estadual de Campinas, Campinas, 2014.

EVANGELISTA, Rafael. Mais-valia 2.0. **Dicas-L**, 14 jul. 2007. Disponível em: https://www.dicas-l.com.br/zonadecombate/zonadecombate_20070714.php. Acesso em: 26 abr. 2022.

_____. O movimento software livre do Brasil: política, trabalho e hacking. **Horizontes Antropológicos** [on-line], Porto Alegre, ano 20, n. 41, p. 173-200, jan./jun. 2014. Disponível em: http://www.scielo.br/scielo.php?script=sci_arttext&pid=S0104-71832014000100007&lng=en&nrm=iso. Acesso em: 26 abr. 2022.

FRASER, Nancy. Rethinking the Public Sphere: A Contribution to the Critique of Actually Existing Democracy. **Social Text**, n. 25/26, p. 56-80 , 1990.

LEWIS, Paul; MCCORMICK, Erin. How an ex-YouTube insider investigated its secret algorithm. **The Guardian**, 2 fev. 2018. Disponível em: https://www.theguardian.com/technology/2018/feb/02/youtube-algorithm-election-clinton-trump-guillaume-chaslot. Acesso em: 26 abr. 2022.

LEWIS, Rebecca. Alternative influence. **Data & Society**, [s.d.]. Disponível em: https://datasociety.net/output/alternative-influence/. Acesso em: 28 jun. 2022.

RESENDE, Gustavo; MELO, Philipe; SOUSA, Hugo; MESSIAS, Johnnatan; VASCONCELOS, Marisa; ALMEIDA, Jussara; BENEVENUTO, Fabrício. (Mis)Information dissemination in WhatsApp: gathering, analyzing and countermeasures. *In*: LUI, Ling; WHITE, Ryen (ed.). **The World Wide Web Conference** (WWW '19). Nova York: ACM, 2019. Disponível em: https://doi.org/10.1145/3308558.3313688. Acesso em: 26 abr. 2022.

SCOTT, Elfy. Instagram has some pretty huge effects on our psychology, here's everything we know so far. BuzzFeed. **News**, 29 ago. 2018.

Disponível em: https://www.buzzfeed.com/elfyscott/heres-how-instagram-affects-our-psychology-according-to. Acesso em: 26 abr. 2022.

TUFEKCI, Zeynep. YouTube, o grande agente da radicalização. **Estadão**, São Paulo, 17 mar. 2018. Disponível em: https://internacional.estadao.com.br/noticias/nytiw,youtube-o-grande-agente-da-radicalizacao,70002228900. Acesso em: 26 abr. 2022.

TURNER, Fred. **The democratic surround**: multimedia & American liberalism from World War II to the psychedelic sixties. Chicago: University of Chicago Press, 2013.

ZUBOFF, Shoshana. **The age of surveillance capitalism**: the fight for the future at the new frontier of power. Londres: Profile Books, 2018.

CAPÍTULO 7.
OS MERCADOS DE DADOS PESSOAIS

Flávia Lefèvre Guimarães

O caráter invasivo e violento da nova versão do capitalismo baseada em tecnologias da informação e com uso de big data descortina o risco real de retrocessos nas conquistas civilizatórias da humanidade. O desenvolvimento dessas novas tecnologias, que se iniciam no final dos anos 1970, ganhou aceleração impressionante, especialmente como resultado da difusão do neoliberalismo, com a redução do papel do Estado como regulador e com a baixa valorização dos direitos fundamentais e sociais. Evgeny Morozov (2018, p. 4) afirma que:

> A tecnologia digital da atualidade, ficou evidente, não é apenas ciência aplicada, como ainda sustentam as filosofias mais

vulgares da tecnologia. Ela é, na verdade, um emaranhado confuso de geopolítica, finança global, consumismo desenfreado e acelerada apropriação corporativa dos nossos relacionamentos mais íntimos.

Há acontecimentos envolvendo as maiores corporações que atuam na internet, que nos nossos dias estão cada vez mais intrincadas com governos e com a política, que corroboram essa fala de Morozov. Os problemas que enfrentamos no processo eleitoral de 2018 no Brasil, com uso ilegal de dados pessoais e dos serviços prestados pelos provedores de aplicações que atuam na internet para a promoção de campanhas políticas ilegais de desinformação, que esgarçaram nossas instituições democráticas, são um exemplo bastante ilustrativo dos desafios que temos pela frente.

Nosso esforço com este capítulo tem o objetivo de identificar quais caminhos institucionais poderemos trilhar para reduzir os danos que têm sido causados pelo poder econômico das grandes corporações que atuam como oligopólios globais e para evitar os riscos do desenvolvimento da inteligência artificial, que é principalmente baseada em dados pessoais, sem limites regulatórios e controle social. É fundamental reconhecer que a diminuição da violência e das práticas abusivas e discriminatórias ao longo da história "se deve, em grande parte, à ascensão do Estado" (Harari, 2019, p. 378), indicando que a presença do Estado regulador precisa ser recuperada.

Quando falamos sobre mercado de dados pessoais pela perspectiva do direito, os primeiros conceitos que se apresentam são os de privacidade e intimidade, e é sob essa perspectiva que vamos tratar do tema. Vale resgatar, então, qual o valor essencial que levou os regimes jurídicos de diversos países a passar a atribuir à privacidade e à intimidade um grau de proteção com status de princípio, a ponto de inspirar a Declaração Universal de Direitos Humanos, adotada pela Organização das Nações Unidas em 1948, estabelecendo o seguinte no artigo 12: "Ninguém será sujeito à interferência na sua vida privada, na sua família, no seu lar ou na sua correspondência, nem a ataque à sua honra e reputação. Todo ser humano tem direito à proteção da lei contra tais interferências ou ataques".

Foi, portanto, a personalidade que passou a estar no foco da atuação normativa de diversos países, tendo em vista seu aspecto psicológico, que se constitui como a organização interna e dinâmica dos sistemas psicofísicos que criam os padrões de sentimento, pensamento e comportamento de uma pessoa, revelando sua individualidade. E esses padrões se materializam nas nossas relações com o mundo e com outros indivíduos, compondo nosso meio social, cultural e político; por isso a personalidade passa a ser também objeto de proteção jurídica há séculos, com mais ou menos garantias.

O desenvolvimento de novas tecnologias a partir do século XIX – tais como a imprensa e a fotografia, capazes de apreender e fazer circular aspectos da nossa personalidade – foram determinantes para que as preocupações com a privacidade e intimidade se estruturassem. É nesse contexto então que a privacidade e a intimidade passam a ser contempladas pelos principais sistemas jurídicos do ocidente, com o seguinte contorno: "O direito da personalidade é o direito da pessoa de defender o que é próprio, como a vida, a identidade, a liberdade, a imagem, a privacidade, a honra, etc. É o direito subjetivo, convém repetir, de exigir um comportamento negativo de todos, protegendo um bem próprio" (Diniz, 2011, p. 133-134).

No Brasil, nosso ordenamento jurídico estrutura os direitos da personalidade desde a Constituição Federal de 1988, quando já no artigo 1º estabelece como um dos fundamentos da República a dignidade da pessoa humana e, depois, uma série de garantias fundamentais no artigo 5º, afirmando serem invioláveis a intimidade, a vida privada, a honra e a imagem das pessoas, assegurado o direito a indenização pelo dano material ou moral decorrente de sua violação. Também o Código Civil de 2002 traz institutos de proteção à personalidade desde a concepção, antes mesmo do nascimento com vida.

Mais recentemente, por meio da Emenda Constitucional 115/2022, o direito à proteção dos dados pessoais, inclusive nos meios digitais, passou à categoria de garantia constitucional, ao ser incluído no rol dos direitos fundamentais expressos no art. 5º, inciso LXXIX, na condição de cláusula pétrea.

É incontestável que nossos dados pessoais – tais como números de registros oficiais, nome, profissão, estado civil, endereço, condição social, condição de saúde, características biométricas, padrões de relacionamento e de consumo, preferências sexuais, religiosas e opiniões políticas, entre outros – sejam manifestações de nossa personalidade e, portanto, devam ser objeto de proteção. As garantias para isso já estão fixadas em ordenamentos jurídicos de mais de uma centena de países há muitos anos. No Brasil, essa proteção de forma específica encontra-se esparsa há alguns anos, como no Código de Defesa do Consumidor (1990) e no Marco Civil da Internet

(2014), e apenas recentemente passou a ser contemplada especificamente pela Lei Geral de Proteção de Dados Pessoais (LGPD – Lei 13.709, de 14 de agosto de 2018), que entrou em vigor em 18 de setembro de 2020, após intensa disputa envolvendo a Presidência da República, o Congresso Nacional e a sociedade civil.

A LGPD é uma vitória das entidades e especialistas que trabalham pelos direitos digitais. No entanto, o fato de a Autoridade Nacional de Proteção de Dados (ANPD) – organismo que regulará e fiscalizará os direitos estabelecidos pela LGPD – ter ficado vinculada à estrutura institucional da Presidência da República implicará embates e baixa efetividade quanto aos direitos conquistados. Ou seja, continuaremos atrasados na regulação, especialmente porque o desenvolvimento da tecnologia da informação, com o uso de algoritmos e inteligência artificial, e o crescimento das redes sociais associadas à venda de produtos e serviços em dinâmica acelerada a partir dos anos 1990 têm comprovado na prática a máxima de John Perry Barlow de que, no novo mercado, o consumidor é o produto, estabelecendo um "território de complexas relações sociais, culturais e econômicas, que vinculam o direito à privacidade e ao capital" (Silveira; Avelino; Souza, 2016, p. 218).

O uso dos nossos dados pessoais não se restringe à atuação de empresas privadas, pois nossas informações, as mais sensíveis, enquanto cidadãos usuários dos mais diversos serviços públicos, são coletadas largamente pelos poderes públicos, podendo ser usadas tanto para fins econômicos e sociais justificáveis na formulação legítima de políticas públicas quanto para fins de vigilância e restrição de liberdades.

Em novembro de 2020, o Supremo Tribunal Federal declarou a inconstitucionalidade da Medida Provisória 954/2020, que autorizava o compartilhamento de dados dos usuários de telecomunicações (nomes, números de telefone e endereços dos consumidores, pessoas físicas ou jurídicas) com o Instituto Brasileiro de Geografia e Estatística (IBGE) para a produção de estatística oficial durante a pandemia do coronavírus, fundamentada na impossibilidade do instituto em realizar as visitas presenciais, como de costume. O STF entendeu que, a despeito da relevância da atividade de pesquisa para orientar a atuação dos poderes públicos, a MP trazia dispositivos que implicavam em arbitrariedades e desproporcionalidade, incompatíveis com as garantias constitucionais de proteção à intimidade e privacidade.

Outra importante decisão do STF a respeito da proteção de dados foi proferida em 15 de setembro de 2022, julgando parcialmente procedentes pedidos de reconhecimento de inconstitucionalidade do Decreto 10.046/2019 que, atropelando as garantias constitucionais e outras conquistas estabelecidas com a LGPD, autorizava o compartilhamento de dados relativos a mais de 50 bases de dados federais, sem a devida observância de limites estabelecidos por lei (ADI 6649 e ADPF 695).

O CARÁTER SOCIAL DA PROTEÇÃO DOS DADOS PESSOAIS

Se nos séculos XIX e XX a proteção da intimidade e da privacidade se revelou mais como direitos individuais, o certo é que o desenvolvimento das tecnologias da informação e comunicação em massa no âmbito da internet colocou as garantias dos direitos à personalidade num novo patamar.

A economia passou a ter como um de seus principais ativos os dados pessoais, no contexto do big data que é, nas palavras de Shoshana Zuboff (2018, p. 18), "acima de tudo, o componente fundamental de uma nova lógica de acumulação, profundamente intencional e com importantes consequências, que chamo de capitalismo de vigilância. Essa nova forma de capitalismo de informação procura prever e modificar o comportamento humano como meio de produzir receitas e controle de mercado". Ou seja, essa nova manifestação do capitalismo, baseada em nossos dados pessoais, termina por impactar nossos direitos da personalidade e, consequentemente, nossa liberdade em escala difusa e de forma decisiva.

As teorias marxistas sustentam que a natureza do sistema capitalista é fazer o capital subordinar todo segmento produtivo ao seu interesse. O resultado das relações sociais nesse contexto dá forma à estrutura econômica da sociedade, que é a base objetiva sobre a qual se levantam os sistemas jurídicos e políticos, influenciando as formas de consciência social – o que significa dizer que "o modo de produção da vida material condiciona o processo da vida social, política e espiritual em geral. Não é a consciência do homem que determina o seu ser, mas, pelo contrário, o seu ser social é que determina a sua consciência" (Marx, 2008, p. 8).

Tal premissa é importante quando consideramos que, na década de 1970, em virtude da crise da produção em massa, começam a surgir as estratégias de marketing voltadas para a oferta de produtos diferenciados, com o objetivo de alcançar nichos de mercado e de superar os desafios da concorrência; é o surgimento da "economia de produção flexível" (Mendes, 2014, posição 1740).

Dessa forma, as tecnologias voltadas para a coleta massiva de dados pessoais ganham relevância na medida em que se viabilizam a identificação de segmentos específicos de mercado por meio do tratamento das informações e da identificação de interesses específicos. Assim, passou a ser possível racionalizar tanto a produção quanto o marketing, direcionando-os a perfis de consumidores determinados.

Nesse novo cenário, ficamos submetidos às estratégias de empresas para obter o máximo de informações a nosso respeito, num ambiente de vigilância cada vez maior, desafiando as garantias e proteções dos direitos da personalidade, especialmente a privacidade e a intimidade. Foi o surgimento do que, em 1999, Manuel Castells, passa a denominar de "Sociedade Informacional" – um novo modelo denominado de capitalismo informacional, que surge da intersecção entre sociedade informacional e sociedade de consumo, com o objetivo de atingir previsibilidade e redução de riscos, interação com o consumidor e customização da produção, afetando nossas escolhas e, por consequência, nossa liberdade.

Assim, tornou-se fundamental que os institutos garantidores de liberdade nos ordenamentos jurídicos modernos passassem a contemplar não só o aspecto da autonomia privada, mas também o da autonomia coletiva, fazendo-se necessárias atitudes, práticas e convicções democráticas por parte dos formuladores de políticas públicas, que sirvam de base para orientar a atualização conjunta e constante dos direitos pelos poderes públicos (Honnet, 2015, p. 138, 142), assim como os mecanismos para a efetividade desses direitos. Portanto, passou a ser relevante que os processos de definição da liberdade jurídica estejam revestidos de um sentido ético que os legitime permanentemente, para que possam ser alcançados graus efetivos de proteção adequados ao poder e à dinâmica das novas tecnologias, com vistas a se obter um grau satisfatório mínimo de justiça social.

Olhando então para a revolução das tecnologias da informação e comunicação dos últimos anos, temos de admitir que os direitos que propiciam livre-arbítrio, liberdade e equilíbrio nas relações jurídicas que se estabelecem entre governos e cidadãos (e entre empresas e consumidores) estão fortemente ameaçados; especialmente por conta do uso abusivo e desregrado de nossos dados pessoais. Essa nova realidade nos expõe não só como consumidores, mas também como cidadãos, a um nível de vulnerabilidade extrema quanto aos direitos da personalidade e liberdade, demandando um sistema de proteção preciso e eficiente, o que está longe de acontecer mesmo na economia de países desenvolvidos da Europa e nos Estados Unidos.

A situação é ainda mais grave quando constatamos que poucas empresas têm concentrado a atividade de coleta e tratamento de dados e, consequentemente, dominado o fluxo de comunicação e informação, como mostra a pesquisa "Monopólios Digitais" (Intervozes, 2018), sem que os sistemas jurídicos nacionais ou internacionais tenham conseguido fazer frente ao poder econômico dos cinco maiores grupos econômicos que atuam numa escala que podemos chamar de monopólio interplanetário, facilitado pelo caráter transnacional da internet, das dificuldades decorrentes da aplicação das jurisdições nacionais e da conjuntura geopolítica que coloca os Estados Unidos em condição preponderante.

De acordo com o ranking da *Forbes* de 2019, estão entre as cinco maiores empresas do mundo, já há mais de cinco anos, alternando-se nessa ordem: Apple, Alphabet/Google, Microsoft, Amazon e Facebook (atualmente Meta)", todas estadunidenses, atuando na área de tecnologia e tendo como base de seus modelos de negócios o processamento de dados pessoais. É importante destacar que o poder dessas empresas, entre as quais estão as grandes plataformas de aplicações que atuam na internet, que recolhem e monetizam em escala larga e arbitrária nossos dados pessoais, desenvolveram-se num contexto político e econômico marcado pelo neoliberalismo, com a valorização de direitos sociais sendo reduzida, assim como foi rebaixado o papel do Estado enquanto garantidor do bem-estar social. Isso propicia um ambiente de vácuos regulatórios e, como resultado, uma exploração abusiva das nossas individualidades em dimensões coletivas, desconsiderando nossas personalidades, modulando nossos comportamentos e comprometendo os direitos que a princípio deveriam nos proteger.

A CONCENTRAÇÃO DOS MERCADOS DE DADOS E DE FLUXO DE INFORMAÇÃO

Para além de identificar perfis de usuários com o objetivo de orientar a produção e o marketing, a indústria passou a buscar estratégias para capturar a atenção dos consumidores. A utilização de nossos dados pessoais também passou a ser fundamental. Com a identificação mais apurada de perfis, viabilizaram-se o enquadramento emocional e a modulação comportamental, por meio do uso de sofisticados sistemas algorítmicos. As redes sociais que operam na internet passam a se constituir como ambiente ideal para a coleta de toda espécie de dados pessoais, pois seus usuários passam a revelar hábitos, relações, modos de vida, preferências sociais e políticas, condição econômica, etc. – uma coleta que acontece em escala massificada, alcançando milhões de consumidores e, consequentemente, atraindo cada vez mais anunciantes que operam em suas bases de dados com o objetivo de ampliar os próprios negócios.

O modelo centrado nos dados reforça o poder de mercado das principais empresas às quais nos referimos acima, que passam a atrair parcerias com o oferecimento de informações sensíveis de seus consumidores. É o que tem feito a Meta (anteriormente Facebook), cujo grupo econômico é integrado por Facebook, WhatsApp, Instagram e Messenger, que, em geral, atua associada com operadoras do serviço de conexão à internet, patrocinando o tráfego dos consumidores de baixa renda no sistema de zero rating[85], o que lhe propicia obter informações a respeito dos interesses de uma gama diversa de tipos de consumidores, bem como de informações técnicas sobre os dispositivos utilizados, uso de redes

---

[85] Segundo a definição de Ramos (2018, p. 104), "Zero-rating refere-se a uma série de estratégias comerciais desenvolvidas por provedores de acesso mobile em parceria com provedores de aplicações e que visam oferecer gratuidade no tráfego de dados para determinada aplicação e serviço específico, e que ganharam popularidade em países em desenvolvimento desde o início dos anos 2010. Ao contrário do mercado de banda larga, é comum que operadoras ofereçam a seus usuários planos de acesso à internet com limites de volume de tráfego mensais [...]. Por meio de estratégias de zero-rating, operadoras elegem determinadas aplicações e sites cujo tráfego gerado não será contabilizado para esses limites, de forma que o usuário poderá acessar esse site ou aplicação ilimitadamente, independentemente da contratação de um plano específico de acesso à internet".

wi-fi e celulares, localização, grupos sociais, características raciais, entre outras. O Facebook, surgido em 2004, conta com mais de 2,7 bilhões de usuários em 2020. E para milhões de consumidores a aplicação já se confunde com a própria internet, conforme pesquisa realizada pela Quartz em 2017[86].

A Alphabet, holding formada em 2015 para reestruturar o Google, criado em 1998, também concentra especialmente o mercado de busca e distribuição de conteúdos com a exploração de seu mecanismo de busca e do YouTube, que funciona como plataforma de compartilhamento de vídeos. Conforme informações prestadas pelo próprio Google[87], seu mecanismo de buscas é responsável por mais de 89% das pesquisas na internet e algumas de suas aplicações, como o Google for Education, permitem que a empresa tenha penetração cada vez maior em instituições públicas e privadas de ensino, o que lhe proporciona uma condição de oferecimento aos anunciantes não só de dados pessoais, mas também de informações de interesse educacional e científico. Em torno de 2 bilhões de pessoas usam o YouTube, e, a cada minuto, trezentas horas de vídeos são enviadas para a plataforma, que tem quase 1 bilhão de vídeos assistidos por dia.

Tanto o Meta quanto a Alphabet têm como principal fonte de renda a venda de publicidade, justamente por serem as duas maiores empresas que concentram o mercado de dados pessoais. Essas empresas concentram

---

[86] Disponível em: https://qz.com/333313/milliions-of-facebook-users-have-no-idea-theyre-using-the-internet/. Acesso em: 28 abr. 2022.

[87] Disponível em: https://www.youtube.com/intl/pt-BR/about/press/. Acesso em: 28 abr. 2022.

também o mercado de informação. Grande parte das notícias lidas na internet são intermediadas por essas duas plataformas, como mostra a pesquisa "Monopólios Digitais" (Intervozes, 2018). De acordo com a Parse.ly, desde 2015, o Facebook e o Google vêm alternando a liderança desse mercado, de modo que as duas juntas são responsáveis por mais de 70% das notícias lidas na internet em 2017 (Izidorio, 2017). Além disso, as principais empresas que exploram dados pessoais são também as que lideram a aquisição de startups, segundo a Crunchbase – base de informações sobre aquisições, fusões e investimentos em startups.

É inegável que atravessamos um tempo em que os institutos jurídicos de defesa da concorrência não conseguem fazer frente ao grande poder econômico das maiores empresas do planeta. Ainda que na Europa e nos Estados Unidos as autoridades estejam preocupadas e tenham até punido Google e Facebook por práticas anticoncorrenciais, o certo é que esses processos não têm sido efetivos no sentido de evitar mais concentração e mais danos aos consumidores.

No Brasil, apesar de ter sido acionado algumas vezes para se pronunciar sobre práticas anticoncorrenciais do Google e Facebook, o Conselho Administrativo de Defesa Econômica (CADE) nunca reconheceu ilegalidades por parte dessas empresas e, portanto, nunca atuou para evitá-las. Em geral, diante das representações contra o Google, o CADE costuma fazer afirmações como a seguinte: "Ressalta-se que, durante a análise, não se descartou a possibilidade de que tais inovações pudessem velar condutas anticompetitivas. Contudo, não houve evidências que corroborassem tal hipótese. Assim, não foram encontrados indícios econômicos suficientes para caracterizar as condutas sob investigação do Google como infração à ordem econômica"[88].

Ou seja, no Brasil a autoridade competente para tratar dos assuntos relacionados à concentração dos mercados tem interpretado as leis que compõem o sistema de defesa da concorrência de uma forma estreita e em descompasso com a força e a dinâmica de atuação das maiores empresas do planeta e que, com frequência, têm dado causa a danos em larga escala, atingindo interesses públicos, direitos de empresas potencialmente concorrentes e acirrando a vulnerabilidade dos consumidores.

ECONOMIA DA ATENÇÃO, ENQUADRAMENTO EMOCIONAL, MANIPULAÇÃO E MODULAÇÃO ALGORÍTMICA

O resultado da concentração do mercado de dados pessoais nas mãos de poucas empresas sem a devida reação das autoridades competentes – que têm deixado de aplicar as leis de defesa da concorrência, de defesa do consumidor e dos direitos dos internautas expressos no Marco Civil da Internet – tem favorecido as práticas comerciais voltadas para o que se chama hoje de economia da atenção, com a utilização arbitrária e abusiva de dados pessoais e com a violação dos direitos da personalidade. Isso porque as práticas adotadas pelas gigantes da internet estão voltadas para a disputa de "espaços nos cérebros das pessoas,

---

[88] Nota Técnica nº 34. Disponível em: https://cdn.cade.gov.br/Portal/centrais-de-conteudo/publicacoes/estudos-economicos/notas-tecnicas/2018/nota-tecnica-n34-processo-administrativo-08012010483201194.pdf. Acesso em: 28 abr. 2022.

usando para tal técnicas de enquadramento emocional (framing) e de imposição de temas na agenda de debates da vida cotidiana da sociedade (Agenda Setting)", como mostra Cassino (2018). Nesse sentido, "é tanto um recurso de poder político, social e ideológico quanto um modelo de negócios altamente lucrativo que sustenta o enorme conglomerado de mídia mundial" (Cassino, 2018, p. 17). É a economia da atenção com o uso de técnicas de enquadramento emocional e modulação algorítmica.

O modelo de negócio movido pelo combustível da atenção, além de servir a interesses voltados para a venda de serviços e produtos, passou a ser usado também como recurso para promover poder político, social e ideológico, pondo em risco não só direitos individuais, coletivos e difusos, mas também as instituições democráticas dos países, como temos assistido em processos eleitorais de países desenvolvidos e em desenvolvimento – nos EUA com a eleição de Donald Trump em 2016 e, no Brasil, com a eleição de Jair Bolsonaro em 2018.

Mas a atuação das grandes empresas na internet para influenciar processos políticos vem de longe. Desde 2012, o pesquisador americano Robert Epstein, PhD em Psicologia pela Universidade Harvard e pesquisador sênior do Instituto Americano para Pesquisa Comportamental e Tecnologia, já levantava o alerta sobre a influência do aplicativo de buscas do Google nas eleições e sobre a necessidade de a empresa ser controlada, afirmando que "ao longo da história, sempre que uma empresa teve muito poder – estivesse abusando dele ou não – tivemos de criar proteções" (Fellet, 2015).

Entretanto, o movimento tem sido em sentido contrário. O fato de essas empresas concentrarem cada vez mais dados pessoais e, consequentemente, passarem a concentrar também o mercado de publicidade e de venda de produtos e serviços, faz com que tenham um papel determinante nos processos de comunicação, tornando quase obrigatório o uso de suas plataformas para se alcançar grande penetração. Tanto é assim que, em 2017, assistimos ao escândalo da Cambridge Analytica, em que o Facebook revelou a utilização ilegal dos dados pessoais de mais de 80 milhões de usuários da plataforma, o que teve como resultado influências contundentes nas eleições dos EUA e no processo do Brexit, no Reino Unido.

No Brasil o problema é ainda mais complicado, à medida que na reforma da lei eleitoral ocorrida em 2017, apesar de ter sido estabelecida a proibição de propaganda eleitoral paga na internet, criaram-se exceções por meio da Lei nº 9.504/1997, com revisões da Lei 13.488/2017, artigos 57-E e seguintes, para o impulsionamento de conteúdos que são próprios aos serviços ofertados justamente pelas empresas dominantes – Facebook e Google –, com o favorecimento inequívoco que deu a essas empresas importância reforçada no processo eleitoral, o que propiciou violações tanto à lei eleitoral quanto ao Código de Defesa do Consumidor, além das garantias expressas no Marco Civil da Internet.

Como analisei em outro texto:

> as eleições no Brasil em 2018 para presidente da República, senadores e deputados federais transcorreram num clima inflamado, muito em função do uso abusivo de serviços oferecidos pelas plataformas que atuam na internet; especialmente pelo uso do WhatsApp, [...] expondo milhões de consumidores à situação de extrema vulnerabilidade, pela distribuição de

mensagens direcionadas para explorar sentimentos de medo e insegurança, com o objetivo de desqualificar candidatos, divulgando notícias falsas, que terminaram por influenciar a formação de opiniões e votos (Guimarães, 2019).

Algumas dessas irregularidades foram denunciadas durante o processo eleitoral pela *Folha de S.Paulo*, informando que a campanha do candidato Jair Bolsonaro estaria utilizando práticas ilegais na internet para chegar vitorioso, em prejuízo do candidato Fernando Haddad e de seus eleitores, o que foi possível pela utilização de dados pessoais para a promoção de uma campanha massiva de desinformação (Guimarães, 2018). Esse quadro é resultado de manipulação e modulação algorítmica, realizadas com base no "armazenamento, integração, processamento e tratamento destas gigantescas bases de dados geradas cotidianamente pela sociedade global conectada" (Cassino, 2018, p. 26).

Um dos efeitos dessas práticas é o surgimento de bolhas de perfis, temáticas ou ideológicas, que restringem o diálogo e a mobilização da sociedade. As bolhas são um mecanismo de controle do fluxo de informação por empresas privadas guiadas por grandes interesses privados comerciais e/ou políticos, em geral descomprometidos com o interesse público.

A despeito dos múltiplos esforços no sentido de obter algum grau de governança e controle sobre o uso de dados e modulação algorítmica, interesses comerciais transnacionais e a força da tecnologia podem torná-los, se não inócuos, muito pouco efetivos. É o que temos visto com as normas de proteção de dados da Comunidade Europeia (General Data Protection Rights). Apesar da existência de regras mais fortes desde maio de 2018, elas não têm sido fortes o suficiente para impedir abusos por parte das empresas que atuam com força de monopólios planetários.

Os fóruns globais de governança da internet têm se debruçado com muita preocupação sobre o problema, como é o caso do guia lançado pela Comissão Europeia em abril de 2019 com diretrizes de ética para o uso de inteligência artificial, com vistas a que o uso de algoritmos respeite a autonomia humana, justiça e igualdade[89].

Entretanto, também não podemos ignorar que, no âmbito da Organização Mundial do Comércio (OMC), há tratados sendo firmados envolvendo aspectos regulatórios de cibersegurança, governança das redes (como neutralidade e 5G), proteção de dados pessoais, Internet das Coisas, entre outros aspectos, que relativizam esses mesmos valores, reduzindo o peso das garantias legais nacionais, no campo do comércio eletrônico, que começa a ser objeto de acordos a partir de 2000.

Como exemplo, podemos citar o Tratado de Parceria Transpacífico (TPP), de outubro de 2015. Apesar de retirado dos EUA em 2016, continua a ser referência de marco regulatório para novos acordos de comércio e traz disposições quanto a dados pessoais que podem colidir em alguma medida com legislações nacionais de proteção de dados pessoais, a saber: "Cada parte deverá permitir a transferência transfronteiriça, por meios eletrônicos, incluindo informações pessoais". Ou o Trade in Services Agreement (TISA),

---

[89] Communication from the Commission to the European Parliament, the Council, the European Economic and Social Committee and the Committee of the regions Building Trust in Human-Centric Artificial Intelligence – Brussels, 8/4/2019.

do qual consta que "nenhuma parte pode impedir que um fornecedor de serviços de outra parte transfira, acesse, processe ou armazene informações, incluindo informações pessoais, dentro ou fora do território da parte, onde essa atividade é realizada em conexão com a conduta do fornecedor do serviço". Ou ainda o NAFTA 2, que garante o sigilo para sistemas algorítmicos e códigos-fonte, em contraposição à demanda por transparência, necessidade de prestação de contas e governança sobre esses sistemas.

Temos, no caso específico do Brasil, o acordo com o Chile assinado em outubro de 2018 que, entre outras questões, relativiza as obrigações de neutralidade da rede, estabelecidas pelo Marco Civil da Internet, como instrumento fundamental para a manutenção da arquitetura aberta e para a garantia do caráter democrático da rede. A neutralidade de rede, termo inicialmente cunhado por Tim Wu, com base nas ideias de Lawrence Lessig, tem uma série de elementos, como sistematizado por Ramos:

> - O princípio da neutralidade da rede impõe a provedores de acesso a obrigação de não bloquear o acesso de usuários a determinados sites e aplicações, sendo também vedado aos provedores de acesso arbitrariamente reduzir a velocidade ou dificultar o acesso entre aplicações idênticas ou similares;
> - A neutralidade da rede impede a cobrança diferenciada para acesso a conteúdos e aplicações específicas, sendo livre a cobrança de tarifas diferenciadas conforme a velocidade de acesso ou volume de banda utilizada; e
> - Os provedores de acesso devem manter práticas transparentes e razoáveis a respeito de seus padrões técnicos de gerenciamento de tráfego (Ramos, 2018, p. 35-36).

É preciso reconhecer, então, o enorme desafio que se coloca no cenário de baixa implementação de direitos digitais. Como tornar efetivos direitos que se opõem ao interesse econômico preponderante, seja dos EUA, seja de empresas dominantes estadunidenses nos ambientes de negociações para o livre comércio, de modo a proteger os direitos da personalidade, a autonomia da vontade, a dignidade da pessoa humana e, acima de tudo, nossa liberdade?

O SISTEMA DE PROTEÇÃO DOS DADOS PESSOAIS

Diante dos enormes desafios no campo do comércio internacional e do poder das grandes empresas que controlam o mercado de dados ou a "sociedade informacional", muitos autores e especialistas vêm defendendo formas específicas de regulação e controle do uso de dados pessoais. Para Laura Mendes, por exemplo, "a efetivação do direito à proteção de dados depende do controle e da fiscalização da atividade de processamento de dados por autoridade administrativa, de modo a complementar um sistema judicial de resolução de conflitos" (Mendes, 2014, posição 3126).

Nesse sentido, foi desastroso o desfecho da Lei de Proteção de Dados Pessoais. Aprovada em agosto de 2018, a LGPD sofreu vetos do então presidente Michel Temer, o que, junto com a Medida Provisória nº 869/2018, impediu a criação de uma Autoridade Nacional de Proteção de Dados Pessoais (ANPD) com autonomia administrativa e independente da administração pública federal. A ANPD integra a presidência da República, nos termos da Medida Provisória nº 870/2019, convertida na Lei nº 13.844, de

18 de junho de 2019, ainda que em caráter transitório. A falta de independência da ANPD é grave, na medida em que os poderes públicos são os que mais coletam e tratam dados pessoais sensíveis, além de promover transferências desses dados a terceiros, dados estes que deveriam estar especialmente no foco de atuação do órgão regulador e fiscalizador. Entretanto, é justamente nesse cenário político de retrocesso no campo dos direitos fundamentais e de ampliação de riscos quanto à vigilância que a efetividade da nova lei está claramente comprometida e, por consequência, nossos direitos enquanto titulares dos dados pessoais.

Mas contamos também com outras ferramentas legais para a proteção de nossos direitos à privacidade. É o caso da Secretaria Nacional de Defesa do Consumidor, que, de acordo com o Decreto nº 8.771/2016, que regulamenta o Marco Civil da Internet, integra o sistema de fiscalização e apuração de infrações aos direitos expressos na Lei nº 12.965/2014 e no Código de Defesa do Consumidor, uma vez que a relação que se estabelece entre usuários e prestadores de serviço na internet é de consumo, como já reconheceu o Superior Tribunal de Justiça.

É importante considerar os organismos de natureza multissetoriais relacionados com a governança da internet e que, portanto, também têm relação direta com a proteção dos dados pessoais. Nessa esteira, é fundamental reconhecer o Comitê Gestor da Internet no Brasil (CGI.br), organismo multissetorial com representantes do governo, das empresas, da academia e do terceiro setor, como organismo que desempenhou papel fundamental na construção da cultura institucional de proteção de dados pessoais, tendo em vista que, entre suas atribuições está estabelecer diretrizes estratégicas relacionadas ao uso e desenvolvimento da internet no Brasil[90].

Da mesma forma, a Lei de Proteção de Dados Pessoais, ao tratar da ANPD, estabelece que integra sua estrutura o Conselho Nacional de Proteção de Dados Pessoais e da Privacidade, também de caráter multissetorial, integrado por representantes do Poder Executivo, do Poder Legislativo, do Conselho Nacional de Justiça, do Conselho Nacional do Ministério Público, do CGI.br, de entidades da sociedade civil, da comunidade científica, tecnológica e de inovação, confederações sindicais, entidades representativas do setor empresarial, com a atribuição de "propor diretrizes estratégicas e fornecer subsídios para a elaboração da Política Nacional de Proteção de Dados Pessoais e da Privacidade e para a atuação da ANPD".

Apesar da previsão de sistemas legais de proteção dos dados pessoais, o certo é que esses direitos têm sido sistematicamente violados, sem que tenhamos uma reação institucional à altura do poder econômico das empresas que dominam o mercado dos dados pessoais e do peso da geopolítica que termina por influenciar acordos comerciais e, em decorrência, a atuação das autoridades reguladoras e fiscalizadoras. Ainda que seja evidente o caráter coletivo e social dos direitos da personalidade afetados pelas grandes empresas que exploram dados pessoais, temos sido obrigados a enfrentar a contingência da defesa pontual e individual desses direitos, num cenário de extrema vulnerabilidade dos cidadãos.

---

[90] Decreto nº 4.829, de 3 de setembro de 2003 e Marco Civil da Internet – Lei nº 12.965/2014; art. 24.

Há inúmeros casos de exploração abusiva dos dados pessoais dos cidadãos que revelam o alto grau de vulnerabilidade, como a condenação do Google pela Comissão Federal de Comércio dos Estados Unidos (FTC), por força da coleta e utilização ilegal de dados de crianças na plataforma do YouTube, com o objetivo de segmentar publicidade dirigida ao público infantil[91]. O Instituto Alana, organização brasileira que atua na defesa dos direitos das crianças, também tem uma série de processos administrativos e judiciais com a finalidade de impedir práticas abusivas relacionadas por plataformas como YouTube[92].

A perspectiva do desenvolvimento do "humans future market", baseado na coleta de nossas experiências de navegação na internet com técnicas avançadas de inteligência artificial, para transformá-las em dados, com vistas à exploração do mercado de predições sobre nós e nossos futuros, como alerta Shoshana Zuboff, trará consequências antidemocráticas tanto no campo econômico quanto no campo da vigilância, afetando direitos da personalidade e direitos sociais em escala difusa[93], o que não se resolverá exclusivamente com a instituição de leis de defesa da concorrência e de proteção de dados pessoais; é fundamental fortalecer as representações sociais e sua atuação nos agentes econômicos e políticos, de modo a garantir a manutenção das conquistas que resultaram dos processos civilizatórios que

---

[91] Disponível em: https://www.abcdacomunicacao.com.br/youtube-e-multado-em-us-170-milhoes-por-usar-dados-pessoais-de-criancas-para-direcionar-publicidade-ao-publico-infantil/. Acesso em: 27 abr. 2022.

[92] Programa Criança e Consumo. Disponível em: https://criancaeconsumo.org.br/acoes/youtubers-mirins/. Acesso em: 27 abr. 2022.

[93] Disponível em: https://www.youtube.com/watch?v=FX2g6xPeftA&t=2992s. Acesso em: 27 abr. 2022.

nos levaram ao longo dos séculos XIX e XX aos consensos internacionais quanto a direitos fundamentais que promoveram o desenvolvimento da humanidade.

REFERÊNCIAS

CASSINO, João Francisco. Modulação deleuziana, modulação algorítmica e manipulação midiática. *In*: SOUZA, Joyce; AVELINO, Rodolfo; SILVEIRA, Sergio Amadeu da (org.). **Sociedade de controle**: manipulação e modulação nas redes sociais. São Paulo: Hedra, 2018.

CASTELLS, Manuel. **A sociedade em rede**. São Paulo: Paz e Terra, 1999. v. 1.

DINIZ, Maria Helena. **Curso de direito civil brasileiro** – teoria geral do direito civil. 28. ed. São Paulo: Saraiva, 2011. v. 1.

FELLET, João. Google pode definir eleições e deve ser controlado, diz pesquisador de Harvard. **BBC News Brasil**, 14 set. 2015. Disponível em: https://www.bbc.com/portuguese/noticias/2015/09/150901_epstein_google_jf_lk. Acesso em: 27 abr. 2022.

GUIMARÃES, Flávia Lefèvre. Desinformação, eleições e liberdade de expressão. **Artigo 19**, 2019. Disponível em: https://desinformacao.artigo19.org/2019/01/28/flavia-lefevre/. Acesso em: 27 abr. 2022.

_____. A neutralidade questionável do TSE e MPE – crimes eleitorais e violação de dados pessoais. **Flávia Lefèvre Guimarães**, 2018. Disponível em: https://flavialefevre.com.br/pt/a%20neutralidade%20question%C3%A1vel%20do%20tse%20e%20do%20mpe%20-%20crimes%20eleitorais%20e%20viola%C3%A7%C3%A3o%20de%20dados%20pessoais. Acesso em**:** 28 abr**.** 2022.

HARARI, Yuval Noah. **Uma breve história da humanidade**. 44. ed. Porto Alegre: L&PM Editores, 2019.

HONNET, Axel. **O direito da liberdade**. São Paulo: Martins Fontes, 2015.

INTERVOZES. **Monopólios Digitais**: concentração e diversidade na internet. São Paulo, 2019. [on-line]. Disponível em: https://intervozes. org.br/arquivos/interliv012monodig.pdf. Acesso em: 28 jun. 2022.

MARX, Karl. **Contribuição à crítica da economia política**. 2. ed. São Paulo: Expressão Popular, 2008.

MENDES, Laura Schertel. **Privacidade, proteção de dados e defesa do consumidor** – linhas gerais de um novo direito fundamental. São Paulo: Saraiva, 2014.

MOROZOV, Evgeny. **Big Tech** – a ascensão dos dados e a morte da política. São Paulo: Ubu, 2018.

RAMOS, Pedro Henrique Soares. **Neutralidade da rede** – a regulação da arquitetura da internet no Brasil. São Paulo: Editora IASP, 2018.

SILVEIRA, Sergio Amadeu; AVELINO, Rodolfo; SOUZA, Joyce. A privacidade e o mercado de dados pessoais. **Liinc em Revista**, v. 12, n. 2, 2016. Disponível em: http://dx.doi.org/10.18617/liinc.v12i2.902. Acesso em: 27 abr. 2022.

ZUBOFF, Shoshana. Big Other: capitalismo de vigilância e perspectivas para uma civilização de informação. *In*: BRUNO, Fernanda *et al.* (org.). **Tecnopolíticas da vigilância** – perspectivas da margem. São Paulo: Boitempo Editorial, 2018.

PARTE 3
DESAFIOS E RESPOSTAS PARA AMPLIFICAR AS VOZES

CAPÍTULO 8.
VISIBILIZAR, MOBILIZAR E REINVENTAR: AS DISPUTAS TRAVADAS EM TORNO DO RACISMO NA INTERNET

Gyssele Mendes e Tâmara Terso

Um homem negro é espancado até a morte por seguranças de uma rede internacional de supermercados na cidade de Porto Alegre, na véspera do Dia da Consciência Negra de 2020. O registro em vídeo do assassinato é compartilhado milhões de vezes em plataformas de redes sociais e mensageria[94]. Ativistas do movimento negro,

---

[94] Segundo pesquisa realizada pelas agências We are Social e Hootsuite, em 2021, as redes sociais mais utilizadas no Brasil foram: Facebook (130 milhões de usuários), YouTube (127 milhões) e WhatsApp (120 milhões). Em média, a população brasileira passa 3h42min por dia em redes sociais. Esse dado corrobora os achados do mapeamento "Territórios Livres, Tecnologias Livres", que identificou o YouTube, o Facebook e o WhatsApp como as principais redes sociais usadas por famílias rurais e de povos e comunidades tradicionais do Nordeste brasileiro. Disponível em: http://territorioslivres.online/. Acesso em: 27 abr. 2022.

pesquisadores, organizações da sociedade civil, algumas autoridades públicas e influenciadores digitais se posicionam sobre o caso na internet e em protestos nas filiais da empresa. Meses antes, outro homem negro havia sido asfixiado até a morte por policiais na cidade de Minneapolis, nos Estados Unidos. As imagens ganharam o mundo, gerando mobilizações contundentes em diversos países, inclusive no Brasil, o que movimentou a opinião pública e contribuiu para a condenação do assassinato.

Na mídia brasileira, a cobertura dos atos antirracistas no exterior ganhou visibilidade com inserções ao vivo das manifestações e até uma edição inteira do programa *Em Pauta*, da GloboNews, apresentado por uma bancada de jornalistas negros debatendo o racismo estrutural[95]. Foi um dos poucos momentos em que o jornalismo tradicional brasileiro debateu o tema com expressividade. Os assassinatos de negras e negros no Brasil mobilizam pouco os jornais e canais de televisão, sobretudo pela lógica de concentração dessas mídias nas mãos de poucas famílias, representantes de uma parcela da sociedade que fomenta o racismo – a branquitude nacional. Nem com a ajuda extra dos abaixo-assinados, tuitaços, influencers e movimentos sociais tentando cotidianamente denunciar nas ruas e nos meios de comunicação o genocídio contra a população negra, as instituições midiáticas, jurídicas e governamentais encaram o

---

[95] "Não há dúvidas de que assistimos, esses dias, a um momento histórico. Porém, num país em que a televisão existe há sete décadas e em que mais de 54% da população é negra, o momento é histórico apenas porque a trajetória das comunicações no Brasil, e do Grupo Globo, é de silenciamento das negras e negros", escreveu o jornalista e pesquisador Paulo Victor Melo sobre o programa *Em Pauta* apresentado por uma bancada de jornalistas negros. Disponível em: https://www.cartacapital.com.br/blogs/sobre-globo-e-racismo-o-buraco-e-mais-embaixo/. Acesso em: 27 abr. 2022.

tema como uma urgência necessária para preservar vidas negras, 56% da população brasileira.

Os assassinatos em questão – de João Alberto Silveira Freitas e de George Floyd – possuem similaridades que vão além da face letal do racismo. O registro em vídeo das violências alcançou milhões de visualizações na internet em poucas horas, o que foi o estopim de mobilizações exigindo o fim do racismo. No entanto, as mobilizações enfrentaram obstáculos on-line e off-line, como mostraremos no decorrer deste capítulo, para afetar a sociedade civil e as instituições quanto à impossibilidade de tolerar a violência racial em seus respectivos países. Essa violência foi naturalizada historicamente no tecido social, fazendo do racismo um fenômeno estrutural.

Em ambos os casos, o ambiente da comunicação em convergência se destacou pela seletividade e reforço na invisibilidade das lutas antirracistas. Há uma ambiguidade aqui. Ao mesmo tempo que os vídeos com os assassinatos alcançaram milhões de pessoas e o assunto passou a ser pautado pelas mídias tradicionais, ficou evidente a prática de invisibilização recorrente dessas lutas, somente presentes quando a violência atinge níveis letais. Esses elementos servem de alerta para a sociedade, no sentido de entender as formas de interações sociais em plataformas digitais como potencialmente centralizadas por interesses econômicos e políticos das empresas que as gerenciam.

As formas de circulação dos discursos racistas ou antirracistas não são as mesmas nos meios de comunicação de massas e nas redes sociais digitais, porém elas compartilham das mesmas desigualdades de fluxos de comunicação. Os marcadores de raça na mídia tradicional parecem não existir, através do reforço da ideia de que "somos todos iguais". Já nas plataformas digitais, a sistematização de tais marcadores formula métricas para potencializar a entrega de informações, dando margem à criação de um viés racial na produção de sentido nesses ambientes comunicacionais.

A circulação de materialidades como vídeos, fotos, relatos e depoimentos mobiliza lutas por sentidos em processos de mediação, nos quais os meios de comunicação de massa não são os únicos protagonistas na construção do discurso. Nos circuitos de comunicação, que ficam cada vez mais complexos pelo desenvolvimento veloz da digitalização, os fluxos contínuos de informações provenientes de enunciadores individuais, coletivos e institucionais (como as plataformas de mídias moduladas por algoritmos opacos e sem transparência) podem causar distorções difíceis de serem identificadas e responsabilizadas.

O processo de construção da realidade nas sociedades digitalizadas ou em fase de mediatização profunda (Couldry; Hepp, 2017) passa da mediação feita pelas relações sociais em comunidade e instituições em contato com os meios de comunicação para ser reconfigurada por inúmeras agências, entre elas as coletividades mediatizadas e imaginadas. A primeira cria processos de organização e sociabilidade por meio do atravessamento do campo da comunicação, e a segunda só é possível mediante experiências projetadas pela captura e análise de dados fornecidos, intencionalmente ou não, por indivíduos nas suas interações sociais em múltiplos meios (Dijck; Poell; Waal, 2018).

Neste capítulo buscamos compreender as disputas de sentidos sobre o racismo que se dão no ambiente digital e por meio dele. Analisamos as condições de produção dos discursos raciais em sua perspectiva histórica, como condição para a formação de coletividades mediatizadas e imaginadas. Nesse processo, observamos fenômenos que em 2020 foram destaque no tema: (a) as violências raciais que ganharam evidência no Brasil por meio das mídias, tanto as tradicionais quanto aquelas nativas do ambiente digital; (b) as denúncias sobre o viés racial das tecnologias e seus impactos na circulação dos discursos na internet e por meio dela; e (c) as iniciativas que buscam reinventar tecnologias e lutar por sentidos antirracistas nas redes digitais.

Lançar um olhar apurado para as condições de produção e circulação nas mídias – produtoras de discursos enquanto práticas sociais – é um dos principais estágios para a compreensão da construção de sentidos sobre racismo e antirracismo nas plataformas digitais. Para tanto, faz-se necessário começar o debate visibilizando discursos que seguem legitimando, historicamente, o racismo como estrutura, especialmente o mito da democracia racial no Brasil.

Um olhar diacrônico sobre o racismo contribui para entender de que forma as plataformas digitais e as interações que acontecem nelas cerceiam o debate público em torno do racismo e/ou mobilizam discursos racistas. E, apesar disso, como as coletividades também são mobilizadas nas redes digitais com o objetivo de amplificar vozes antirracistas através de experiências de reinvenção da tecnologia por meio de iniciativas que lutam por sentidos antirracistas na sociedade e que estão no ambiente das redes organizando suas estratégias.

RACISMO E MITO DA DEMOCRACIA RACIAL COMO CONDIÇÕES DE PRODUÇÃO DOS DISCURSOS

O racismo é um sistema de discriminação que hierarquiza indivíduos por meio da racialização para distribuir papéis de subalternidade e privilégios a determinados grupos raciais. No sistema capitalista, o racismo categoriza, por exemplo, quem pode se tornar mercadoria e os que detêm privilégios perante essa inferiorização. Esse processo é reproduzido nas instituições e na vida cotidiana, e lançou bases estruturais para a formação política, econômica e cultural das sociedades modernas (Almeida, 2019).

Para ter sucesso como tecnologia de morte, o racismo elabora, ao longo do tempo, práticas simbólicas e materiais de discriminação no âmbito da comunicação e da cultura. Enquanto ideologia, o racismo naturaliza a distribuição de papéis sociais desumanizados, regulando sentidos e determinando locais para indivíduos negros, indígenas e outros grupos raciais não brancos.

O mito da democracia racial compõe a base ideológica do racismo no Brasil. Por muito tempo esse mito atuou formando as subjetividades da população brasileira por meio do apagamento das memórias do tráfico transatlântico de 5 milhões de vidas africanas transformadas em mercadorias no processo de colonização. Além das violências físicas e psicológicas vividas por povos africanos em condição de escravização por quase quatro séculos, as histórias, memórias e os saberes de civilizações indígenas e africanas foram banidos dos livros didáticos, do contexto de representação política e do agendamento da mídia.

O conceito da democracia racial, difundido no final dos anos de 1930 pelas Ciências Sociais e abraçado por governos e pela elite cultural brasileira, tentou "passar pano" nos crimes cometidos contra a humanidade desde os tempos da colônia. Por meio do falso argumento da integração racial do país de forma pacífica e gradual no pós-abolição, o conceito esvaziou por muito tempo os sentidos de violência, estupro e desumanização perpetrado contra povos negros e indígenas. Esses sentidos foram substituídos por ideais de afeto e camaradagem, edificados na concepção de mestiçagem e dignos da construção do mito enquanto "sistema semiológico" tal como formulado por Roland Barthes (2006).

Intelectuais de diversas áreas do conhecimento tentaram, com base na impopularidade do racismo científico ao longo da primeira metade do século XX, ressaltar as benesses de uma suposta harmonia entre brancos e não brancos. Gilberto Freyre (2006), um dos entusiastas dessa tese, analisando as relações entre a casa-grande e a senzala, destacou a "mistura das raças" e o multiculturalismo como elementos importantes para a composição da identidade nacional. Contudo, a falta de problematização das relações de desigualdade política e econômica entre brancos e não brancos silenciava as violências raciais financiadoras dessa pseudo-harmonia.

O mito da democracia racial foi construído escondendo os horrores da perseguição do Estado às religiões e culturas de matriz africana e indígena, a negação de direitos básicos como emprego, saúde, acesso à educação e moradia para essas populações, além dos sistemáticos estupros cometidos contra mulheres negras e indígenas no processo de colonização que caracterizava a mestiçagem como uma prática criminosa.

Enquanto nos Estados Unidos o negro foi submetido a um sistema de leis segregacionistas que institucionalizava o racismo e não deixava margem para que a sociedade esquecesse dos tempos da escravidão, no Brasil, o esquecimento foi estimulado como política pública. O racismo à brasileira naturalizou as desigualdades raciais apostando no "colorblindness"[96], discriminação indireta por meio do apagamento da racialização como determinante para as desigualdades sociais. Não menos letal, essa prática discriminatória tem dissimulado historicamente o caráter sistêmico do racismo.

É importante lembrar que a raça, empregada como categoria de distinção entre humanos, é uma criação arbitrária e orientada pelo contexto político no qual se insere. Esse raciocínio ascendeu no período de expansão mercantilista para diferenciar o "humano universal" (categoria humana supostamente superior, detentora de razão e naturalizada pelo homem branco e europeu) de outras humanidades. E, como afirma Sílvio Almeida (2019, p. 20), "a classificação de seres humanos serviria, mais do que para o conhecimento filosófico, como uma das tecnologias do colonialismo europeu para a submissão e destruição de populações das Américas, da África, da Ásia e da Oceania".

Da mesma forma que a categoria raça foi utilizada em determinados períodos para classificar, hierarquizar e dominar povos, em outros momentos suavizá-la orientou o mito da democracia racial. A concepção de sociedade integrada racialmente visou determinar lugares de

---

[96] O termo "colorblindness" é utilizado neste capítulo enquanto ideologia racial que postula que a forma mais eficiente de combater o racismo é tratando os indivíduos de forma "igualitária", sem pontuar as distinções de raça, etnia ou cultura (Williams, 2011). A título de exemplo, vale mencionar o pronunciamento do presidente da República Jair Bolsonaro sobre o assassinato de João Alberto. "Como homem e como Presidente, sou daltônico: todos têm a mesma cor. Não existe uma cor de pele melhor do que as outras. Existem homens bons e homens maus. São nossas escolhas e valores que fazem a diferença". Disponível em https://catracalivre.com.br/cidadania/bolsonaro-nega-racismo-diz-que-e-daltonico-e-nao-cita-joao-alberto/. Acesso em: 27 abr. 2022.

subalternidade para negros e indígenas, assimilando-os à sociedade por meio da vontade e do filtro da branquitude. Assim, as condições de produção do discurso sobre as desigualdades raciais ficaram subordinadas aos processos de dissimulação das violências racistas, sendo a comunicação e a cultura ambientes que fomentaram o silenciamento das tensões raciais ou a criação das imagens de controle para a população não branca do país.

DISCURSO, IMAGENS DE CONTROLE E AS DESIGUALDADES DIGITAIS

Os discursos são conjuntos de "ideias-forças" que se apresentam como formas de ação, em que a enunciação (como algo é dito) constitui-se em um ato e visa provocar uma situação. Eles são contextualizados, regidos por normas que criam expectativas e são assumidos por sujeitos (enunciadores) que se colocam como fontes de referência e que vão indicar no enunciado (aquilo que é dito) atitudes adotadas em relação ao destinatário e coenunciadores (Maingueneau, 2015).

Com o objetivo de criar uma imagem de nação unificada e apagar a história da escravidão, a elite brasileira camuflou o racismo do açoite e das teorias eugenistas, sofisticando as práticas de discriminação racial no âmbito da linguagem e das relações interpessoais para domesticar corpos e culturas. É nesse contexto que nascem as crenças da "hospitalidade" e da "alegria" brasileiras, junto com os estereótipos do negro cordial, preguiçoso e da mulata boa de samba, papéis reforçados na literatura, músicas e nos meios de comunicação dentro e fora do país. Os estereótipos cumprem um papel de inferiorização com base em ideias preconceituosas sobre pessoas e comunidades negras. Já as imagens de controle são roteiros criados para determinar comportamentos de indivíduos atravessados pelos marcadores de raça, gênero, território e sexualidade, através das referências socioculturais das sociedades brancas. Nesse contexto, indivíduos racializados são levados a seguir "scripts" de vivências amplamente circuladas e com o poder para construir realidades sociais que favoreçam determinados grupos raciais (Collins, 2019).

O apagamento cultural e as imagens de controle construídas pelo mito da democracia racial causaram danos irreparáveis às populações negras e indígenas nos âmbitos material e imaterial. Ambos justificaram violências físicas e psicológicas, como a violência policial, invasões de terras indígenas e o epistemicídio – negação do conhecimento afrodescendente e ameríndio na constituição do patrimônio cultural brasileiro (Carneiro, 2005). Suas ideias reverberam até hoje, alimentando imaginários coletivos em novelas, reality shows, bancos de imagens na internet, memes, textos e debates amplamente difundidos pela comunicação em convergência.

João Alberto morreu fisicamente, assassinado por seguranças do supermercado, e outras milhões de vezes pelos estereótipos atribuídos a ele. George Floyd, nos EUA, também morreu por diversas vezes depois que a sua morte física passou a ser justificada por antecedentes criminais. Sem falar em Pedro Gonzaga[97], jovem negro assassinado em

---

[97] O jovem negro Pedro Gonzaga, de 19 anos, foi assassinado pelo segurança do supermercado Extra, Davi Ricardo Moreira Amâncio, na Barra da Tijuca (Rio de Janeiro). Dias após o assassinato, manifestantes ocuparam as portas do supermercado em diversas cidades brasileiras. Disponível em: https://ponte.org/protestos-contra-morte-de-pedro-gonzaga-fecham-extra-vidas-negras-importam/. Acesso em: 27 abr. 2022.

condições semelhantes às de João Alberto e com a morte justificada por distúrbios mentais.

Mesmo com a intelectualidade negra e os movimentos sociais denunciando o mito da democracia racial e reivindicando políticas para mitigar os danos causados pelas imagens de controle, o que resultou na aprovação das Leis nº 10.639/2003 e nº 11.645/2008, que dispõem sobre a obrigatoriedade do ensino da história e cultura africana, afro-brasileira e indígena, do ponto de vista estrutural ainda estamos em desvantagem. A educação segue não sendo uma prioridade para o Estado e o sistema de comunicação mantém a lógica colonial de concentração, sendo organizado por empresas estrangeiras e/ou familiares, descendentes de escravocratas beneficiários diretos das desigualdades sociorraciais. São, assim, reprodutoras de estratégias cada dia mais potentes de racismo por meio dos ditos e não ditos.

A internet, que em seu nascedouro foi considerada um espaço aberto para circulação de ideias, chega na segunda década dos anos 2000 concentrando suas atividades em plataformas monopolizadas e alimentadas de textos, imagens e áudios atravessados por esse mito. As dificuldades de incluir discursos que eliminem as imagens de controle de negros e indígenas enfrentam pelo menos duas barreiras: (a) as desigualdades no acesso à internet; e (b) a infraestrutura de circulação dos discursos, interditada para determinados sujeitos por filtros e bolhas automatizadas.

Para essas duas barreiras, o discurso da neutralidade racial tenta retirar o componente racismo do diagnóstico das desigualdades, reforçando a ideia de que os meios digitais são ambientes democráticos, numa reedição da democracia racial para contextos de digitalização. Porém, que democracia é essa que exclui quase 40 milhões[98] de usuários pelas condições geográficas, econômicas e raciais no Brasil? E que cria barreiras para a circulação dos conteúdos de pessoas e coletivos negros e indígenas que conseguem chegar aos territórios digitais?

Já em 1980, a filósofa e antropóloga Lélia Gonzalez constatou que "um dos legados concretos da escravidão diz respeito à distribuição geográfica da população negra, isto é, a sua localidade periférica em relação a regiões e setores econômicos hegemônicos" (Gonzalez, 2018, p. 98). Se pensarmos na internet como sendo um território, entenderemos que, também nela, os não brancos continuam em "localidades periféricas" em relação às possibilidades de ocupação e circulação de seus conteúdos.

A impossibilidade de chegar no território digital devido às condicionantes socioeconômicas e raciais é alarmante. A pesquisa "Territórios Livres, Tecnologias Livres", ao mapear os usos e concepções de internet e tecnologias em 33 comunidades rurais e quilombolas do Nordeste brasileiro, em 2021, identificou que 28% das famílias ouvidas nas comunidades não tinham acesso à internet. Já as famílias com acesso à internet totalizavam 71% e cerca de 49% delas tinham alguma dificuldade de acesso relacionada à infraestrutura ou ao alto custo dos pacotes de internet (Intervozes, Conaq, MMTR-NE, 2021).

---

[98] Segundo dados da Pesquisa Nacional por Amostra de Domicílios Contínua (Pnad Contínua), no 4º trimestre de 2019 o Brasil tinha cerca de 39,8 milhões de pessoas sem acesso à internet.

Na medida em que as imagens de controle fomentam o crescente discursos de ódio contra quilombolas, indígenas, negras e negros nas plataformas digitais, fica nítido o quanto as assimetrias geradas em torno dos territórios digitais têm relação direta com as desigualdades raciais estruturantes e históricas.

É perceptível que os dispositivos do mito da democracia racial no Brasil continuam agindo na internet plataformizada por meio da neutralidade racial e das imagens de controle. Esse quadro nos coloca a tarefa de pensar sobre as tecnologias digitais a partir de um lugar desnaturalizado e dentro da crítica racial. Para isso, precisamos identificar as interdições que as infraestruturas de plataformas operam contra a população negra.

A MÃO "INVISÍVEL" DAS PLATAFORMAS

Um dos lemas que identificam movimentos e diversos protestos antirracistas contemporâneos é o #BlackLivesMatter[99] (#VidasNegrasImportam). Não por acaso, ações em torno desse mote ganharam repercussão em uma das redes sociais de maior alcance dos anos 2010,

---

99 A hashtag #BlackLivesMatter, que transpôs o ambiente virtual e deu nome a um movimento social que ganhou as ruas mundo afora, foi criada em 2013 pelas ativistas Patrissia Cullors, Alicia Garza e Opal Tometi em uma postagem no Facebook. A publicação, intitulada "Uma carta de amor aos negros", foi escrita após o segurança George Zimmerman, que assassinou o jovem negro Trayvon Martin por considerá-lo "suspeito", ser absolvido pela Justiça dos Estados Unidos. Disponível em: https://brasil.elpais.com/internacional/2020-10-11/alicia-garza-uma-ativista-para-o-seculo-digital.html. Acesso em: 27 abr. 2022.

o Facebook[100]. Entre 2013 e 2016, a hashtag, homônima ao movimento social, foi publicada mais de 12 milhões de vezes somente no Twitter, alcançando o terceiro lugar entre as causas sociais mais compartilhadas na década[101]. Entretanto, esse amplo alcance se configura mais como exceção do que como regra nas plataformas digitais.

Nos primórdios da rede mundial de computadores, acreditava-se que ela seria a nova Ágora ou aldeia global, onde todas as vozes poderiam se expressar livremente, sem o filtro interessado das mídias tradicionais, e a promessa da democratização do conhecimento enfim se cumpriria. Com as novas fases do capitalismo e sua crescente plataformização, o ambiente on-line passou a ser dominado por monopólios digitais, e corporações transnacionais passaram a ter o poder de modelar o debate público com base em interesses privados (Grohmann, 2020).

Ao discorrer sobre a migração do racismo brasileiro para as redes sociais digitais, o pesquisador Luiz Valério Trindade critica a visão de que a internet seria um território "color-blind".

---

[100] Aparentemente, o Facebook parece ter perdido espaço com o surgimento de novas redes sociais, mas segue ampliando sua base de usuários ativos pelo mundo e seus lucros. Em 2020, a companhia registrou lucro de 29 bilhões de dólares, 58% a mais do que em 2019. Disponível em: https://forbes.com.br/negocios/2020/01/base-de-usuarios-ativos-do-facebook-supera-estimativas/ e https://www.terra.com.br/noticias/tecnologia/lucro-do-facebook-aumenta-58-em-2020-mas-empresa-se-prepara-para-ano-dificil,d46a37ef62123250df2f2cb780d7ebcdztij6xk6.html. Acesso em: 27 abr. 2022.

[101] O ranking foi divulgado pelo Twitter em celebração aos dez anos da plataforma. Em primeiro lugar estava a hashtag #Ferguson, publicada mais de 27 milhões de vezes, em razão dos protestos pela morte de Michael Brown, jovem negro morto por um policial branco em 2014. Disponível em: https://www1.folha.uol.com.br/educacao/2020/06/blacklivesmatter-e-a-forca-das-hashtags.shtml. Acesso em: 27 abr. 2022.

É importante dizer que nos primórdios da internet, havia vozes defendendo que esta tecnologia digital representaria uma espécie de ambiente "*color-blind*", ou seja, um espaço onde diferenças raciais seriam irrelevantes. [...] De fato, ao invés de ser um território "*color-blind*", a web é um espaço onde tanto raça quanto racismo são particularmente significativos; e o maior capital econômico e cultural dos brancos lhes permite maior acesso a esta tecnologia (Kettrey; Laster, 2014). Este acesso mais facilitado significa também que este grupo racial consegue impor sua própria visão de mundo e crenças sobre si próprios e sobre os outros a partir de uma perspectiva dominadora e hegemônica (Trindade, 2020, p. 33).

Com apoio de Daniels (2009), Trindade argumenta que, embora os discursos racistas tenham diminuído ou sido codificados em ambientes públicos, eles continuaram a existir em ambientes privados. Logo, a manutenção do mito de que a internet é um espaço em que as diferenças raciais são irrelevantes contribui para que pessoas utilizem o ambiente digital como descarga para discursos racistas, endossando a nossa reflexão sobre a gravidade do mito da democracia racial na internet.

De acordo com Tarcízio Silva (2020), grupos sociais minorizados historicamente pelas opressões de raça, etnia, gênero e sexualidade passaram a ser objeto de reflexão nas tecnologias a partir da década 1990, mais especificamente em torno das desigualdades de acesso às tecnologias, tema que se tornou ainda mais relevante com a pandemia de Covid-19. Para o pesquisador, o discurso hegemônico da época pregava uma "descorporificação" dos indivíduos e suas identidades.

A demora em analisar o ambiente digital como sendo um espaço marcado por desigualdades raciais criou um lugar propício para a circulação de discursos supremacistas brancos, conforme nos mostra Silva:

> a lassidão da pesquisa sobre raça e racismo on-line contrastou com a visão estratégica de membros da Ku Klux Klan que, como documenta Daniels, viam na internet uma possibilidade de "criar uma reação em cadeia de esclarecimento racial que vai chacoalhar o mundo pela velocidade de sua conquista intelectual" nas palavras do supremacista branco David Duke em 1998 (Daniels, 2018, p. 64). Duke é ativo apoiador do portal neonazista Stormfront, responsável por uma das primeiras grandes estratégias análogas às fake news, ao comprar o domínio <martinlutherking.org>, simular um website sério e publicar informações falsas sobre o ativista negro. [...] Vinte anos depois da citação acima de Duke, o uso de plataformas digitais como mídias sociais e mensageiros *mobile* virou o jogo em eleições e referendos por todo o mundo, enquanto ainda há batalhas discursivas se estes movimentos são ou não extremistas ou supremacistas (Silva, 2019, p. 135).

Em outro artigo, Silva comenta que plataformas como o Facebook lucram com o impulsionamento de mensagens de ódio de grupos supremacistas brancos, como o Boogaloo Movement, e são lentas na tomada de medidas mesmo após as denúncias. As plataformas até tentam esconder o caráter explícito de raça, mas permitem sua manipulação.

> Uma postura comum das plataformas de mídias sociais é esconder o caráter explícito de raça, mas permitir suas manifestações

ou manipulações através de proxies ou atalhos por atores específicos. Sweeney (2013), por exemplo, identificou o direcionamento de anúncios discriminatórios a afro-americanos através do uso de nomes próprios de cultura negra e africana no buscador Google. Por outro lado, a oferta de conteúdo de mídia em bancos de imagens como Shutterstock traz como resultado famílias e representações brancas – apenas depois de mobilização de grupos, como a ONG Desabafo Social, o site incluiu a variável de raça/etnia como filtro no buscador (Silva, 2019, p. 5).

Trindade argumenta também que os discursos racistas que circulam na sociedade brasileira, como o mito da democracia racial, estão intrinsecamente vinculados aos discursos de ódio na internet, especialmente nas mídias sociais. "[O] mais intrigante é constatar que 'discurso de ódio' tornou-se de fato proeminente nos veículos de comunicação analisados sobretudo a partir de 2012 quando, coincidentemente (ou não), o Facebook atingiu a marca de um bilhão de usuários ativos mensais", destaca o autor (Trindade, 2020, p. 29). Ele revela que uma das categorias de discurso de ódio que mais têm crescido nas plataformas ao longo dos últimos anos é o racismo:

> O número de casos reportados de racismo no Facebook cresceu de 2.038 em 2011 para 11.090 em 2014 (SaferNet, 2015). Entre abril e junho de 2016, Pereira *et al* (2016) conduziram um mapeamento no Facebook e Twitter que foi capaz de identificar 32.376 menções de cunho racista, sendo 97,6% delas eram direcionadas a indivíduos negros. Em 2017, foram registrados 63.698 casos de discursos de ódio no ambiente virtual brasileiro, sendo que entre eles, um terço eram de cunho racista (Boehm, 2018; Tavares, 2018). Por fim, outro estudo revela que mulheres

negras socialmente ascendentes representam 81% das vítimas de discursos racistas no Facebook (Trindade, 2020, p. 30).

Dados mais recentes mostram que entre 2006 e 2020 a Central Nacional de Denúncias de Crimes Cibernéticos recebeu e processou 589.978 denúncias de racismo envolvendo 106.512 páginas distintas. Entre essas, 67.022 foram removidas, cerca de 62%. O Facebook lidera os domínios com mais páginas denunciadas por racismo, seguido do Orkut[102], Twitter e YouTube[103].

Além de permitir o escoamento de discursos racistas que circulam na sociedade por omissão, as plataformas digitais atuam de modo ativo e "invisível" na perpetuação do racismo. Na década de 2010, diversas pesquisas demonstraram o funcionamento do racismo algorítmico e seus impactos, desmontando a visão de que as tecnologias são neutras. Tarcízio Silva (2020, p. 135-136) aponta que os tipos mais comuns de racismo algorítmico identificados na literatura acadêmica são suposição de criminalidade, negação de realidades raciais/democracia racial, suposição de inferioridade intelectual, patologização de valores culturais, exotização, sentimento de ser estrangeiro na própria terra/negação da cidadania e exclusão ou isolamento.

Vale destacar o estudo seminal de Safyia U. Noble em "Algorithms of Oppression: how search engines reinforces racism" (2018). Ela mostra como simples buscas

---

[102] O Orkut foi uma rede social digital da Google criada em 2004 e desativada em 2014.

[103] Disponível em: https://indicadores.safernet.org.br/index.html. Acesso em: 27 abr. 2022.

no Google sobre termos como "black girls" trazem como resultados sites pornográficos e imagens de hiperssexualização de meninas e mulheres negras. Noble também critica a ausência de diversidade na indústria da tecnologia, composta majoritariamente de homens cisgêneros brancos, o que não reflete nem de longe a sociedade na qual as tecnologias estão inseridas.

O projeto Gender Shades[104], de Joy Buolamwini e Timnit Gebru (2018), é outra pesquisa fundamental para compreender a intersecção entre raça, gênero e tecnologia. Ao analisar os sistemas comerciais de reconhecimento facial da Microsoft, IBM e Face++, Buolamwini mostra as disparidades substanciais na identificação de tons de pele não brancos. Mulheres de pele mais escura são o grupo com a pior classificação, com taxas de erro de até 34,7%. A taxa máxima de erro para homens de pele mais clara é de 0,8%.

Buolamwini e Gebru apontam para a necessidade urgente de o Vale do Silício, região dos Estados Unidos que abriga as principais empresas de tecnologia, observar a questão caso queira construir algoritmos justos, transparentes e responsáveis. Já no Brasil, em 2019, primeiro ano do uso do reconhecimento facial para policiamento, 184 pessoas foram presas, dentre as quais 90% eram negras[105].

Um caso destacável de distorção provocada por programação de algoritmos com viés racial se organiza em torno das lutas antirracistas travadas em 2020, nos já citados protestos pela morte de George Floyd. As redes

---

[104] Disponível em: http://gendershades.org/overview.html. Acesso em: 27 abr. 2022.

[105] Dados publicados em 2021 pela iniciativa "O Panóptico". Disponível em: http://observatorioseguranca.com.br/panoptico-reconhecimento-facial-renova-velhas-taticas-racistas-de-encarceramento/. Acesso em: 27 abr. 2022.

sociais digitais tornaram-se o principal eco das mobilizações convocadas pelos movimentos negros, inundadas pela hashtag #BlackLivesMatter.

Como forma de "apoio" aos movimentos antirracistas no caso Floyd, a indústria da música[106] criou a hashtag #BlackoutTuesday, que consistia em "pausar o show" e publicar um quadrado preto nas redes sociais, sem qualquer informação sobre a violência racial, apenas com #BlackoutTuesday. Porém, as publicações passaram a ser feitas também com a hashtag #BlackLivesMatter. Logo, quando um usuário buscava por #BlackLivesMatter nas plataformas, especialmente no Instagram, não encontrava nenhuma informação sobre o movimento antirracista e os protestos, apenas quadrados pretos.

O desastrado episódio logo foi denunciado por jovens negros[107] nas redes. Na época, um dos executivos do Instagram, Adam Mosseri, reconheceu que o algoritmo da plataforma poderia estar bloqueando ou reduzindo o alcance de conteúdos produzidos por pessoas negras. O executivo afirmou que a plataforma iria rever os impactos dos algoritmos, da distribuição, da verificação de contas e das denúncias de assédio na comunidade negra, porém, não determinou data para a conclusão do processo[108]. O

---

[106] A ação foi iniciada pelas produtoras musicais Brianna Agyemang e Jamila Thomas, da Atlantic Records, gravadora que pertence a Warner Music, e logo outros representantes da indústria da música aderiram, como o Spotify.

[107] Nesse tuíte é possível ver uma imagem da busca no Instagram pela hashtag #BlackLivesMatter após a ação desastrosa da indústria da música: https://twitter.com/xoxorubenangel/status/1267703582213599232. Acesso em: 27 abr. 2022.

[108] Disponível em: https://about.instagram.com/blog/announcements/ensuring-black-voices-are-heard. Acesso em: 27 abr. 2022.

acontecimento reforça a ideia de que na construção da realidade social, em sociedades digitalizadas ou em fase de mediatização profunda, as agências que participam dos fluxos de comunicação se multiplicam com identidades cada vez mais opacas, o que não beneficia processos democráticos.

Na mobilização on-line em torno da #BlackoutTuesday observamos uma coletividade imaginada, nos termos de Dijck, Poell e Waal (2018), como um conjunto de organizações e indivíduos que se reuniram em torno da ação por meio de sugestões automatizadas. Ao viralizar, tornou-se difícil identificar e responsabilizar os grupos que iniciaram a ação. Entre os milhares de compartilhamentos, as exceções (quem compartilhava acreditando dar visibilidade ao racismo) acabaram soterradas por iniciativas de esvaziamento da pauta. Em termos gerais a campanha no Instagram realmente prejudicou a circulação dos discursos antirracistas, interditando-os como um boicote silencioso às denúncias de violência racial.

Em meio a tantas evidências da atuação da "mão invisível" das plataformas no reforço do racismo estrutural, "o uso de contra-narrativas, conhecimento interdisciplinar experiencial e agência efetiva no combate à opressão racial" se torna primordial (Silva, 2020).

ATIVISMO DIGITAL E DISPUTAS REEDITADAS NAS REDES

Ao discorrer sobre a luta antirracista e o ativismo digital de coletivos da juventude negra do Brasil e da Colômbia, a pesquisadora Niousha Roshani (2020) destaca que os ambientes virtuais "desempenham um papel fundamental na reprodução do racismo", pois, quando discursos racistas são permitidos, reforça-se a ideia de que essa é a norma do espaço. Assim, tais discursos são legitimados muitas vezes em nome da liberdade de expressão.

Em última instância, tolerar os discursos racistas nas plataformas significaria assumir o agravamento das desigualdades estruturais da sociedade. Conforme escreveu Ruha Benjamin (2020, p. 19), "a tecnologia não é apenas uma metáfora racial, mas um dos muitos meios pelos quais as formas anteriores de desigualdade são atualizadas". Roshani complementa:

> O discurso de ódio tem potencial para criar conflito em uma comunidade causando danos a um grupo em particular e encorajando um contexto de desigualdades (Parekh, 2006; Benesch, 2012). Além disso, permitir a circulação do discurso do ódio fomenta um ambiente onde grupos alvo são menosprezados e abusados, e a conduta discriminatória é capaz de criar raízes (Hernández, 2011). Assim, a presença e a admissão do discurso de ódio influenciam ações diretas que podem intensificar as desigualdades estruturais (Roshani, 2020, p. 49).

Em contraposição aos discursos racistas que circulam pela internet, coletivos e movimentos negros têm se apropriado das novas tecnologias da comunicação e informação para construir suas próprias narrativas e ampliar suas vozes. Como ressalta Roshani (2020, p. 51), "o ativismo digital antirracismo constrói a transição do luto à luta redefinindo a herança cultural e identidades, maximizando oportunidades, restabelecendo a cidadania e a participação cívica, moldando o debate público e resistindo às desigualdades estruturais históricas".

De fato, a internet possibilitou novas formas de organização e resistência para a parcela mais vulnerável da população. Grupos historicamente oprimidos tiveram, e seguem tendo, a potencial possibilidade de comunicar suas causas e angariar milhares de apoiadores. Com novas formas de sociabilidade criadas com base nas tecnologias da informação e comunicação, novas formas de mobilização também emergiram.

O uso dos dispositivos digitais para denunciar as violências racistas cometidas pelo Estado ou pelo setor privado é outra forma de apropriação das tecnologias por movimentos negros para conferir visibilidade aos fatos e mobilizar apoiadores na luta antirracista. Um dos casos mais emblemáticos no Brasil foi o assassinato de João Alberto Silveira Freitas pelas mãos dos seguranças do supermercado Carrefour de Porto Alegre, caso que abre este capítulo. Em uma rápida busca no Google pelas expressões "João Alberto" + "Carrefour", a plataforma retorna cerca de 177 mil resultados (dados de maio de 2021). Somando apenas os resultados que aparecem na primeira página de buscas do YouTube, o assassinato de João Alberto foi assistido mais de 5 milhões de vezes em 12 vídeos.

O maior alcance das denúncias de racismo e a profusão de mídias negras na década de 2010 não são uma coincidência. Esses fenômenos estão intrinsecamente relacionados e indicam que o movimento de criação de narrativas negras insurgentes está em plena ascensão. O Mapeamento da Mídia Negra no Brasil[109], elaborado pelo Fórum Permanente pela Igualdade Racial (Fopir) em

---

[109] Disponível em: http://fopir.org.br/wp-content/uploads/2020/08/ebook_mapeamento_da_midia_negra-1.pdf. Acesso em: 28 abr. 2022.

2019, catalogou 65 veículos de comunicação negros espalhados pelo país. Destes, 51% foram criados entre 2017 e 2019. Entre as prioridades editoriais dos veículos estavam racismo, cultura, política, gênero e intolerância religiosa.

Rosane Borges destaca o papel fundamental que as mídias negras têm desenvolvido na implosão de imaginários, pautando setores expressivos da esfera pública. Para a autora,

> Ao apresentarem novas agendas, ao postularem uma mudança na divisão comunicacional do trabalho, ao edificarem novas gramáticas, as mídias negras mostram-se como força vulcânica que vem mudando as estruturas carcomidas de um sistema de comunicação que silenciou e invisibilizou vozes e corpos, que recortou temas para serem postos em circulação em detrimento de tantos outros. [...] Nesse sentido, essas mídias vêm desempenhando papel vital na árdua tarefa de deslocar e implodir imaginários, entendidos aqui, de forma abreviada, como um repositório de imagens do qual nutrimos nossas formas de percepção do mundo. Mais: elas vêm se mostrando com fôlego para pautar setores expressivos da esfera pública com potência para transformar as narrativas que produzem em discursos circulantes que se fixam na cadeia comunicativa e, assim, promovem o laço social. [...] Não temos dúvida de que se trata de um trabalho de longo alcance que apenas começou, mas que se mostra à altura para a execução da tarefa de produzir e distribuir o comum e, num futuro próximo, possibilitar que, pela fala e pela imagem, instituamos outros lugares de existência a quem foi excluído de participar dos códigos de linguagem que nos conectam ao mundo e a nós mesmas (os) (Borges, 2019, p. 46).

Em um evento para discutir o papel das mídias independentes, a blogueira e historiadora Lívia Teodoro lembrou que as Blogueiras Negras, por exemplo, foram essenciais para a denúncia do caso de Cláudia Ferreira, assassinada e arrastada por uma viatura da Polícia Militar no Rio de Janeiro em março de 2014[110].

Entre 2020 e 2021 também assistimos à explosão de projetos colaborativos entre ativistas negros, movimento popular e povos e comunidades tradicionais, denunciando a omissão do Estado em relação à prevenção contra o novo coronavírus, uma face do racismo institucional. Essas iniciativas conectaram ambientes on-line e off-line com diversas estratégias, como a checagem de informações sobre saúde, realizada por jovens comunicadores negros no projeto Dendicasa[111] e no podcast Pandemia sem Neurose[112], além das denúncias de subnotificação dos casos de Covid-19 em comunidades quilombolas e indígenas realizadas pelos projetos Quilombo sem Covid-19, da Coordenação Nacional de Articulação das Comunidades Negras Rurais Quilombolas, e a Emergência Indígena, da Articulação de Povos Indígenas do Brasil.

Contra o racismo e as tentativas de silenciamento por parte da mídia tradicional e das plataformas digitais, as mídias negras têm cumprido um papel crucial na visibilidade

---

[110] Disponível em: https://www.cartacapital.com.br/blogs/intervozes/midia-alternativa-acoes-online-e-off-line-para-furar-as-bolhas/. Acesso em: 27 abr. 2022.

[111] Disponível em: https://atarde.uol.com.br/bahia/salvador/noticias/2126339-jornalista-e-estudantes-baianos-criam-noticiario-no-whatsapp-para-combater-fake-news. Acesso em: 27 abr. 2022.

[112] Disponível em: http://periferiaemmovimento.com.br/pandemia-sem-neurose-audio-pra-falar-de-coronavirus-no-grupo-do-zap/. Acesso em: 27 abr. 2022.

e mobilização em torno da causa antirracista. Isso produz deslocamentos do papel da população negra "como sujeitos dos meios de comunicação de massa para os criadores das suas próprias narrativas", rompendo com as representações negativas, contribuindo e fomentando o seu crescimento e inclusão em suas sociedades (Roshani, 2020).

QUE INTERNET QUEREMOS TER?

Em 2001, representantes de governos, movimentos sociais, organizações da sociedade civil, universidades e empresas se reuniram na África do Sul para a realização da 3ª Conferência Mundial contra o Racismo, a Xenofobia, a Discriminação Racial e Formas Correlatas de Intolerância. A Conferência de Durban, como ficou conhecida, produziu uma declaração que é, ainda hoje, "o mais abrangente instrumento multilateral nas questões relativas ao racismo e à discriminação racial. Ela já conferia – no início do século XXI – um papel central aos meios de comunicação no que diz respeito às questões étnico-raciais", como nos mostra Paulo Victor Melo (2019). Já naquela época, a Declaração de Durban manifestava preocupação em relação à utilização de novas tecnologias da informação e comunicação para propagação do racismo, discursos de ódio, discriminação racial, xenofobia e intolerâncias correlatas.

Quase vinte anos depois, em 2020, a Relatoria Especial da ONU sobre Formas Contemporâneas de Racismo, Discriminação Racial, Xenofobia e Intolerância elaborou o relatório "Racial discrimination and emerging digital technologies: a humans rights analyses", em que analisa as diferentes formas de discriminação motivadas por raça e etnia na concepção e uso de tecnologias digitais, incluindo suas dimensões estruturais e institucionais. No relatório, Tendayi Achiume, relatora da pasta, reforça que tecnologias não são neutras:

> A percepção pública sobre a tecnologia tende a ser inerentemente neutra e objetiva, e alguns apontaram que essa presunção de objetividade e neutralidade tecnológica é aquela que permanece saliente mesmo entre os produtores de tecnologia. Mas a tecnologia nunca é neutra – ela reflete os valores e interesses daqueles que influenciam seu design e uso, e é fundamentalmente moldada pelas mesmas estruturas de desigualdade que operam na sociedade. [...] Não pode haver mais dúvida de que as tecnologias digitais emergentes têm uma capacidade marcante de reproduzir, reforçar e até exacerbar a desigualdade racial dentro e entre as sociedades. Uma série de estudos acadêmicos importantes mostraram concretamente que o design e o uso de tecnologias já estão tendo esse efeito preciso em uma variedade de contextos. Mais pesquisa e financiamento são necessários para desvendar completamente como os processos indutivos no núcleo de alguma técnica de inteligência artificial, como aprendizado de máquina, contribuem para minar valores como igualdade e não discriminação (ONU, 2020, p. 4, tradução livre).

As empresas privadas possuem um papel crucial no design e no uso de tecnologias digitais emergentes. Em 2021, sete big techs responderam por dois terços do valor total de mercado das setenta maiores plataformas do mundo: Microsoft, Apple, Amazon, Google, Facebook, Tencent e Alibaba. A atual concentração de poder nas mãos das plataformas digitais não encontra precedentes históricos.

Em declaração conjunta, os relatores especiais para a Liberdade de Expressão das Nações Unidas (ONU), da

Organização para a Segurança e Cooperação na Europa (OSCE), da Organização dos Estados Americanos (OEA) e da Comissão Africana de Direitos Humanos e dos Povos (CADHP) apresentaram, em 2019, os três desafios para a liberdade de expressão na década seguinte. Dois deles referem-se às tecnologias: a criação e manutenção de um serviço de internet livre, aberto e inclusivo e enfrentar o controle privado exercido pelas plataformas[113].

Mesmo com toda a pressão feita por organismos multilaterais, ativistas e organizações da sociedade civil sobre a necessidade de reformulação dos processos de criação das tecnologias, a mensagem parece não chegar aos ouvidos dos executivos do Vale do Silício. Mark Zuckerberg, CEO e fundador do Facebook, disse em abril de 2021 que "o desafio tecnológico mais difícil da nossa era talvez seja colocar um supercomputador na armação de óculos normais. Mas ele é essencial para unir os mundos físico e digital"[114].

A publicação de Zuckerberg vai ao encontro da visão "tecnochauvinista", que enxerga nas tecnologias a resolução de todos os problemas da sociedade. De acordo com Achiume, esse tipo de discurso serve como escudo para aqueles que desenvolvem as tecnologias e tende a dificultar o processo de mudança no ecossistema digital.

---

[113] A "Declaração Conjunta do Vigésimo Aniversário: desafios para a liberdade de expressão na próxima década" está disponível em: https://www.oas.org/pt/cidh/expressao/showarticle.asp?artID=1146&lID=4. Acesso em: 27 abr. 2022.

[114] Texto original: "The hardest technology challenge of our time may be fitting a supercomputer into the frame of normal-looking glasses. But it's the key to bringing our physical and digital worlds together". Disponível em: https://www.facebook.com/zuck/posts/10112933648910701. Acesso em: 27 abr. 2022.

O tecnochauvinismo ficou ainda mais evidente na pandemia, quando vimos que várias das soluções apresentadas por governos para lidar com os efeitos da crise sanitária passavam por novas tecnologias, reforçando a vigilância, ameaçando a privacidade dos cidadãos e ampliando o abismo da exclusão digital.

No Brasil, o governo de Jair Bolsonaro, em mais uma atitude digna de um genocida, lançou um aplicativo digital para as solicitações de auxílio emergencial[115] durante a pandemia, excluindo uma parcela significativa da população mais necessitada de renda. Segundo a pesquisa "TIC Domicílios 2019" (Cetic.br, 2020), entre as famílias que recebem até um salário mínimo por mês, 45% não possuem acesso à internet[116].

De acordo com Achiume (ONU, 2020), a exclusão digital de grupos raciais e étnicos representa uma grave ameaça à garantia dos direitos humanos. Para ela, o Estado deveria tomar medidas rápidas e eficazes para prevenir e mitigar o risco do uso e design racialmente discriminatório de tecnologias digitais emergentes, trabalhando conjuntamente com as empresas nas avaliações de impacto sobre os direitos humanos dos grupos raciais e étnicos.

---

[115] O auxílio emergencial é um programa de transferência de renda criado em decorrência de reivindicações da oposição ao governo Bolsonaro, mas que foi marqueteado pelo presidente.

[116] Cruzando com as informações disponibilizadas pelo IBGE (2018), 77,3% dos habitantes da região Nordeste do país possuem renda de até um salário mínimo por mês. Na região do Sul, esse número fica em 42,3%. Disponível em: https://biblioteca.ibge.gov.br/visualizacao/livros/liv101629.pdf. Acesso em: 27 abr. 2022.

Diversas organizações da sociedade civil, como Anistia Internacional, Associação para o Progresso das Comunicações (APC), Access Now e Intervozes – Coletivo Brasil de Comunicação Social, saudaram a publicação do relatório de Achiume e enfatizaram a importância de seis de suas recomendações. Entre elas, o banimento das tecnologias que tiveram ou terão impactos raciais discriminatórios; a melhoria radical em todos os níveis do setor de tecnologia da inclusão e a representação de gênero, ao lado de identidades raciais, nacionais e outras identidades interseccionais; e a obrigação do setor de tecnologia de envolver especialistas de outros setores e de representantes das populações diretamente afetadas para a resolução de problemas políticos, sociais e econômicos que decorram de suas criações[117].

O documento "Padrões para uma regulação democrática das grandes plataformas que garanta a liberdade de expressão on-line e uma internet livre e aberta" (2019)[118], elaborado pelo Intervozes, pelo Observatorio Latinoamericano de Regulación de Medios e Convergencia (Observacom), Instituto Brasileiro de Defesa do Consumidor (Idec) e por mais uma dezena de organizações da sociedade civil e pesquisadores latino-americanos, traz recomendações sobre princípios, padrões e medidas específicas de corregulação e regulação pública para proteger as liberdades de

---

[117] Disponível em: https://intervozes.org.br/publicacoes/declaracao-conjunta-da-sociedade-civil-e-necessario-fazer-uma-intervencao-estrutural-para-mitigar-os-impactos-raciais-discriminatorios-das-tecnologias-digitais-emergentes/. Acesso em: 27 abr. 2022.

[118] Disponível em: https://intervozes.org.br/publicacoes/padroes-para-uma-regulacao-democratica-das-grandes-plataformas-que-garanta-a-liberdade-de-expressao-online-e-uma-internet-livre-e-aberta/. Acesso em: 27 abr. 2022.

expressão, informação e opinião dos usuários de plataformas, e garantir uma internet livre e aberta. A proposta inclui tanto limitações ao poder das grandes plataformas de internet como proteções para dotar os intermediários de instrumentos adequados para facilitar o exercício da liberdade de expressão. O documento é baseado nos padrões e normas internacionais de direitos humanos, observando ainda a peculiaridade regional da América Latina.

Entre as recomendações do documento, destacam-se: a proposta de corregulação, a fim de evitar tanto uma regulação autoritária por parte do Estado quanto uma autorregulação por parte do mercado; a não atribuição de responsabilidades e obrigações que tornam as plataformas tribunais ou polícias privados sobre os conteúdos de terceiros; a regulação progressiva e assimétrica, respeitando as diferenças existentes no ecossistema digital, que não é formado apenas por grandes corporações; a elaboração de termos de serviço acessíveis para usuários e compatíveis com os direitos humanos; algoritmos transparentes, explicitando os critérios usados pelas plataformas para a ordenação, priorização, redução de alcance ou direcionamento dos conteúdos; autodeterminação informativa, colocando nas mãos dos usuários o direito sobre a coleta e tratamento de seus dados pessoais; o devido processo legal e direito à defesa no caso de remoções indevidas de conteúdo; e a transparência das plataformas, com a divulgação de relatórios periódicos sobre conteúdos removidos, denúncias recebidas, medidas adotadas, entre outros pontos.

Fortalecer a luta pela regulação dos monopólios digitais é, sem dúvida, importante. Mas não será suficiente, como nos mostra Tarcízio Silva:

A regulação e transparência é necessária, mas a sociedade americana construiu a ideologia do Vale do Silício e seus polos de tecnologia de modo a normalizar branquitude e masculinidade, com decorrentes impactos nos modos e níveis de avaliação dos procedimentos de treinamento de máquina (Broussard, 2018; Noble, 2018). E no campo da educação e pesquisa, concordamos e expandimos em escopo as prerrogativas que Rossatto aponta, vendo como adequados também aos currículos interdisciplinares de sociedade e tecnologia que incluam estudos antirracistas que "desconstruam a interiorização/ internalização da branquitude e do racismo entre brancos e negros, se aprofundando na supremacia branca como um fenômeno perigoso e expansionista" (Rossatto, 2014, p. 131) (Silva, 2020, p. 444).

Pensando nisso, que alternativas são possíveis para além da regulação das plataformas? Como podemos deixar de ser reféns de corporações que usam como matéria-prima os nossos dados? Como deixar de ser reféns de empresas privadas que constroem tecnologias digitais capazes de moldar o debate público, propiciando a disseminação de discursos de ódio racistas, desinformação e reforçando desigualdades estruturais? Que alternativas estão sendo construídas?

Em uma reportagem sobre a naturalização das tecnologias de vigilância durante a pandemia de Covid-19[119], Mariana Gomes, jornalista e cofundadora da plataforma Conexão Malunga, traz a perspectiva das comunidades

---

[119] A reportagem integra o especial "Mídia e Pandemia: a democracia sob ataque", organizado pelo Intervozes em parceria com o portal Le Monde Diplomatique Brasil. A série apresenta os artigos do "Relatório Direito à Comunicação no Brasil 2020".

indígenas que utilizam estratégias de vigilância para a proteção dos seus territórios. O uso de rádios, celulares, câmeras e GPS para marcação exata dos locais invadidos (e das próprias aldeias) são algumas das estratégias adotadas. Na matéria a jornalista conta que, "em agosto de 2020, quando o Brasil alcançava a marca de 100 mil mortos por Covid-19, a aldeia Novos Guerreiros, da etnia Pataxó, no sul da Bahia, foi ameaçada de reintegração de posse, após pedido da empresa Sky Dream Escola de Pilotagem, que tentou se apoderar de uma área da aldeia ocupada por 24 famílias". E apresenta o relato de Thyara Pataxó, liderança da aldeia Novos Guerreiros, afirmando que "se não fosse nosso modo de vigilância, teria sido pior" (Gomes, 2021). Thyara conta que, antes da pandemia, as lideranças iam até Brasília para cobrar medidas de salvaguarda dos seus territórios, porém "com todas as secretarias fechadas na pandemia, era impossível. Então escolhemos usar o celular de maneira consciente, postando fotos e vídeos da tentativa de reintegração de posse", explicou na matéria.

Entre os povos e comunidades tradicionais, as tecnologias vêm aos poucos ganhando espaço, mas não sem obstáculos. O acesso à internet, como já dissemos neste capítulo, é uma das principais barreiras à apropriação das tecnologias pela parcela da população que se encontra à margem das políticas públicas voltadas para a democratização do acesso. Contudo, a perspectiva de tecnologia das cosmovisões dos povos e comunidades tradicionais permite que, apesar das dificuldades estruturais, a convivência entre tecnologias ancestrais e digitais seja um caminho, desde que trabalhem para a manutenção dos modos de vida tradicionais.

Outra estratégia importante tem sido a instalação de redes comunitárias, que permitem a criação de intranets e, caso um dos pontos da rede tenha acesso à internet, também fornecem conexão à internet a preços mais baratos do que os praticados no mercado e com tecnologia segura. O Instituto Nupef e o Coolab são exemplos de organizações que têm trabalhado com comunidades rurais e periféricas na instalação de redes livres. A comunidade quilombola do Bairro Novo, em Penalva (MA)[120], e o Quilombo do Camburi, em Ubatuba (SP)[121], participam ativamente da construção e manutenção de redes livres em seus territórios. Por meio delas, as comunidades conseguem acessar a internet, criar repositórios com conteúdos de acesso livre e, inclusive, gerar renda com a venda de acesso à internet para turistas e visitantes.

A apropriação de tecnologias pelas comunidades também abre outros horizontes de atuação política. Nas comunidades quilombolas de Salvaterra (PA), a pesquisadora Janine Bargas conta que as lideranças locais têm percebido o aumento da participação política dos jovens por meio da internet.

> Um componente a ser levado em consideração é o uso das redes sociais on-line para a realização de encontros, reuniões ou mesmo grandes eventos. As possibilidades de se atrelar a um grupo, e a sua participação nele possibilitam aos quilombolas uma certa facilidade de mobilização para ações políticas

---

[120] Disponível em: https://espectro.org.br/pt-br/content/rede-comunit%C3%A1ria-na-cidade-de-penalva-ma-conecta-quilombolas. Acesso em: 27 abr. 2022.

[121] Disponível em: https://www.coolab.org/2018/12/quilombo-do-camburi/. Acesso em: 27 abr. 2022.

e tomadas de decisão presenciais. A facilidade de conexão favorece o encontro entre os comunitários na medida em que suas comunidades estão a quilômetros de distância. Por meio dos grupos, os quilombolas definem pautas e horários dos encontros, divulgam mensagens motivacionais a engajamento nas ações, cobram participação e reverberam os fatos após uma determinada ação. Ainda por meio dos grupos, assuntos de interesse são colocados em circulação. A participação dos jovens na ação política, por exemplo, tem sido avaliada pelas lideranças como crescente, na medida em que novas formas de conexão on-line são utilizadas (Bargas, 2015, p. 11).

Uma liderança da comunidade de Pau Furado, também em Salvaterra, conta que os membros da comunidade usaram os métodos tradicionais de visita e o boca a boca para tentar envolver os jovens em um encontro da região, mas somente após a criação de um evento no Facebook viram o número de adesões crescer (Bargas, 2015).

Observando a circulação dos discursos sobre o racismo nas mídias, notamos que a produção de sentido que emerge da conexão entre discursos individuais, institucionais, das coletividades mediatizadas e imaginadas é afetada pelo mito da democracia racial e atualiza as imagens de controle por meio da internet.

O que nos chama atenção, para além dos agentes, são as ambiências de circulação que formam circuitos comunicativos cada vez mais contingentes, estruturados pela desigualdade no acesso à internet e pelos monopólios digitais que carregam em seus sistemas de interação o viés racial como regulador das operações de (in)visibilidade.

Em acontecimentos de grande repercussão popular como as manifestações antirracistas citadas, a contínua reformulação discursiva das coberturas jornalísticas acontece por pressão dos fluxos de comunicação que emergem dos discursos individuais e coletivos, ambos agentes de poder. Vale notar que se trata de uma disputa de narrativas constante. Os agentes antirracistas pressionam o fluxo comunicacional, mas este é estruturalmente comandado por agentes de poder da branquitude, que reproduzem o racismo. Se com as mídias de massa identificávamos os agentes reprodutores da opressão, mas tínhamos dificuldades de responsabilizá-los por eventuais excessos, hoje, com múltiplos fluxos de informações agindo em uma mesma ambiência, tornou-se difícil a própria identificação – o que aprofunda ainda mais as dificuldades de responsabilização dos crimes raciais.

Por outro lado, é nítido que diante do processo de atualização do racismo por meio das redes digitais existe um conjunto de iniciativas antirracistas para promoção de políticas que visam incidir na construção de tecnologias digitais e conectividade garantindo a igualdade racial como elemento estruturante para a sociabilidade dentro e fora das redes digitais. Pesquisadoras, organizações da sociedade civil, organismos intergovernamentais e iniciativas territoriais têm atuado cotidianamente para construir tecnologias livres e processos de governança que reflitam a diversidade dos povos e ideias de democracia participativa e popular.

O capítulo se concentrou, em grande medida, nos exemplos brasileiros, mas vêm sendo criadas alternativas mundo afora para lidar com a extração de dados, subjetividades e o viés racial promovido pelas big techs. Entendemos que a luta por mudanças estruturais deve levar em conta as desigualdades raciais e os saberes e fazeres locais, valorizando a "autodeterminação tecnológica" dos territórios. O acesso à internet deve ser um direito de todas, todos e todes, e seu gerenciamento deve ser compartilhado por toda a sociedade. Os processos de digitalização e usos de tecnologias devem respeitar a autonomia dos povos, sem prejuízo aos seus direitos sociais. Nesse sentido, é necessário conhecer as diversas formações socioculturais e como seus indivíduos desejam ser conectados. Por fim, é crucial compreendermos e disputarmos o papel das tecnologias na sociedade para que não deixemos que o nosso futuro seja pautado pelo setor privado e suas ambições.

REFERÊNCIAS

ALMEIDA, Silvio. **Racismo estrutural**. São Paulo: Polén, 2019.

BARGAS, Janine. Quilombolas do Pará: uso de redes sociais on-line e práticas políticas nas lutas por reconhecimento. *In*: ENCONTRO ANUAL DA ANPOCS, 39., 2015, Caxambu. **Anais** [...]. Caxambu: Anpocs, 2015.

BARTHES, Roland. **Mitologias**. São Paulo: Difel, 2006.

BENJAMIN, Ruha. Retomando nosso fôlego: Estudos de Ciência e Tecnologia, Teoria Racial Crítica e a imaginação carcerária. *In*: SILVA, Tarcízio (org.). **Comunidades, algoritmos e ativismos digitais**: olhares afrodiaspóricos. São Paulo: LiteraRua, 2020. p. 13-26.

BORGES, Rosane. O papel das mídias negras na implosão de imaginários. *In*: **Mapeamento da Mídia Negra no Brasil**. Rio de Janeiro, 2019. Disponível em: https://fopir.org.br/wp-content/uploads/2020/08/ebook_mapeamento_da_midia_negra-1.pdf. Acesso em 22 jun. 2022.

BUOLAMWINI, Joy; GEBRU, Timnit. Gender shades: intersectional accuracy disparities in commercial gender classification. *In*: CONFERÊNCIA SOBRE JUSTIÇA, RESPONSABILIDADE E

TRANSPARÊNCIA, 1., 2018 . **Anais da Pesquisa de Aprendizado de Máquinas**. 2018. Disponível em http://proceedings.mlr.press/v81/buolamwini18a/buolamwini18a.pdf. Acesso em: 27 abr. 2022.

CARNEIRO, Sueli. **A construção do outro como não-ser como fundamento do ser**. 2005. Tese (Doutorado em Educação) – Programa de Pós-Graduação em Educação, Universidade de São Paulo, São Paulo, 2005.

COLLINS, Patricia Hill. **Pensamento feminista negro**: conhecimento, consciência e a política do empoderamento. São Paulo: Boitempo, 2019.

COULDRY, Nick; HEPP, Andreas. **The mediated construction of reality**. Cambridge: Press Street, 2017.

DIJCK, Jose Van; POELL, Thomas.; WAAL, Martjin de. **The Platform Society**. New York: Oxford University Press, 2018.

FREYRE, Gilberto. **Casa-grande & senzala**. São Paulo: Global Editora, 2006.

GOMES, Mariana. A naturalização de sistemas e tecnologias de vigilância na pandemia. **Le Monde Diplomatique Brasil**, São Paulo, 2021. Disponível em: https://diplomatique.org.br/a-naturalizacao-de-sistemas-e-tecnologias-de-vigilancia-na-pandemia/. Acesso em: 27 abr. 2022.

GONZALEZ, Lélia. A questão negra no Brasil. *In*: GONZALEZ, Lélia. **A primavera para as rosas negras**: Lélia Gonzalez em primeira pessoa. São Paulo: Diáspora Africana, 2018.

GROHMANN, Rafael. Comunicação na circulação do capital em contexto de plataformização. **Liinc em Revista**, Rio de Janeiro, v. 16, n. 1, maio 2020. Disponível em: http://revista.ibict.br/liinc/article/view/5145/4642. Acesso em: 28 abr. 2022.

INTERVOZES *et al*. Padrões para uma regulação democrática das grandes plataformas que garanta a liberdade de expressão on-line e uma Internet livre e aberta. **Intervozes**, La Paz, jul. 2020. Disponível em: https://intervozes.org.br/publicacoes/padroes-para-uma-regulacao-democratica-das-grandes-plataformas-que-garanta-a-liberdade-de-expressao-online-e-uma-internet-livre-e-aberta/. Acesso em: 28 abr. 2022.

INTERVOZES; Conaq; MMTR-NE. **Territórios Livres, Tecnologias Livres**. São Paulo: Intervozes, 2021. Disponível em: http://territorioslivres.online/. Acesso em: 25 abr. 2022.

MAINGUENEAU, Dominique. **Discurso e análise do discurso**. São Paulo: Parábola, 2015.

MELO, Paulo Victor. Políticas de comunicação e racismo 18 anos após Declaração de Durban. **Brasil de Fato**, São Paulo, 10 dez. 2019. Disponível em: https://www.brasildefato.com.br/2019/12/10/artigo-or-politicas-de-comunicacao-e-racismo-18-anos-apos-declaracao-de-durban. Acesso em: 28 abr. 2022.

NOBLE, Safiya Umoja. **Algorithms of oppression**: how search engines reinforce racism. Nova York: NYU Press, 2018.

ORGANIZAÇÃO DAS NAÇÕES UNIDAS. Assembleia Geral. Conselho de Direitos Humanos. **Racial discrimination and emerging digital technologies**: a human rights analysis. Genebra: ONU, 2020. Disponível em: https://digitallibrary.un.org/record/3879751. Acesso em: 28 abr. 2022.

ORGANIZAÇÃO DAS NAÇÕES UNIDAS et al. **Joint declaration on freedom expression and "fake news", disinformation and propaganda**. ONU, 3 mar. 2017. Disponível em: https://www.osce.org/files/f/documents/6/8/302796.pdf. Acesso em: 28 abr. 2022.

ROSHANI. Niousha. Discurso de ódio e ativismo digital antirracismo de jovens afrodescendentes no Brasil e na Colômbia. *In*: SILVA, T. (org.). **Comunidades, algoritmos e ativismos digitais**: olhares afrodiaspóricos. São Paulo: LiteraRua, 2020.

SILVA, Tarcízio. Teoria racial crítica e a comunicação digital: conexões contra a dupla opacidade. *In*: CONGRESSO BRASILEIRO DE CIÊNCIAS DA COMUNICAÇÃO, 42., 2019, Belém. **Anais** [...]. Belém: [s. n.], 2019.

_____. Visão computacional e racismo algorítmico: branquitude e opacidade no aprendizado de máquina. **Revista da Associação Brasileira de Pesquisadores/as Negros/as (ABPN)**, v. 12, n. 31, 2020a.

_____. Racismo algorítmico em plataformas digitais: microagressões e discriminação em código. *In*: SILVA, Tarcízio (org.). **Comunidades, algoritmos e ativismos digitais**: olhares afrodiaspóricos. São Paulo: LiteraRua, 2020b.

TRINDADE, Luiz Valério. Mídias sociais e a naturalização de discursos racistas no Brasil. *In*: SILVA, Tarcízio (org.). **Comunidades, algoritmos e ativismos digitais**: olhares afrodiaspóricos. São Paulo: LiteraRua, 2020. p. 27-44.

WILLIAMS, Monnica. Colorblind ideology is a form of racism. **Psychology Today,** 27 dez. 2011. [on-line]. Disponível em: https://www.psychologytoday.com/us/blog/culturally-speaking/201112/colorblind-ideology-is-form-racism. Acesso em: 28 jun. 2022.

CAPÍTULO 9.
DESAFIOS À PLURALIDADE E À DIVERSIDADE NO ATUAL CENÁRIO DA MÍDIA BRASILEIRA

Ana Claudia Mielke e Luciano Gallas

O Brasil apresenta uma diversidade cultural ímpar no mundo. Isso é fruto do processo histórico de formação, das diversas origens de seu povo e de suas diferenças étnicas, linguísticas, religiosas, das decisões de fundo político e econômico que o país enfrentou ao longo dos anos e de sua inserção no cenário internacional, para ficar nos pontos principais. Esse conjunto de fatores resulta também em costumes e tradições regionais bastante distintos, configurando uma sociedade complexa, marcada, infelizmente, por profundas desigualdades socioeconômicas.

Todas essas questões são formadoras de uma identidade nacional permeada pelas diferenças. Contudo, essa diversidade não está presente na mídia brasileira, que se caracteriza pela altíssima concentração de propriedade, de audiência e geográfica, com a localização das sedes dos maiores grupos de comunicação nos estados de São Paulo e Rio de Janeiro, especialmente na cidade de São Paulo – como mostra a pesquisa "Monitoramento da Propriedade da Mídia no Brasil" (Media Ownership Monitor – MOM), realizada em 2017 (Intervozes, 2019).

Na análise de dez indicadores relacionados à concentração midiática e à transparência de informações sobre a propriedade dos meios de comunicação no Brasil, investigados pela pesquisa com o objetivo de avaliar os riscos à pluralidade na mídia e à própria democracia, o resultado foi alarmante: entre todos os países analisados pela pesquisa até então, o quadro verificado no Brasil era o pior: cinco dos dez indicadores atestaram "risco alto" para a pluralidade, enquanto outros dois índices avaliaram "risco médio para alto".

Também o perfil geracional, étnico e de gênero dos proprietários das mídias analisadas na pesquisa é revelador da baixa diversidade constitutiva dos grupos econômicos. Para se ter uma ideia, entre os cinquenta veículos analisados pela pesquisa "MOM-Brasil", apenas em três deles as mulheres aparecem como fundadoras ou cofundadoras. Entre os CEOs, há apenas seis mulheres, controlando oito dos cinquenta veículos. E em nenhum desses veículos foi verificada a presença de negros/as como fundadores/as, CEOs ou editores/as do primeiro escalão.

Esse conjunto de fatores traz consequências negativas relevantes para a liberdade de expressão e para a própria atuação da mídia e dos comunicadores. Na Classificação Mundial da Liberdade de Imprensa 2020

(Repórteres sem Fronteiras, 2016) – ranking elaborado pela Repórteres Sem Fronteiras com base em informações relacionadas a uma possível independência dos veículos de mídia, à autocensura, ao Estado de Direito, à transparência e aos abusos praticados, buscando criar condições para uma comparação entre realidades distintas apresentadas pelos diversos países –, o Brasil aparece na posição 107. Em 2018, o país ocupava a posição 102; na classificação de 2019, estava na colocação 105. O cenário trazido pela classificação é especialmente prejudicial quando se leva em consideração que a atuação de uma imprensa livre é a base para uma mídia pluralista e inclusiva.

No Brasil, portanto, os desafios em termos de pluralidade na mídia são muitos. A concentração econômica em grupos de poder atinge a diversidade racial, de gênero, sexual e religiosa. Novos desafios surgem da concentração da distribuição de conteúdos na internet. E a concentração geográfica dos meios impacta de forma intensa as diferenças regionais. Essa situação reduz o acesso aos meios de atores sociais que se encontram fora dos espaços hegemônicos, comprometendo a pluralidade de opiniões e de visões de mundo em circulação – como pretendemos demonstrar a seguir.

PLURALISMO E DIVERSIDADE

O Programa Internacional para o Desenvolvimento da Comunicação da Unesco (2021) enumera cinco bases para o funcionamento de um sistema midiático plenamente desenvolvido. Em todas elas está presente a preocupação com a pluralidade enquanto princípio essencial ao regime democrático: (a) a existência de um sistema de leis que assegure a liberdade de expressão, o pluralismo e a diversidade de mídias; (b) a igualdade de condições econômicas e a transparência de informações quanto à propriedade, de forma a favorecer a pluralidade e diversidade da mídia; (c) o funcionamento da mídia como plataforma para assegurar manifestações de cunho democrático; (d) capacitação profissional e apoio de instituições à liberdade de expressão, ao pluralismo e à diversidade; (e) existência de infraestrutura capaz de sustentar, em plenas condições operacionais e econômicas, a atuação de uma mídia independente e pluralista.

Quando falamos em pluralismo e diversidade de mídias, estamos considerando justamente os aspectos relacionados à concentração da propriedade, de audiência e geográfica dos meios. O fato de que apenas cinco grupos econômicos controlam 26 (mais da metade dos veículos analisados) demonstra como a concentração de propriedade dos meios produz uma espécie de homogeneização do conteúdo que é produzido e distribuído no país. Ora, são esses grupos que, ao final, definem e/ou editorializam a maior parte do que é ouvido, lido ou assistido no rádio, na televisão, nos impressos e na internet. A concentração regional, como veremos à frente, também interfere na garantia do pluralismo e da diversidade.

A concentração de propriedade e audiência dos meios de comunicação repercute em conteúdos menos plurais e diversificados, o que reflete em maior probabilidade de ocorrer a citada homogeneização da opinião pública, com possibilidade de fabricação de consensos. Exemplos puderam ser vistos e analisados na cobertura sobre a Operação Lava Jato, com vazamentos seletivos de informações e a estreita relação evidenciada entre imprensa, Ministério Público e Polícia Federal. A cobertura da mídia para o fato foi central na construção de uma opinião pública favorável ao impeachment da então presidente Dilma Rousseff (PT).

Temas de interesse da sociedade, como as propostas de reforma trabalhista (aprovada em 2017) e da previdência (em discussão e parcialmente aprovada em 2019), também foram impactados pela falta de diversidade de vozes nos meios de comunicação. Um monitoramento realizado em 2017 pela Repórter Brasil mostrou que os principais jornais brasileiros (impressos e televisivos) produziram conteúdos favoráveis à reforma trabalhista, com pouco ou até mesmo nenhum espaço para o contraditório. A organização acompanhou a cobertura da pauta pela mídia ao longo dos cinco dias imediatamente anteriores e nos cinco dias posteriores à entrega do parecer do relator da reforma, Rogério Marinho (PSDB-RN), na Comissão Especial da Câmara dos Deputados.

Entre os telejornais, o *Jornal da Record* se destacou pela absoluta falta de diversidade, veiculando apenas matérias favoráveis à reforma trabalhista, enquanto no *Jornal Nacional*, da Rede Globo, 77% das matérias tiveram abordagens positivas à proposta. Entre os impressos, *O Globo* teve 88% de notícias favoráveis à reforma; seguido pelo *Estadão*, com 68%, e pela *Folha de S.Paulo*, com 42% (Repórter Brasil, 2017). A ausência de pluralidade e diversidade na cobertura midiática da agenda econômica do país é um dos fatores que contribuíram para a ascensão de uma agenda conservadora no cenário político do país.

A concentração midiática, portanto, coloca em risco os próprios fundamentos da democracia representativa liberal, ao impor obstáculos à pluralidade de vozes em circulação na sociedade e à divulgação de informações de interesse público. A fabricação de consensos pouco refletidos, baseados em notícias que carecem do contraditório, são uma ameaça à consolidação democrática.

A comunicação – notadamente os espaços reservados à produção jornalística – tem se alçado à posição de guardiã da diversidade na sociedade, cumprindo missões já institucionalizadas de estabelecer a agenda de debates públicos e de atuar como fiscal dos poderes constituídos. Em tese, sua produção informativa deveria contemplar a pluralidade de pensamentos e opiniões existente, dando oportunidade de manifestação aos diversos atores e grupos sociais.

Caso agisse nessa perspectiva, garantiria o direito à informação, que, junto com a liberdade de expressão e o direito à comunicação, constituem algumas das bases da democracia representativa e dos alicerces para a manutenção dos direitos humanos. Entretanto, o questionamento aqui é inevitável: um veículo de comunicação que por si só não é pluralista e inclusivo poderia cumprir o papel institucional de preservar a diversidade cultural e social de determinada sociedade?

Teóricos e investigadores do campo da comunicação apontam a pluralidade como fator essencial para a qualidade da cobertura jornalística de fatos e eventos, de modo a contemplar o contraditório e contribuir para o efetivo debate de ideias. No entanto, são raros os espaços obtidos pela sociedade civil, organizada em movimentos sociais, coletivos, associações ou sindicatos, nas grades de programação e nas páginas impressas ou eletrônicas dos meios de comunicação.

A quantidade de vozes nos meios não repercute na representação da diversidade cultural e social existente no Brasil. Há ausência nos programas e noticiários de fontes populares que possam interpretar os diversos acontecimentos com base nas consequências enfrentadas e nas suas próprias vivências, o que resultaria em uma cobertura o mais abrangente possível, capaz de contribuir para a interpretação da realidade e para a formação de uma opinião pública embasada e informada de fato. Ao contrário, as fontes de informação ouvidas têm um perfil semelhante: de representação de governos, legislativos e mercado, ou de especialistas e membros de instituições que representam as forças políticas e econômicas. Em outras palavras, o grande número de fontes veiculadas não resulta em uma efetiva pluralidade de vozes ou de visões de mundo, já que a maior parte das fontes possui o mesmo lugar de fala.

Abrir espaço ao contraditório na produção jornalística requer muito mais do que ouvir mais de uma fonte de informação. Para uma comunicação que respeite e contemple a pluralidade e a diversidade, é necessária a participação de atores sociais que de fato apresentem pontos de vista distintos e, inclusive, antagônicos, de modo que a informação divulgada abarque o maior espectro possível de narrativas e opiniões. Somente assim a mídia dará conta da missão institucionalizada de fomentar o debate público sobre questões relevantes ao meio social e, dessa forma, contribuir para a consolidação da democracia.

A relação entre ausência de pluralidade na propriedade dos meios e ausência de diversidade cultural e de pontos de vista encontra outro grande exemplo nas interfaces entre mídia e religião no Brasil. Como abordado em capítulos anteriores, nove dos cinquenta veículos analisados pela pesquisa "MOM-Brasil" são de propriedade de lideranças religiosas – todas cristãs – e, desses, cinco direcionam todo o seu conteúdo para a defesa dos valores de sua religiosidade específica: as rádios Aleluia (de propriedade de bispos da IURD – Igreja Universal do Reino de Deus), Novo Tempo (ligada à Igreja Adventista) e Rede Católica de Rádio, e as emissoras de TV da Rede Gospel (da Igreja Renascer em Cristo) e da católica Rede Vida. Para além de todos os problemas legais implicados nessa prática, que vem crescendo desde os anos 1980, é preciso lançar luz também sobre os impactos no direito à liberdade e diversidade religiosa, previstos na nossa Constituição. Não são raras as denúncias de ataques proferidos por essas e outras emissoras às demais religiões, em especial àquelas de matriz africana.

A discriminação e o racismo religioso vêm sendo motivos de representações e ações populares no Ministério Público. No primeiro caso, tornou-se emblemática a ação movida pela Associação Brasileira de Ateus e Agnósticos (Atea) contra o apresentador José Luís Datena, quando este disse ao vivo durante seu programa na Band que "faltava Deus no coração dessas pessoas", se referindo aos autores de um crime bárbaro que chocou São Paulo.

Anos antes o apresentador já havia associado crimes violentos de todo tipo à falta da crença em Deus. Durante programa policialesco em 2010, disse que "um sujeito que é ateu não tem limites e é por isso que a gente vê esses crimes aí". Apesar de a disputa seguir judicialmente, o juiz Régis Rodrigues Bonvicino, da 1ª Vara Cível de São Paulo, condenou o apresentador em 2017 por entender que ele afrontava a laicidade da República e o próprio Estado de Direito.

Caso semelhante, dessa vez envolvendo o racismo religioso, foi objeto de ação civil pública movida por organizações sociais contra a Rede Record, ligada à IURD.

Entre as ofensas mais comuns praticadas pela emissora estava associar a umbanda e o candomblé a práticas demoníacas, muitas vezes incitando o ódio religioso contra lideranças comunitárias que praticam essas religiões. A ação civil pública resultou em condenação da emissora em 2018 e, consequentemente, na exibição de quatro programas educativos sobre as religiões de matriz africana. Os custos da produção dos programas ficaram a cargo da Record, que também foi condenada a pagar indenizações às organizações que moveram a ação[122].

É importante destacar que produzir campanha discriminatória de classe, cor, raça ou religião constitui abuso no exercício do direito de radiodifusão (Brasil, 1962). Além disso, discriminação e racismo religioso nas emissoras abertas de rádio e TV legitimam ações de violência para além das telas, e isso tem consequência real sobre a vida das pessoas. Entre os anos de 2011 e 2016, por exemplo, as denúncias de ataques contra praticantes ou contra casas de religiões afro-brasileiras cresceu 4.960%[123].

GÊNERO, RAÇA E SEXUALIDADE

Não há como falar em diversidade nos meios de comunicação no Brasil sem lançar um olhar sobre as representações de gênero e raça. São séculos de construção e

---

[122] A ação civil pública foi movida pelo Instituto Nacional da Tradição e Cultura Afro-Brasileira (Itecab) e pelo Centro de Estudos das Relações de Trabalho e Desigualdades (Ceert).

[123] Dados do Disque 100 – canal de denúncias de violações de Direitos Humanos coordenado pela Secretaria Especial dos Direitos Humanos da Presidência da República, atualmente Ministério da Mulher, da Família e dos Direitos Humanos.

reprodução de estereótipos que inferiorizam essas populações no imaginário social brasileiro. A esse aspecto, acrescentem-se as imagens negativas produzidas sobre grupos de identidade de gênero ou orientação sexual distintas daquelas tidas como a norma.

Conforme já mencionado, dos cinquenta veículos de mídia analisados pela pesquisa "MOM-Brasil", nenhum possui à frente dos negócios uma pessoa negra ou identificada com as pautas da negritude. O dado é revelador de como o racismo estrutura a sociedade brasileira, impedindo ou limitando a presença de negros como operadores de negócios no concentrado mercado brasileiro da comunicação.

A pesquisa também encontrou poucas mulheres em postos de comando ou como proprietárias dos meios de comunicação. No universo da pesquisa, apenas três foram identificadas como fundadoras de veículos de mídia[124]: Sônia Hernandes, que fundou a Rede Gospel; Márcia Poole, que fundou a BBC Brasil; e Carla Sá, cofundadora do Portal IG[125] e, à época de elaboração deste texto, diretora de estratégias do grupo.

O levantamento concluiu que "a mídia brasileira de maior audiência é controlada, dirigida e editada, em sua maior parte, por uma elite econômica formada por homens brancos" – constatação que, aliás, já estava presente nos escritos da ativista feminista bell hooks (2019) nos anos 1980,

---

[124] Entre os CEOs, há apenas seis mulheres, controlando oito dos cinquenta veículos. Já na posição de editoras-chefes, há oito mulheres, responsáveis por oito veículos.

[125] Os outros cofundadores do Portal IG são o empresário e publicitário Nizan Guanaes, o empresário Jorge Paulo Lemann, o jornalista Matinas Suzuki Jr. e o cientista da computação Demi Getschko.

sobre os meios de comunicação estadunidenses. "A mídia é controlada pelo patriarcado branco", apontava a autora.

Com base nos dados reunidos pela pesquisa "MOM-Brasil", é possível relacionar o controle da propriedade dos meios e, por consequência, da informação midiática, por agentes brancos e heteronormativos[126] com a permanência do racismo e do sexismo em nossa sociedade. Embora o controle proprietário da mídia não seja o único fator determinante da linha editorial de um veículo de comunicação, ele certamente figura entre os mais importantes.

Qualquer análise que vise lançar luz sobre as sub-representações de grupos precisa considerar elementos da formação cultural do Brasil e da constituição do concentrado mercado de mídia existente no país. A cultura patriarcal importada da Europa e o racismo forjado em mais de 350 anos de escravidão são as bases para a interpretação do fenômeno da sub-representação. Durante todo o período colonial e em parte do período republicano, os apagamentos e as exclusões de gênero e raça – que, aliás, eram característicos desses períodos – produziram-se com base na violência.

Sem direito a voto até a Constituição de 1934 e relegadas ao espaço doméstico, as mulheres das classes abastadas brasileiras, mesmo aquelas com educação formal, viram-se excluídas da vida política e também intelectual. Muitas vezes, tiveram que adotar pseudônimos masculinos para terem seus textos publicados em jornais, por exemplo.

---

[126] A heteronormatividade é a crença de que a heterossexualidade, baseada no gênero binário homem e mulher, é a norma ou a orientação sexual padrão. Com base nessa norma comportamental, determinada sociedade pode invisibilizar e, algumas vezes, criminalizar orientações sexuais consideradas "desviantes".

A população negra, por outro lado, seguiu sendo alvo de todo tipo de violência do Estado mesmo após a abolição, em 1888, o que implicou a ausência de políticas públicas de inclusão na educação e no trabalho livre na incipiente economia capitalista em formação no país. Nesse contexto, há, inclusive, a elaboração de leis visando ao controle carcerário dos corpos libertos, como o Código Penal de 1890, que previa a prisão daqueles identificados como vadios e capoeiras[127].

A partir da midiatização da sociedade, a permanência desses silenciamentos e exclusões passou a ser operada também pela ordem do discurso. Não por acaso, o conceito de raça foi retomado no início do século XX para justificar o neocolonialismo no mundo. O resultado disso, no Brasil, é a constituição do mito da convivência pacífica na denominada "democracia racial".

Também no século XX, como parte de um processo mais amplo de industrialização, o mercado de comunicação se desenvolve no Brasil a partir do surgimento dos meios eletrônicos de massa (rádio e televisão). A importação do modelo estadunidense de concessões – centrado no controle privado do serviço público – acabou por estabelecer os players desse novo e lucrativo negócio: na maior parte, homens brancos proprietários de terras e envolvidos na vida pública do país.

A relação entre políticos (Estado concedente) e mídia (empresas concessionárias) está não apenas na

---

[127] O Código Penal de 1890 definia como vadios e capoeiras aqueles que deixavam de "exercitar profissão, ofício, ou qualquer mister em que ganhe a vida, não possuindo meios de subsistência e domicílio certo em que habite; prover a subsistência por meio de ocupação proibida por lei, ou manifestamente ofensiva da moral e dos bons costumes". A prática da capoeira era proibida à época.

origem desse poderoso mercado[128], como também condiciona o fato de a produção cultural de massa ter se tornado, ao longo dos anos, uma promotora dos ideais das elites políticas e econômicas. Consequência desse cenário é que mulheres e negros não estiveram presentes na estruturação do negócio, tendo seguido como alvo de silenciamentos e estereotipizações por parte dos veículos.

SUB-REPRESENTAÇÕES E ESTEREÓTIPOS

As sub-representações operam pelo discurso. É nele que encontramos as reminiscências de um passado de opressões que teima em permanecer. Elas se apresentam na forma de estereótipos incansavelmente repetidos. Os estereótipos reduzem, naturalizam e fixam o que é considerado "diferente". E são mais eficazes em culturas e situações em que se reproduzem relações de poder desiguais (Hall, 2016).

Aos homens negros cabem os papéis de bandido, de escravo ou de preto bobo e ignorante; já às mulheres negras, o lugar da mãe preta, empregada doméstica ou mulata lasciva. Todos constructos que reforçam uma clivagem da população negra e uma hierarquia entre pretos e brancos, impondo sobre os primeiros a condição de "outro", de exótico e, naturalmente, subalterno. Ao mesmo tempo que a racialidade é negada enquanto cultura, história e identidade de um povo, ela é repetidamente

---

[128] Vale explicitar que estamos falando do surgimento do mercado de mídia – ou da informação e do entretenimento como mercadorias –, e não do surgimento da imprensa, que remonta ao início do século XIX.

exposta por meio de estereótipos como marcadores de inferioridade.

Inviabilizam-se assim as diferenças raciais em nome de uma identidade idealizada e unificadora bastante comum no discurso do colonialismo (Bhabha, 2007), enquanto tais diferenças seguem reproduzindo o controle dos corpos e solidificando os lugares de poder. No Brasil, essa identidade idealizada orientou a construção do mito da democracia racial, que, por sua vez, elaborou a ideia de miscigenação e convivência racial pacífica para forjar o sujeito social mestiço denominado "brasileiro" (Mielke, 2017).

Ao falar das mulheres, é possível também resgatar diferentes formas de sub-representação na mídia, e isso vale tanto para as produções voltadas ao entretenimento quanto para aquelas mais alinhadas ao jornalismo/informativos. No entretenimento, a eterna dicotomia entre mocinhas (assexuadas) e vilãs (hipersexualizadas) segue traduzindo a velha dualidade judaico-cristã entre santas e pecadoras. A sexualidade é um marcador importante do pecado, sobretudo em uma sociedade em que uma grande maioria se classifica como religiosa. Nos programas informativos, por sua vez, as mulheres ainda têm menor presença na condição de especialistas e/ou comentaristas de economia, política e relações internacionais.

No caso das mulheres negras, a sub-representação é estruturada em dois marcadores: gênero e raça – os quais lançam sobre os corpos femininos negros uma narrativa sexual dissociada da branquitude. Portanto, desviante da norma (hooks, 2019). Em outras palavras, esses corpos continuam sendo objetificados, quase sempre cindidos da totalidade que compõe a própria humanidade dessas mulheres. Estereotipadas na teledramaturgia e no cinema, as mulheres negras são invisibilizadas nas editorias informativas, sendo tão somente ouvidas/escutadas quando são vítimas de alguma circunstância de violência social ou, quando muito, na condição de dona de casa que foi às compras e percebeu o aumento no preço do feijão.

Algo semelhante ocorre com as representações da população LGBTQIA+, cuja sexualidade tida como desviante é muitas vezes associada a crime ou doença. Na televisão, durante muito tempo, a representação da população LGBTQIA+ foi calcada em tipos afetados e afeminados e a diversidade sexual era tomada como algo exótico ou mesmo bizarro. Com o tempo, os casais homo e lesboafetivos ganharam mais espaços, ainda que fossem incluídos em uma estética que pouco ou quase nada os diferencia de casais heteronormativos[129].

No caso da população LGBTQIA+, a intersecção com a classe social e a raça do indivíduo retratado pelo veículo será determinante para garantir se a representação será positiva ou negativa. A esse respeito, ao examinar as principais revistas de circulação semanal, Fernando Luiz Barroso (2008) concluiu que o enfoque positivo sobre essa população está sempre atrelado a indivíduos com perfil de classe média, jovens, monogâmicos, brancos e "em forma".

A crítica em torno dos estereótipos produzidos pelos meios de comunicação reforça a necessidade de discutirmos essa pauta por um viés que vá além da

---

[129] Vale lembrar que o primeiro beijo gay realizado entre dois homens na teledramaturgia ocorreu em 2013, no final da novela *Amor à Vida*, exibida pela TV Globo no horário das 21 horas.

questão da representação em si, incorporando à agenda o debate sobre a regulação da propriedade dos meios e sobre a produção de conteúdos. A autorregulação – bastante defendida pelo empresariado do setor de mídia brasileiro –, embora importante, não tem sido suficiente para garantir novos padrões de representação dos grupos aqui retratados.

É preciso retomar, por exemplo, o debate sobre as cotas raciais na proporção da população dos estados representados nos programas. Isso ajudaria a evitar equívocos como o cometido na novela *Segundo Sol*, da TV Globo. Ambientada na Bahia, estado em que 76,3% da população se declara preta ou parda, a novela de protagonistas brancos se iniciou com apenas três atores negros entre os 26 que compunham o núcleo principal. Após receber uma "notificação recomendatória" do Ministério Público do Trabalho (MPT), a emissora aumentou para sete o número de artistas negros no elenco fixo do folhetim. A ação do MPT em defesa da diversidade ocorreu após denúncias de organizações do movimento negro.

AMBIENTE DIGITAL

Para muitos estudiosos, o fenômeno das sub-representações seria superado com a ascensão das mídias digitais. Isso foi possível, em alguma medida, pelo baixo custo de entrada da produção de conteúdos para internet. Novos modelos de negócios têm buscado competir com as estratégias adotadas pelos meios de comunicação tradicionais para atrair e prender a atenção de usuários dos mais diferentes interesses. Trata-se, no entanto, de uma disputa bastante desigual, conforme mostra a pesquisa

"Monopólios Digitais: concentração e diversidade na internet" (Intervozes, 2018).

De acordo com o levantamento realizado no ano de 2018, entre cinquenta veículos analisados, apenas um, a *Revista Fórum*, era independente dos grandes grupos de comunicação. A análise de audiência dos veículos feita pela pesquisa também revelou que existia um enorme desequilibro entre os produtores de conteúdo independentes e aqueles que integravam alguma plataforma consolidada de comunicação.

Esse desequilíbrio é especialmente relevante quando se trata de conteúdo jornalístico, uma vez que se torna bastante difícil aos novos players competir com veículos de produção e difusão on-line de informações ligados aos grandes grupos de comunicação, como a *Folha de S.Paulo*, detentora do Portal UOL, e a Rede Globo, que mantém o portal de informações G1 – apenas para citar alguns. No caso do jornalismo, há ainda um processo de legitimação que não se constrói da noite para o dia – embora a audiência (medida) possa ser conquistada pela difusão de desinformação e produção de manchetes "caça-cliques".

Além de favorecer a diversidade de veículos, a ampliação do acesso à internet deve permitir que os grupos historicamente invisibilizados ou estereotipados tenham condições de expressar suas identidades, culturas e histórias de forma mais livre e autônoma, garantindo pluralidade de ideias e opiniões no ambiente on-line. O número de influenciadores oriundos desses grupos vem crescendo de forma acelerada nos últimos anos, o que é indicativo de certa democratização de acesso a esses espaços.

Em 2018, entre os 25 principais canais do YouTube de produção de conteúdo independente, apenas um era apresentado por um negro. Trata-se do canal de Everson Zoio, que aparecia, à época, na 22ª posição no ranking gerado pelo levantamento. Além dele, apenas outros dois canais podiam ser considerados atrelados à difusão da cultura e estética negras: KondZilla (canal de difusão de clipes de artistas do funk, que aparece na 2ª posição no ranking) e GR6 Explode (também de difusão de clipes musicais, na 11ª posição da lista)[130]. Ou seja, no universo da produção de conteúdo on-line, os mais acessados ainda eram aqueles produzidos por pessoas brancas.

Em 2020, o número de influenciadores negros com grande engajamento nas redes já era bem maior. Entre aqueles com maior número de seguidores estavam: Camilla de Lucas (4,9 milhões de seguidores), Nataly Neri (711 mil), Rodrigo França (651 mil), Gabi Oliveira (483 mil), Spartakus Santiago (423 mil) e Camila Nunes (342 mil). Alguns deles, como é o caso de Spartakus, também fazem parte do grupo de influenciadores LGBTQIA+, que inclui entre os mais seguidos: Diva Depressão (1,9 milhão de seguidores), Mandy Candy (739 mil), Lorelay Fox (653,8 mil), Pedro HMC (415,3 mil), Louie Ponto (321,6 mil), Bianca Dellafancy (282 mil), entre tantos outros[131].

A possibilidade de cada usuário ser dono de seu próprio canal, sem a necessidade de intermediação com os grandes grupos de comunicação para produção e difusão de conteúdo, é uma das justificativas para o aumento de

---

[130] Vale citar ainda, entre os cinquenta primeiros: o canal Parafernalha (produtor de esquetes de comédia, que possui um ator negro e aparece na 12ª posição); o canal Você Sabia? (tem um apresentador negro entre o grupo, surgindo na 13ª posição) e o canal da cantora Anitta, que figurava na 25ª colocação.

[131] Os dados foram coletados em fevereiro de 2021 e referem-se a perfis no Instagram.

influenciadores – em especial dos oriundos de grupos historicamente invisibilizados. Isso não quer dizer, por outro lado, que estejamos caminhando para um cenário mais livre e democrático no ambiente digital. Os contratos que antes eram assinados com os grandes grupos de mídia para divulgação de conteúdo se transformaram hoje nos termos e condições de uso das grandes plataformas, como Facebook, Instagram e YouTube, que poucos leem antes de dar seu consentimento.

Também o fato de as plataformas digitais operarem com base em lógicas pouco transparentes na mediação dos conteúdos tem levantado questionamentos acerca do potencial real de ingresso de novos atores no ambiente digital e, a partir dele, de geração de audiência e engajamento. As limitações impostas pelos algoritmos estão entre as principais queixas, além da segregação de conteúdos e perfis de usuários em grupos de interesse, impedindo a circulação livre e contraditória da informação, e da modelagem do comportamento dos usuários, influenciando, inclusive, em decisões de ordem política.

Mas a situação pode ser ainda pior. Algoritmos vêm sendo apontados como reprodutores de racismo, sexismo e LGBTfobia nas redes. E os relatos são muitos. Eles vão desde a retirada de conteúdos considerados arbitrariamente como ofensivos pela plataforma até denúncias de despriorização de conteúdos. No primeiro caso, pode-se citar como exemplo a ação do YouTube de derrubar o alcance da hashtag #sapatão, por entender que se tratava de discurso de ódio, o que afetou negativamente centenas de canais de mulheres lésbicas que produziam conteúdo na plataforma. No segundo caso, explicaria a baixa presença de influenciadores negros nos rankings dos mais seguidos e acessados até poucos anos atrás, mesmo havendo uma quantidade relevante de negros e negras produzindo conteúdo nas plataformas digitais.

CONCENTRAÇÃO GEOGRÁFICA DOS GRUPOS

Ao fenômeno das sub-representações e à elevada concentração de propriedade e de audiência dos meios de comunicação no Brasil, soma-se a concentração geográfica dos grupos empresariais como fator que impacta de forma negativa o pluralismo e a diversidade da mídia. Tal concentração geográfica é ainda mais significativa quando se leva em consideração a população do país, a dimensão continental de seu território e a grande diversidade cultural e de costumes verificada em cada uma de suas regiões.

Conforme aponta a pesquisa "MOM-Brasil", "em um país com tamanha pluralidade cultural e diversidade social, os efeitos de uma mídia concentrada nas mãos de poucos grupos econômicos são ainda mais terríveis, porque repercutem no subaproveitamento do potencial humano e no desrespeito às diferenças e costumes regionais" (Pasti; Gallas, 2019). A diversidade étnica e cultural entre os vários grupos regionais que formam a população brasileira é uma riqueza incomensurável do país e um fator que molda a pluralidade constituidora de sua nacionalidade.

No entanto, assim como ocorre quanto à concentração de propriedade e de audiência, os dados reunidos pela pesquisa "MOM-Brasil" demonstram uma concentração geográfica elevadíssima na Região Metropolitana de São Paulo, principalmente na cidade de São Paulo, entre os principais grupos de comunicação do país, tanto a respeito das sedes administrativas quanto dos centros de produção de conteúdo: 19 dos 26 grupos analisados pela pesquisa têm matriz nessa região.

Isso representa 73% dos 26 grupos, que são justamente aqueles de maior audiência nas várias plataformas de mídia, detendo a propriedade dos cinquenta veículos ou redes de comunicação investigados na pesquisa "MOM-Brasil". Ao identificar a sede desses cinquenta veículos ou redes, o estudo encontrou a seguinte distribuição: 62% estão localizadas no município de São Paulo (SP); 12% no Rio de Janeiro (RJ); 10% em Porto Alegre (RS); 6% em Belo Horizonte (MG); e 4% em Brasília (DF).

O caso da cidade do Rio de Janeiro merece uma atenção especial. Embora abrigue a matriz de apenas um dos grupos analisados pelo estudo, trata-se justamente daquele de maior poderio econômico e que concentra, sozinho, cerca de 36% da audiência nacional de televisão de sinal aberto: o Grupo Globo, proprietário dos seis veículos analisados pela pesquisa com sede naquela cidade (os mencionados 12% entre os cinquenta veículos de maior audiência).

Embora a concentração se dê de forma mais relevante no Sudeste, é importante destacar que a cidade de Brasília, por abrigar a capital do país, também tem se tornado um relevante polo de concentração dos meios de comunicação. Brasília é a segunda cidade brasileira com maior número de redações e escritórios de veículos de mídia, ficando atrás apenas de São Paulo, conforme levantamento do Atlas da Notícia atualizado em 2021. Ao todo, 286 veículos estão situados na capital política brasileira, muitos deles sucursais de jornais com sede em outras cidades. No Rio de Janeiro, são 276 veículos. Em São Paulo, consideravelmente mais: um total de 913 empresas de comunicação estão sediadas na cidade.

A chamada Região Concentrada[132], que correspondente às regiões Sul e Sudeste na divisão regional adotada pelo IBGE, "concentra 80% dos escritórios de comando dos grupos que controlam os 50 maiores veículos de mídia nacionais", descreve a pesquisa "MOM-Brasil". Os dados apontados subsidiam o entendimento de que postos de decisão dos grandes grupos de comunicação concentrados em um mesmo espaço geográfico geram comandos sobre a produção e distribuição de informações que afetam todo o território brasileiro, colaborando para as desigualdades regionais.

Com a posição de destaque alcançada pela informação nas diversas atividades econômicas – mídia mais diretamente, mas também finanças, consultorias, planejamento estratégico, entre outras –, São Paulo se reorganizou para ocupar o posto de centro de comando do restante do território brasileiro. O mesmo vale, de forma menos intensa, para as cidades do Rio de Janeiro, pela posição político-cultural alcançada ao longo da história, e de Brasília, centro das decisões políticas e administrativas do país.

A centralização de boa parte do comando e das decisões referentes à mídia nacional em uma única cidade traz consequências imediatas ao pluralismo e à diversidade de

---

[132] Milton Santos e Maria Laura Silveira (2001) dividem o Brasil em quatro regiões: Centro-Oeste (formada por quatro estados), Nordeste (nove estados), Amazônia (seis estados) e Região Concentrada (formada pelos sete estados das regiões Sul e Sudeste do IBGE).

opiniões, visões de mundo e ideias em circulação. "Ainda que esses grandes grupos se articulem com os grupos de mídia regionais – de grande importância e com vínculos políticos destacados nos lugares –, a maior parte do conteúdo, da agenda e das decisões de maior impacto ao trabalho midiático parte dos grupos baseados na 'Região Concentrada'" (Intervozes, 2019).

A concentração geográfica do poder de decisão e dos centros de produção dos grandes grupos de mídia repercute na homogeneização do conteúdo veiculado em escala nacional, com pouco espaço disponibilizado aos conteúdos regionais. Ao mesmo tempo, evidencia outro fenômeno: o de "desertos de notícias" existentes no território do país, conforme demonstrado pela 4ª edição do Atlas da Notícia. De acordo com o mapeamento, 3.280 municípios não possuem veículos locais que divulguem notícias de interesse público, mesmo que esparsamente. Isso representa 58,9% dos municípios brasileiros, o que significa que 33,7 milhões de habitantes não têm acesso a conteúdo jornalístico produzido de forma local no país.

Regulamentar o artigo 221 da Constituição Federal seria um importante passo rumo a garantir maior diversidade e pluralidade na mídia. O aumento das produções regionais poderia significar um crescimento da presença de diferentes grupos étnicos e sociais no ambiente midiático – diminuindo a preponderância do Sudeste, mais precisamente de São Paulo, na difusão de conteúdo e ampliando sua diversidade cultural. Acrescente-se aqui a necessidade de fortalecer a comunicação pública, conforme artigo 223 da nossa Carta Magna, uma vez que essa comunicação, por não ter compromisso com o lucro, constitui-se em potente lócus para a inclusão e experimentação[133].

REGULAÇÃO DA MÍDIA E PROTEÇÃO DA DEMOCRACIA

A alta concentração econômica dos meios, marcada pela propriedade cruzada – quando um mesmo grupo controla vários veículos de comunicação de diversas mídias –, e a alta concentração de audiência produzem impactos significativos na liberdade de expressão e na própria democracia. Tal resultado é desastroso para a "acanhada e ainda recente democracia representativa brasileira no que se refere a médio e longo prazos. Isso porque há uma interdição, por parte dos grandes meios de comunicação, de diversos e importantes temas e perspectivas em prol do efetivo desenvolvimento da sociedade brasileira sobre bases mais justas e igualitárias".

Os interesses econômicos e políticos dos grandes grupos de comunicação impedem a efetiva existência de uma pluralidade de vozes, o embate de opiniões e a coexistência de valores e visões de mundo diferentes no conteúdo de mídia – algo que se evidencia, principalmente, quando há aumento da polarização política da sociedade, como tem ocorrido no país desde o processo

---

[133] É preciso sistematizar a experiência da Empresa Brasil de Comunicação (EBC), sobretudo no que diz respeito à programação da TV Brasil. A empresa ousou em alguns formatos, como no *Estação Plural*, primeiro programa da TV aberta a ser apresentado por uma mulher transexual. Por meio da atuação de seu Conselho Curador, a EBC também criou, em 2013, o Comitê pela Equidade de Gênero e Raça e recebeu, em 2015, o selo Pró-Equidade de Gênero e Raça, concedido pela Secretaria de Política para as Mulheres (SPM).

de impeachment da ex-presidente Dilma Rousseff (Barbosa, 2016).

A verdadeira democracia pressupõe a defesa de valores éticos e o respeito à diversidade étnico-racial, de identidade de gênero, de orientação sexual e de fé religiosa. Esses princípios são essenciais para a proteção e garantia à liberdade de expressão e também para a defesa dos Direitos Humanos. O Brasil é signatário de diferentes tratados internacionais que referendam esses princípios, entre os quais o Pacto de São José da Costa Rica e o Pacto Internacional pelos Direitos Civis e Políticos (PIDCP), que ratificam o direito à autodeterminação dos povos, à liberdade de expressão, de crença e de organização e o direito à dignidade humana, independentemente de origem, credo, gênero, raça ou orientação sexual.

No que diz respeito ao conteúdo produzido pelos veículos de comunicação no Brasil, não é mais possível aceitar que, em nome da audiência e do lucro obtido com ela, sejam desrespeitadas mulheres, pessoas negras, pessoas com deficiência, de orientação sexual diversa, idosas, etc. Portanto, é fundamental a criação de mecanismos de monitoramento e sanções ulteriores à infração cometida. Internacionalmente, já existe um amplo arcabouço de recomendações para garantir a equidade e a dignidade dessas populações. Países de democracia consolidada, como França, Canadá, Espanha e Alemanha, para citar apenas alguns, possuem legislações específicas para proteger e resguardar essas populações no ambiente midiático.

No Brasil, esse debate tem avançado pouco, via de regra em função da própria interdição promovida pelos meios de comunicação ao tema. Qualquer tentativa de regulação é rapidamente deslegitimada e retratada como censura. Enquanto isso, violações a direitos humanos, racismo religioso, exposição indevida de pessoas (entre as quais crianças e adolescentes), autoritarismo e discurso de ódio seguem sendo praticados abertamente em diferentes conteúdos dos meios de comunicação.

Impedir a concentração da propriedade dos meios e criar regras mais claras para que sejam respeitados os princípios elencados pela Constituição Federal são tarefas que não perderam importância. Ao contrário, tornam-se cada vez mais essenciais para a consolidação da nossa democracia – assim como estabelecer uma legislação atualizada e mais adequada para lidar com a concentração no cenário de convergências, capaz de induzir a adoção de práticas de enfrentamento e mitigação do histórico processo de invisibilizar na mídia as populações historicamente subalternizadas.

REFERÊNCIAS

ATLAS DA NOTÍCIA – mapeando o jornalismo local no brasil. Brasil: PROJOR, [2022]. Disponível em: https://www.atlas.jor.br/. Acesso em: 28 abr. 2022.

BARBOSA, Bia. Operação Aletheia e a nova aula global de manipulação midiática. **Rede Brasil Atual**, 5 mar. 2016. Disponível em: https://www.redebrasilatual.com.br/politica/2016/03/operacao-aletheia-e-a-nova-aula-global-de-manipulacao-midiatica-8127. Acesso em: 28 abr. 2022.

BARROSO, Fernando Luiz Alves. Os homossexuais na mídia segundo militantes, acadêmicos e jornalistas. *In*: CONGRESSO BRASILEIRO DE CIÊNCIAS DA COMUNICAÇÃO, 21., 2008, Natal. **Anais** [...]. Natal: Sociedade Brasileira de Estudos Interdisciplinares da Comunicação – Intercom, 2008.

BHABHA, Homi K. A outra questão: o estereótipo, a discriminação e o discurso do colonialismo. *In*: BHABHA, Homi K. **O local da cultura**. Belo Horizonte: Editora UFMG, 2007.

BRASIL. **Lei nº 4.117, de 27 de agosto de 1962**. Institui o Código Brasileiro de Telecomunicações. Brasília, DF: Presidência da República, 1962. Disponível em: http://www.planalto.gov.br/ccivil_03/leis/l4117compilada.htm. Acesso em: 28 abr. 2022.

HALL, Stuart. Diásporas, ou a lógica da tradução cultural. **Revista Matrizes**, v. 10., n. 3, 2016.

hooks, bell. Vendendo uma boceta quente: representações da sexualidade negra no mercado cultural. *In*: hooks, bell. **Olhares negros**: raça e representação. São Paulo: Elefante, 2019.

INTERVOZES. **Monitoramento da Propriedade da Mídia (MOM-Brasil)**. São Paulo, 2019. [on-line]. Disponível em: https://quemcontrolaamidia.org.br. Acesso em: 28 abr. 2022.

_____. Monopólios Digitais: concentração e diversidade na internet. São Paulo, 2019. [on-line]. Disponível em: https://intervozes.org.br/arquivos/interliv012monodig.pdf. Acesso em: 28 jun. 2022.

MIELKE, Ana Claudia. Negros e mídia: invisibilidades. **Le Monde Diplomatique Brasil**, São Paulo, 27 mar. 2017. Disponível em: http://diplomatique.org.br/negros-e-midia-invisibilidades/. Acesso em: 28 abr. 2022.

PASTI, André; GALLAS, Luciano. Investigando os donos da mídia no Brasil pós-golpe. **Le Monde Diplomatique Brasil**, São Paulo, 16 abr. 2018. Especial Proprietários da Mídia – Abertura. Disponível em: https://diplomatique.org.br/investigando-os-donos-da-midia-no-brasil-pos-golpe/. Acesso em: 28 abr. 2022.

REPÓRTER BRASIL. Reforma trabalhista: maior parte da mídia não aborda o impacto negativo das mudanças. **Repórter Brasil**, 5 jun. 2017. Disponível em: https://reporterbrasil.org.br/2017/06/reforma-trabalhista-maior-parte-da-midia-nao-aborda-o-impacto-negativo-das-mudancas/. Acesso em: 28 abr. 2022.

REPÓRTERES SEM FRONTEIRAS. Classificação Mundial da Liberdade de Imprensa 2020. **Repórteres Sem Fronteiras**, 2016. Disponível em: https://rsf.org/pt-br/ranking?year=2020. Acesso em: 28 abr. 2022.

SANTOS, Milton; SILVEIRA, Maria Laura. **O Brasil**: território e sociedade no início do século XXI. Rio de Janeiro: Record, 2001.

UNESCO. Programa Internacional para o Desenvolvimento da Comunicação. **Unesco**, c2021. Disponível em: https://en.unesco.org/programme/ipdc/. Acesso em: 28 abr. 2022.

CAPÍTULO 10.
MÍDIA ALTERNATIVA: DA CONCENTRAÇÃO ÀS CONTRANARRATIVAS

Iago Vernek

> "**15 de julho de 1955**. Aniversário de minha filha Vera Eunice. Eu pretendia comprar um par de sapatos para ela. Mas o custo dos gêneros alimentícios nos impede a realização de nossos desejos. Atualmente somos escravos do custo de vida. Eu achei um par de sapatos no lixo, lavei e remendei para ela calçar".
> Carolina Maria de Jesus (1960)

O trecho acima inicia o livro-diário de Carolina Maria de Jesus sobre a rotina sofrida na antiga favela do Canindé, então localizada na Zona Norte de São Paulo. Por meio de uma linguagem crítica e direta, a poeta, romancista e catadora de papel captou com grande riqueza de detalhes as absurdas desigualdades em que a classe pobre estava, e continua, sujeita a viver no país. Suas narrativas influenciaram pessoas negras e periféricas a revisitar as memórias de seus lugares, apagadas ou distorcidas pelos meios de comunicação de massa.

Algum tempo depois da publicação de *Quarto de despejo*, em 1960, o caminho de Bitita[134] cruza com o da Nós, mulheres da periferia[135]. A organização formada por jornalistas de diferentes regiões da capital paulista vem, desde 2014, resgatando o protagonismo de mulheres periféricas como sujeitas de suas próprias histórias, com base na intersecção entre raça, classe, gênero e território.

Em 2017, como resultado de uma série de oficinas e reportagens, a organização lançou o documentário *Nós Carolinas: vozes de mulheres periféricas*, exibido em escolas, Unidades Básicas de Saúde (UBS), postos de saúde, instituições de proteção à mulher e até bares para falar sobre as pautas negra e feminista. "Diante do vazio de representatividade na chamada grande mídia, o nosso objetivo era e ainda é contar histórias que não estavam sendo contadas", afirma Jéssica Moreira, uma das cofundadoras do coletivo.

No ano seguinte, em 2018, com apoio do Fundo Brasil de Direitos Humanos, Jéssica e suas companheiras produziram uma extensa reportagem sobre o Sistema Único

---

134   Bitita era o apelido de Carolina de Jesus quando criança (N. do E.).

135   O coletivo Nós, mulheres da periferia surgiu de uma articulação de nove mulheres periféricas de São Paulo, em 2012, para produzir um artigo na seção Tendências e Debates, da *Folha de S.Paulo*, em parceria com a Agência Mural, que ainda era um blog. Com a construção de um site próprio, carro-chefe da comunicação, e a prospecção de algumas formas de financiamento, Jéssica Moreira, Mayara Penina, Semaya Oliveira, Bianca Pedrina, Lívia Lima e Regiane Silva, além de outras colaboradoras, produzem notícias, documentários, exposições, oficinas, reportagens e um podcast, o *Conversa de Portão*.

de Saúde (SUS), entrevistando mais de trinta agentes de saúde, conselheiras, pacientes, médicas, enfermeiras e fundadoras do movimento que lutou pela universalização do SUS no Brasil.

A experiência da Nós, mulheres da periferia não é isolada. Pretendemos neste capítulo demonstrar como várias organizações coletivas e comunitárias têm se articulado em diferentes regiões brasileiras para produzir comunicação. Queremos nos aproximar de experiências sociais que desenvolvem práticas alternativas de mídia, sobretudo em áreas periféricas e territórios de povos tradicionais, em que a falta de acesso às redes técnicas tem contribuído para a dificuldade de acesso à informação e, mais recentemente, para a disseminação de desinformação.

É assim que, longe da metrópole paulistana, na área rural de Juazeiro (BA), surgiu em 2016 o Carrapicho Virtual[136]. Com apoio do Instituto Regional da Pequena Agropecuária Apropriada (IRPAA) e do programa Jovens Comunicadores, do governo do estado, o grupo reúne cerca de 15 pessoas da região do Vale do Rio Salitre, de diversas idades, em torno de projetos artísticos e de educomunicação.

---

[136] O projeto se desenvolve com moradores das comunidades rurais de Alfavaca, Angico, Baraúna, Tapera, Umbuzeiro, Mulungu, Sobradinho, Goiabeira e Junco, sendo resultado da pesquisa e militância de Érica Dayane da Costa Silva, cujo mestrado foi defendido em 2019 na Universidade do Estado da Bahia (Uneb), com o título *Carrapicho: experiências de Educomunicação com adolescentes e jovens do vale do Salitre*. Conforme a autora, "todo percurso [da pesquisa] permitiu reafirmar a Educomunicação como caminho estratégico na formação de sujeitos protagonistas de uma cidadania ativa, bem como apresentar contribuições que possam embasar a construção de possíveis ações voltadas para esse campo-prático teórico no âmbito do poder público municipal" (Silva, 2019).

Em pleno sertão baiano, à beira do rio São Francisco, um local de intensos conflitos socioambientais[137], a comunicação tem sido uma forma viável de evitar o êxodo rural da juventude e cobrar governantes locais. Inspirado na erva daninha que costuma invadir pastagens e grudar nas roupas das pessoas, o Carrapicho trata de temas como feminicídio, homofobia, aceitação negra, racismo, além dos próprios problemas da comunidade, relacionados às condições precárias de infraestrutura e serviços públicos, como a má conservação das estradas e a falta de água.

Por meio da apropriação das tecnologias de informação e da leitura crítica da mídia, o projeto resgata a cultura popular local, presente no "Samba de Véio", na Capoeira de Angola e no cinema de rua. Amanda Clara, uma das educomunicadoras do projeto, descreve esse movimento: "escolhemos um filme nacional e levamos, com o que a gente pode, que é um datashow e uma caixa de som. Arranja uma parede branca, coloca lá e a comunidade se reúne para assistir". O Carrapicho Virtual nos mostra, assim, maneiras de resistir, conforme a música da cantora pernambucana Flaira Ferro: "no contra-ataque da guerra, arte!".

Lidando com desafios igualmente complexos, uma série de comunicadores indígenas e quilombolas também tem feito uso de instrumentos midiáticos para registrar

---

[137] No dia 23 de outubro de 2019, o Carrapicho publicou uma vídeoreportagem sobre a situação de falta de água nas comunidades do Alto Salitre. Após quase um mês sem fornecimento, a população se organizava como podia para enfrentar o descaso do governo, pedindo água na vizinhança, buscando-a em poços mais distantes ou contratando carro-pipa. Essa situação está relacionada aos conflitos de interesses econômicos ligados à horticultura irrigada e, portanto, à gestão da água, controlada na região pela empresa Agrovale.

a história de suas comunidades, ampliando o escopo daquilo que temos chamado de mídias alternativas no Brasil, o foco central deste texto. Por meio da organização política, intelectual e artística desses povos ancestrais, a comunicação é uma importante frente de batalha no sentido de equilibrar a representação distorcida de suas culturas tradicionais.

Segundo o cineasta e designer Terena Gilmar Galache, um dos idealizadores da Associação de Realizadores Indígenas (Ascuri), é fundamental mostrar a cultura indígena para toda a sociedade, inclusive nas próprias aldeias. Em entrevista ao podcast do Intervozes, *Levante sua Voz*, no episódio do dia 30 de setembro de 2020, "Comunicação pública sob censura", Gilmar afirma que "o processo de produção é parte do fortalecimento do jeito de ser indígena e o filme passa a ser uma consequência, não a parte principal".

Paralelamente, Maryellen Crisóstomo, moradora do quilombo Baião, no sudeste do Tocantins, contou em live organizada pelo Intervozes, no dia 24 de julho de 2020, sobre "Mulheres Negras Latino-Americanas e Caribenhas e o Direito à Comunicação", que a trajetória de vida como mulher, quilombola e nortista sempre a colocou em um caminho de resistência. Sua trajetória teve início no processo de certificação e titulação do território em que vive, mas se estendeu a questões de gênero, direito à informação, representatividade política e acadêmica, entre outras.

Conforme relata a liderança da Coordenação Nacional de Articulação das Comunidades Negras Rurais Quilombolas (Conaq), "nós não estamos no que se chama de grande mídia, mas estamos em muitos outros espaços consolidando a disputa de narrativas, tentando se colocar como ser digno de direitos". Para Maryellen, ao nascer na condição de quilombola, carrega-se uma luta histórica por reparação dos direitos de povos que permanecem excluídos e assediados em nome do desenvolvimento econômico de outros.

Nesse sentido, a comunicação pode ser um instrumento de contrapoder, uma estratégia popular de vivência e sobrevivência. Antes mesmo da indústria cultural, a informação já fundamentava a organização da sociedade, marcando as diversas territorialidades no mundo. Modos de vida indígenas, quilombolas e de outros povos tradicionais não se perpetuariam por tantos séculos, em meio a constantes repressões, sem a transmissão oral, comunitária, intergeracional e não proprietária dos seus saberes e práticas ancestrais.

Em oposição à concentração da propriedade da mídia, que impõe à sociedade uma cultura de massa orientada ao consumo, a comunicação popular ou comunitária[138] articula os lugares em suas relações solidárias e conflituosas. Trata-se de uma informação pautada na soberania do território, envolvendo inúmeras disputas técnicas, políticas e narrativas em torno da agenda democrática de direitos.

---

[138] Peruzzo (2006, p. 6-9) realiza um esforço de conceituar a comunicação alternativa, popular e comunitária, com base em pesquisa bibliográfica dialética. Segundo a autora, a comunicação alternativa "surgiu para designar tanto a comunicação popular [...] como para caracterizar o tipo de imprensa não alinhada à linha da mídia tradicional"; a segunda emerge da ação dos grupos populares, portanto, trata-se "de 'comunicação do povo', feita por ele e para ele, por meio de suas organizações e movimentos emancipatórios visando à transformação das estruturas opressivas e condições desumanas de sobrevivência"; já a comunicação comunitária "se caracteriza por processos de comunicação baseados em princípios públicos, tais como não ter fins lucrativos, propiciar a participação ativa da população, ter propriedade coletiva e difundir conteúdos com a finalidade de educação, cultura e ampliação da cidadania".

Durante a redemocratização brasileira, tivemos progressos significativos na compreensão da comunicação como direito humano, representados, sobretudo, pelos artigos 220 e 222 da Constituição Federal de 1988, a organização em 1991 do Fórum Nacional pela Democratização da Comunicação (FNDC) e a regulamentação das rádios e TVs comunitárias, por meio da Lei nº 9.612/1998. Esse longo processo ampliou o debate público sobre a mídia no país, contribuindo para a criação em 2008 da Empresa Brasileira de Comunicação (EBC), de caráter público, e, em 2009, para a realização da 1ª Conferência Nacional de Comunicação (Confecom). Novos debates surgem na era digital, consolidados, de certa forma, no Marco Civil da Internet (2014) e na Lei Geral de Proteção de Dados Pessoais (2018).

Esses avanços regulatórios não vieram desacompanhados, porém, de muitas batalhas no campo social, em um contexto de ditadura militar, que envolvia a censura, e mesmo tortura, de membros de movimentos sociais, partidos políticos, sindicatos, comunidades eclesiásticas de base, além de ativistas da liberdade de expressão, organizados ou não em grupos identitários. Mesmo após mais de trinta anos, são vários os desafios para a garantia plena do direito à informação, o qual,

> requer a negação da concentração da mídia nas mãos de grandes grupos econômicos e políticos; pressupõe o direito a mensagens fidedignas e livres de preconceitos; e inclui o direito ao acesso ao poder de comunicar (Peruzzo, 2004, p. 40).

Na pesquisa "Monitoramento da Propriedade da Mídia" (MOM-Brasil) (Intervozes, 2019), é possível

identificar alguns elementos que ajudam a explicar a sub-
-representação da periferia e das classes oprimidas nos
meios de comunicação. Podemos relacionar esses silenciamentos e recortes sociais à própria concentração da
propriedade da mídia.

Buscamos, assim, contribuir para a análise, ainda
que breve e parcial, da mídia alternativa no país, posi-
cionando-a perante os grandes grupos. Consideramos
ao máximo as diferentes formas de comunicação e
organização do trabalho presentes em regiões do território nacional. Para além das estatísticas, apontamos
desafios e entendimentos da comunicação alternativa,
sobretudo em áreas periféricas, rurais e de comunidades tradicionais.

MAPEANDO A CONCENTRAÇÃO DA MÍDIA

> *"as novas condições técnicas deveriam permitir a ampliação
> do conhecimento do planeta, dos objetos que o formam, das
> sociedades que o habitam e dos homens em sua realidade
> intrínseca. Todavia, nas condições atuais, as técnicas da
> informação são principalmente utilizadas por um punhado de
> atores em função de seus objetivos particulares [...] aprofun-
> dando assim os processos de criação de desigualdades"*.
> Milton Santos (2000)

Apesar da importância da informação, vivemos uma
época de "confusão dos espíritos". É o que aponta Milton
Santos em *Por uma outra globalização* – até mesmo eventos ocorridos em locais próximos são distorcidos. O que
nos chega quase sempre já é um discurso acabado, uma

ideologia[139], que se apresenta com um caráter de neutralidade, mas na realidade tem o objetivo de convencer e fundamentar interesses de quem está no poder e quer se manter nele.

De acordo com a pesquisa "Media Ownership Monitor", o cenário de monopólio da mídia se repete em diversos países e continentes, como na América Latina. Em Buenos Aires, capital argentina, 56,7% da audiência midiática é controlada por quatro grupos econômicos, sendo o grupo Clarín o maior conglomerado de comunicação do país[140]. Na Colômbia, os quatro maiores canais de televisão concentram 80% da audiência. Considerando rádio e impressos, as oito maiores empresas do país acumulam 78% da participação do público. Apesar dos embargos estatais na internet e do direcionamento da publicidade pública a poucos grupos, alguns veículos impressos e sites não alinhados aos veículos de massa aparecem na lista de maiores audiências em ambos os países, tais como o *Tiempo Argentino* e, na Colômbia, *Minuto30*, *Las2orillas* e *Pulzo*.

O Brasil passa por uma situação semelhante aos vizinhos latino-americanos, em que 70% da audiência televisiva é compartilhada entre quatro empresas, das quais apenas

---

[139] "O discurso ideológico [...] pretende coincidir com as coisas, anular a diferença entre o pensar, o dizer e o ser e, destarte, engendrar uma lógica da identificação que unifique pensamento, linguagem e realidade para, através dessa lógica, obter a identificação de todos os sujeitos sociais com uma imagem particular universalizada, isto é, a imagem da classe dominante" (Chaui, 1989, p. 3).

[140] Dos 52 veículos de maior audiência no país, três são de mídia alternativa, como a cooperativa de jornalistas *Tiempo Argentino*, o portal *Tiempo Ar* e o site do jornal *Página 12*. Esses três veículos aparecem entre os dez jornais impressos de maior tiragem da Argentina. Nos últimos anos, pelo menos 19 empresas de comunicação (rádios, impressos e on-line) faliram e foram recuperadas por seus funcionários, mantendo-se em formato de cooperativa.

o grupo Globo responde por mais da metade dessa fatia, sendo 36,9% do total. Aqui também a mídia alternativa, nos moldes considerados, tem poucos representantes entre os veículos de maior audiência: no caso, a revista *Fórum*. Sua edição impressa não existe mais, porém o site continua ativo, com notícias diárias e uma publicação semanal.

A concentração da propriedade dos meios de comunicação e sobretudo "os interesses dos grupos [privados] impedem a existência de uma pluralidade de vozes, o embate de opiniões e a coexistência de valores e visões de mundo diferentes" (Intervozes, 2019). Como resultado desse processo, temos uma redução de experiências diversas de mídia, em que a produção de informação está submetida ao acesso à tecnologia[141], bem como a afiliações políticas e outros negócios capitalistas.

A título de exemplo, entre as 22 famílias que controlam os 50 maiores veículos de mídia nacionais, não há nenhuma pessoa negra e somente uma mulher proprietária: a bispa Sônia Hernandes, da Igreja Renascer em Cristo. Dona da Rede Gospel, sua liderança evangélica é compartilhada com o marido Estevam Hernandes[142].

---

[141] A pesquisa "TIC Domicílios 2019", realizada pelo Centro Regional de Estudos para o Desenvolvimento da Sociedade da Informação (Cetic.br), mostra que 58% das pessoas que usam a internet no Brasil se conectam somente pelo celular, e na área rural esse número é de 79%, e nas classes D e E de 85%. Além disso, segundo estudos da Agência Nacional de Telecomunicações (Anatel), 55% dos acessos móveis no país se dão por meio de planos pré-pagos, muitos com pacotes de dados bem limitados.

[142] Conforme detalha o MOM-Brasil sobre a questão de gênero na propriedade da mídia, "entre os fundadores de veículos, há três mulheres (6%): Sônia Hernandes (Rede Gospel), Márcia Poole (BBC Brasil) e a diretora de estratégias Carla Sá, que fundou o portal IG. [...] Entre os CEOs, há apenas seis mulheres (12%), controlando oito dos 50 veículos. Já como editoras-chefes, há oito mulheres (16%), responsáveis por oito veículos" (MOM-BRASIL, 2017).

Contrariando princípios democráticos, "a mídia brasileira de maior audiência é controlada, dirigida e editada, em sua maior parte, por uma elite econômica formada por homens brancos" (Intervozes, 2019).

Com relação à internet, na qual houve grandes expectativas de democratização da comunicação, a onipresença das plataformas digitais se tornou um dado relevante do atual período[143]. A digitalização e penetração da tecnologia móvel fizeram da rede um espaço privilegiado de produção midiática, tanto para conglomerados quanto para coletivos. Em ambos os casos, quem determina as "regras do jogo" são os mesmos agentes internacionais.

Uma pesquisa realizada pelas organizações PretaLab/Olabi e ThoughtWorks, em 2017, sob título #QuemCodaBR, abordando a diversidade no mercado de tecnologia, mostrou que apenas 36,9% da população empregada é formada por pessoas negras/pretas e pardas, enquanto pessoas brancas representam 58,3%. Há uma sub-representação da população negra, que representa 53,9% do total de habitantes no país, contra 45,2% de brancos, além de uma super-representatividade de homens, que são 68,3% dos empregados no setor, enquanto são apenas 48,5% da população brasileira. No mais, em torno de 20% das equipes de tecnologia não possuem nenhuma mulher e mais de 30% nenhuma pessoa negra.

Os dados da PretaLab/Olabi e ThoughtWorks corroboram estudos sobre racismo algorítmico e discurso de

---

[143] Segundo a pesquisa "Monopólios Digitais", publicada pelo Intervozes em 2018, os sites de produção e distribuição de conteúdo mais acessados no Brasil são plataformas do Google, Facebook, Twitter e Yahoo. Com relação aos aplicativos, essas plataformas representam 63% dos downloads na loja do Google e 75% na loja da Apple.

ódio contra mulheres, negrxs e populações LGBTQIA+. De acordo com Tarcísio Silva – organizador do livro *Comunidades, algoritmos e ativismos sociais: olhares afrodiaspóricos*, publicado em 2020, e criador de um blog sobre pesquisa, métodos digitais, raça e tecnologia – "sistemas de informação não são objetivos e não podem ser vistos dessa forma". Por meio de buscadores ou teclados, sensores ou câmeras de vigilância,

> a dominação cultural sobre minorias é estruturada e materializada em códigos de enquadramento de estudos, literatura e pensamento sobre a sociedade de um modo que direciona as interpretações e desdobramentos possíveis (Silva, 2020).

Nesse cenário de vigilância em massa, importa entender de que maneira a concentração da propriedade (e programação) da mídia e a instalação seletiva de tecnologias de informação e comunicação (TICs) contribuem para uma fragmentação social e territorial, conferindo possibilidades desiguais de receber e emplacar informações, reforçando vieses, desigualdades e relações de comando.

REVELANDO AS CONTRANARRATIVAS DOS LUGARES

> *Não desiste negra, não desiste!*
> *Ainda que tentem lhe calar,*
> *Por mais que queiram esconder*
> *Corre em tuas veias força yoruba,*
> *Axé para que possa prosseguir*
> *[...]*

É preciso lembrar da nossa raiz
Semente negra de força matriz que brota em riste!
Mãos calejadas, corpos marcados sim
Mas de quem ainda resiste.
E não desiste negra, não desiste!
(Duarte, 2016, p. 14-15).

Nos versos de *Negra nua e crua*, de autoria da poeta paulistana Mel Duarte, percebe-se quão antigas e persistentes são as tentativas de apagamento da história negra e periférica no Brasil. Por isso, a organização coletiva é uma das poucas possibilidades de reatar a identidade territorial na perspectiva da garantia de direitos básicos de cidadania, da ampliação do repertório cultural e protagonismo dos sujeitos, fortalecendo sua capacidade associativa e participação política na sociedade (Cidade Escola Aprendiz, 2007).

Desse modo, concordamos com Peruzzo (2004, p. 38) que "para a concretização do envolvimento direto na produção e na gestão da comunicação comunitária [e popular] há que existir canais abertos e desobstruídos de participação". Seria importante, para a autora, efetivarmos mecanismos que assegurem a representatividade social nas várias instâncias do processo midiático. Em uma linha de raciocínio parecida, Dantas (2003, p. 37) afirma que:

> se dispomos de uma base técnica que permite liberar trabalho rotineiro e repetitivo, esta mesma base técnica permite libertar as forças culturalmente criativas da sociedade dos estreitos limites e da repressão que lhes impõe a privatização capitalista da informação.

Através da educação, Paulo Freire contribui com a questão por meio de um profundo diálogo entre comunicação e cultura, dando-nos algumas chaves de interpretação. Em *Pedagogia do oprimido*, o mestre pedagogo constata que:

> a verdadeira comunicação não admite uma só voz, um só sujeito, uma transmissão, uma transferência, uma distribuição, um discurso único, mas sim a possibilidade de muitas vozes, alteridade cultural, independência e autonomia dos sujeitos, inúmeros discursos, enfim, estruturas radicalmente democráticas, participativas, dialógicas (Freire, 1987, p. 96).

A real comunicação estimula a participação social e o pensamento crítico em relação aos meios de comunicação de massa, problematizando as suas estratégias de manipulação. Diante desses esforços, "os segmentos populares conscientizados buscam sua autoemancipação comunicativa [...] numa perspectiva coletiva, tanto no sentido de gestão e uso dos espaços na programação, como no conteúdo das mensagens que são transmitidas" (Peruzzo, 2004, p. 34).

Com base na experiência da escassez e da solidariedade orgânica dos lugares, diversos grupos se mobilizam para debater e reverter situações adversas. Suas estratégias políticas abarcam múltiplas formas de comunicação: da pressão às instâncias do governo ao trabalho comunitário, da valorização da cultura popular ao resgate de saberes tradicionais[144].

---

[144] Uma experiência interessante de comunicação alternativa em 2020 foi a rede #coronanasperiferias, uma coalizão de agentes e coletivos comunicadores de diversas regiões do país organizada para informar as periferias sobre a pandemia de Covid-19.

Em São Paulo, a maior metrópole da América Latina e cidade que mais abriga veículos de mídia no país[145], uma articulação entre nove grupos de comunicação popular e comunitária deu origem à Rede Jornalistas das Periferias[146]. Arraigada em territórios marcados profundamente pela pobreza e violência urbanas, a organização:

> acredita na potência e importância de que as vozes das próprias periferias sejam as protagonistas no conteúdo jornalístico sobre essas regiões da cidade, constituídas historicamente em condições sociais de desigualdade de raça, classe e gênero, que se reproduzem, inclusive, no ambiente profissional da comunicação (Rede Jornalistas das Periferias, 2017).

Nas periferias da capital paulista, são inúmeros os desafios para se livrar da desinformação e produzir uma comunicação efetiva *do* lugar e *para o* lugar. Sobre isso, o Periferia em Movimento, coletivo-membro da Rede Jornalistas das Periferias, reportou, ainda no início da pandemia de Covid-19, as batalhas por sinal de internet para solicitar o auxílio emergencial em áreas do município onde o celular não chega ou simplesmente "não pega".

---

[145] De acordo com levantamento Kantar/Ibope, somente as cidades de São Paulo (SP) com 698, Rio de Janeiro (RJ) com 217 e Brasília (DF) com 197 abrigam 20,7% dos veículos mapeados, apesar de possuírem juntas cerca de 10% da população nacional. Os estados de São Paulo e Rio de Janeiro absorveram boa parte dos novos investimentos privados em tecnologia da informação, somando juntos 44% do ativo publicitário em mídia do país (Kantar; Ibope, 2014).

[146] A Rede Jornalistas das Periferias surgiu em 2016 da iniciativa de grupos de comunicação de áreas periféricas do município de São Paulo: Nós, Mulheres da Periferia; Desenrola e Não me Enrola; DoLadoDeCá; Historiorama: Conteúdo & Experiência; Mural – Agência de Jornalismo das Periferias; Periferia em Movimento; DiCampana; Imargem e Alma Preta.

Enquanto isso, no município de Juazeiro, interior baiano, onde está localizado o Vale do Salitre, berço do coletivo Carrapicho Virtual, mais de 150 mil habitantes possuem acesso apenas a dois veículos impressos locais: *O Diário da Região* e *A Notícia do Vale*. Além da ausência de estrutura técnica e de pessoal para cobertura local, o caráter comercial e as vinculações políticas dos veículos jornalísticos regionais impõem barreiras à independência editorial[147].

Outro fator limitante, em relação à mídia, é a pouca quantidade de mulheres na condição de líderes de negócios de comunicação, sobretudo mulheres periféricas, negras, indígenas e quilombolas. Segundo Jéssica Moreira, do coletivo Nós, mulheres da periferia, em entrevista ao autor:

> o desafio para quem é independente e da periferia – e é importante acrescentar isso – é a saúde financeira do negócio de comunicação, seja veículo ou coletivo. Esse é o grande desafio. Porque nós hoje em São Paulo não temos uma política específica para a comunicação, muito menos para a comunicação periférica e independente. O que temos são fomentos para a cultura, para o teatro, a dança, mas não algum exclusivo para a comunicação. Então é muito difícil acessar esses editais, que são públicos[148].

Como relatado, o cenário de apoio à comunicação alternativa é bastante desolador no Brasil. As políticas do

---

[147] Amanda Clara relata que "uma matéria [feita pelo coletivo] sobre uma estrada que liga duas comunidades e estava com um buraco enorme, com perigo de alguém sofrer um acidente, viralizou e, na semana seguinte, a prefeitura do município mandou uma máquina para arrumar".

[148] Entrevista concedida ao autor em novembro de 2020.

Ministério e das Secretarias de Cultura, apesar de bastante relevantes, são insuficientes, exigindo maior empenho do Ministério e das Secretarias de Comunicação. Nesse sentido, cabe exclusivamente aos coletivos buscarem editais específicos da área e outras formas criativas para manter seus projetos, dependendo do financiamento de institutos e organizações do terceiro setor, além de algumas políticas governamentais. Mais importante que esses fomentos pontuais, porém, seria fomentar e investir permanentemente em experiências plurais de mídia, além de diminuir o poder das corporações que dominam a produção e circulação de informações.

Nos rincões do país, a escassez econômica se junta à má organização do território pelo Estado, que privilegia seus investimentos de acordo com as motivações capitalistas. Com relação às políticas de comunicação, pouco se investe em redes comunitárias e coletivas. Ao mesmo tempo, são oferecidas várias concessões a empresas internacionais, que dominam o setor de telecomunicação, e a conglomerados nacionais, que controlam a radiodifusão.

Todavia, se as barreiras de acesso parecem enormes, estamos também diante de possibilidades crescentes para construção de círculos ascendentes de comunicação. A própria globalização permite a apropriação, ainda que restrita aos mais pobres, de técnicas que ampliam o alcance da luta pela sobrevivência nos lugares (Santos, 2000). É justamente nesses espaços que se encontra uma diversidade de meios e agentes, organizados de maneira horizontal, capazes de contrapor as narrativas elitistas da mídia.

No processo de democratização da comunicação está em jogo não apenas a liberdade de expressão *stricto sensu*, que possui garantia por leis nacionais e acordos multilaterais, mas também a possibilidade de uma transformação política e cultural mais ampla, voltada à cidadania e à democracia. Trata-se de assegurar, para além do acesso à informação, na posição passiva de recepção, espaços para a produção de conteúdos por novos sujeitos e organizações coletivas, que assumem a condição de emissores.

REFERÊNCIAS

CHAUI, Marilena. **O discurso competente e outras falas**. São Paulo: Cortez, 1989.

CIDADE ESCOLA APRENDIZ. **Comunicação comunitária**. São Paulo: Cidade Escola Aprendiz, 2007. (Coleção Tecnologias do Bairro-Escola, v. 3).

DANTAS, Marcos. **Informação e trabalho no capitalismo contemporâneo**. Lua Nova, 2003. Versão on-line.

DUARTE, Mel. **Negra, nua, crua**. São Paulo: Ijumaa, 2016.

FREIRE, Paulo. **Pedagogia do oprimido**. 17. ed. Rio de Janeiro: Paz e Terra, 1987.

INTERVOZES. **Monitoramento da Propriedade da Mídia (MOM-Brasil)**. São Paulo, 2019. [on-line]. Disponível em: https://quemcontrolaamidia.org.br. Acesso em: 28 abr. 2022.

JESUS, Carolina Maria de. **Quarto de despejo** – diário de uma favelada. São Paulo: Francisco Alves, 1960.

PERUZZO, Cicilia Maria Krohling. Direito à comunicação comunitária, participação popular e cidadania. *In*: OLIVEIRA, Maria J. da C. (org.). **Comunicação pública**. Campinas: Alínea, 2004.

_____. Revisitando os conceitos de comunicação popular, alternativa e comunitária. *In*: CONGRESSO BRASILEIRO DE CIÊNCIAS DA COMUNICAÇÃO – INTERCOM, 29., 2006, Brasília. **Anais** [...]. Brasília: Universidade de Brasília, 2006.

SANTOS, Milton. **Por uma outra globalização**: do pensamento único à consciência universal. São Paulo: Record, 2000.

SILVA, Érica Daiane da Costa. **Carrapicho**: experiências de educomunicação com adolescentes e jovens do vale do Salitre. 2019. Dissertação (Mestrado em Educação, Cultura e Territórios Semiáridos) – Departamento de Ciências Humanas, Universidade do Estado da Bahia, Juazeiro, 2019.

SOBRE OS AUTORES

Ana Claudia Mielke é jornalista, especialista em História, Sociedade e Cultura, mestre em Ciências da Comunicação, membro do Intervozes e ativista pelo Direito à Comunicação. Faz parte do Grupo de Pesquisa Desinformação em Tempos Sombrios (NEV/USP) e é professora no curso de Mídia, Política e Sociedade da Fundação Escola de Sociologia e Política de São Paulo (FESPSP).

André Pasti é geógrafo, mestre em Geografia, doutor em Geografia Humana e professor adjunto do Centro de Engenharia, Modelagem e Ciências Sociais Aplicadas (CECS) da Universidade Federal do ABC (UFABC). Integra o Intervozes.

Camila Nobrega é jornalista e pesquisadora especializada em pautas socioambientais e de gênero, com publicações em diferentes jornais e plataformas de mídia brasileiras e internacionais. É doutoranda na Universidade Livre de Berlim, no departamento de Gênero. Além de membro do

Intervozes, é fundadora do projeto transmídia Beyond the Green, que propõe lentes feministas para pesquisas e documentações de conflitos socioambientais.

Christina Vital da Cunha é professora associada do Departamento de Sociologia e do Programa de Pós-Graduação em Sociologia da Universidade Federal Fluminense (UFF). É mestre em Antropologia pela UFRJ. Cumpriu seu doutorado em Ciências Sociais pela UERJ e na École de Hautes Études em Sciences Sociales, em Paris, França. Coordena o Laboratório de Estudos Socioantropológicos em política, arte e religião – LePar. É editora do periódico científico Religião & Sociedade e pesquisadora ad hoc do Instituto de Estudos da Religião – ISER.

Flávia Lefèvre Guimarães é advogada especializada em direito do consumidor, telecomunicações e direitos digitais. Mestre em Processo Civil pela Pontifícia Universidade Católica de São Paulo. É integrante da Coalizão Direitos na Rede. Foi representante das entidades de defesa do consumidor no Conselho Consultivo da ANATEL (2006 – 2009) e representante do 3º Setor no Comitê Gestor da Internet no Brasil (2014-2020).

Gyssele Mendes é jornalista, graduada em Estudos de Mídia e mestra em Comunicação pela Universidade Federal Fluminense (UFF). É associada do Intervozes - Coletivo Brasil de Comunicação Social e desde 2019 integra a coordenação executiva do coletivo.

Iago Vernek Fernandes é professor da rede municipal de educação de São Paulo (SP) e coordenador do

Projeto Bitita Emancipa. Graduado em Geografia pela Unicamp, com pesquisa em território e mídia. Integrante do Intervozes, editor do podcast *Levante sua Voz* e organizador do LabTaCo (Laboratório Tático do Comum), projeto realizado junto à comunidade Guarani Mbyá na Terra Indígena Tenondé Porã, localizada no extremo sul da capital paulista.

Jonas Valente é doutor em Sociologia pela Universidade de Brasília (UnB), com mestrado em Comunicação pela mesma instituição e graduação em Comunicação Social pelo Centro Universitário de Brasília. É integrante do Laboratório de Políticas de Comunicação da Faculdade de Comunicação da UnB (Lapcom-UnB) e do Laboratório de Pesquisa em Tecnologia, Economia e Políticas da Comunicação (Telas-UFC). Editor-assistente da revista eletrônica de Economia Política das Telecomunicações, Informação, Comunicação e Cultura (Eptic).

Luciano Gallas é mestre em Ciências da Comunicação pela Universidade do Vale do Rio dos Sinos (Unisinos) e graduado em Comunicação Social – Jornalismo pela Universidade Federal do Rio Grande do Sul (UFRGS). Atuou em jornais diários e revistas, na assessoria de comunicação de órgãos governamentais, em organizações da sociedade civil e em consultorias para a Unesco.

Olívia Bandeira é pós-doutoranda em Ciência da Religião na PUC-SP, doutora em Antropologia Cultural pela UFRJ e mestre em Comunicação pela UFF. É coordenadora de pesquisa, formação e articulação internacional do Intervozes. Integrante do Grupo de Pesquisa Gênero,

Religião e Política (Grepo) da PUC-SP, e do Laboratório de Antropologia da Religião (LAR), da Unicamp.

Pâmela Pinto é professora credenciada do Programa de Pós-Graduação em Informação e Comunicação em Saúde (PPGICS) do ICICT/Fiocruz. É pós-doutora em Comunicação pelo Departamento de Comunicação e Arte da Universidade de Aveiro, em Portugal. Doutora e Mestre em Comunicação pelo Programa de Pós-Graduação em Comunicação da UFF. Pesquisa temas relacionados a Comunicação e Política e Mídia e Saúde. É técnica em Comunicação do Ministério da Saúde.

Rafael Evangelista é cientista social, com especialização em Jornalismo Científico e doutorado em Antropologia Social pela Unicamp. É pesquisador do Laboratório de Estudos Avançados em Jornalismo (Labjor) e professor da pós-graduação em Divulgação Científica e Cultural da Unicamp, onde coordena o grupo de pesquisa Informação, Comunicação, Tecnologia e Sociedade. É membro da Rede Latino-Americana em Estudos sobre Vigilância, Tecnologia e Sociedade (lavits.org).

Tâmara Terso é jornalista e pesquisadora amefricana. Doutoranda em Comunicação e Cultura Contemporâneas no PósCom-UFBA (Universidade Federal da Bahia). Pesquisadora do Centro de Estudos e Pesquisa em Análise do Discurso e Mídia (Cepad-UFBA) e do Centro de Comunicação, Democracia e Cidadania (CCDC-UFBA). Locutora do podcast *Ondas da Resistência* e associada ao Coletivo Intervozes.